통일의 복음

류호준 교수의 에베소서 메시지

통일의 복음

류호준 지음

막내 딸 류지인(Lois Jean Ryou)과

사위 윤석진(Gene S. Yoon)에게

|

"그리스도를 경외함으로 피차 복종하라"

에베소서 5:21

통일의 복음

"우리의 소원은 통일, 꿈에도 소원은 통일, 이 정성 다해서 통일, 통일이여 오라!" 어린 시절 초등학교 때부터 귀에 익숙하게 들렸던 노래, 어느새 자연스레 따라 부르게 된 노래의 가사입니다. 이 노래를 부를 때 우리는 왠지 모를 서글픔과 그리움으로 목구멍에서 그렁그렁하는 소리가 올라오는 것을 느꼈습니다. 성인이 되어 이역만리 타국에서 이민자의 생활을 하던 때, 동포들은 삼일절이나 광복절에 함께 모여 기념행사를 했습니다. 예식을 마칠 즈음 동포들은 손에 손을 잡고 노래했습니다. "우리의 소원은 통일, 꿈에도 소원은 통일…통일이여 오라." 그곳에 있던 사람들은 누구 할 것 없이 깊은 동포애를 느끼며 하나 됨의 아름다움을 소원했습니다.

대한민국 국민이라면 아마 본성적으로 이 노래가 심장을 뛰게 만드는 어떤 마력을 갖고 있다는 것을 경험했을 것입니다. 지구상에서 유일한 분단국가로 남아 있는 대한민국 국민들은 통일에 대한 영원한 그리움을 유전인자 속에 갖고 있다고 해도 과언이 아닙니다. 분단과 분열의 상처를 안고 사는 대한민국 국민들만큼 통일과 화해와 화목이라는 단어들의 묘한 이끌림에 중독된

 통일의 복음

사람들이 어디 있을까 하는 생각이 듭니다.

우리가 살고 있는 세상을 둘러보면 우리의 바람이나 소원과는 전혀 다른 세상을 보게 됩니다. 구심점을 찾지 못해서 사방으로 치닫고 있는 세상살이, 분열과 반목, 혼돈과 혼란, 갈등과 상처, 불안과 소란으로 점철된 가정과 사회와 세상, 왜곡된 인간관계, 뒤틀림으로 인한 고통을 호소하는 피조세계가 눈앞에 있습니다. 국가적으로는 지역 간의 갈등과 세대 계층 간의 충돌이 끊이지 않고, 이념의 양극화와 사회적 분화는 가속화되고 있습니다. 눈을 들어 세계를 둘러보아도 그리 희망적이지 않습니다. 아프리카에서 기근과 종족 간의 분쟁으로 수많은 사람들이 죽어가고 있으며, 중동에서는 총성과 대포 소리가 계속되고 있습니다. 인종과 인종 사이, 계층과 계층 사이, 민족과 민족 사이, 국가와 국가 사이에는 견제와 갈등이 상존하며, 긴장은 언제 어디서나 점증하고 있습니다.

에베소서는 우리를 우주의 지극히 높은 곳으로 인도합니다. 이 세상 위에서, 이 세상 너머에 있는 곳에서 이 세상을 바라보게 합니다. 예수 그리스도를 통해 이 세상을 새롭게 회복하시는 하나님의 장엄한 계획을 바라보게 합니다. "하늘에 있는 것이나 땅에 있는 것이 다 그리스도 안에서 통일되게 하려 하시는" 계획 말입니다(1:10). 그리스도가 만유를 붙들고 계시기 때문에, 세상은 결코 깨지거나 부서지지 않을 것입니다. 또한 에베소서는 그리스도를 통해 온 인류를 하나 되게 하시려는 이 위대한 계획의 의미를 하나님의 백성이 실제로 살아내라는 강력한 호소를 담고 있습니다. 인종 간의 장벽이 무너지고, 계층 간의 이질감이 녹아지고, 한 주(主) 예수 그리스도를 중심으로 만유가 통일될 하나님의 새로운 사회를 꿈꾸라는 요청입니다. 그리고 그런 사회가 이미 지상 교회를 통해 이루어지고 있음을 믿으라고 요구합니다.

이런 의미에서 만유의 통일은 하나님의 선물인 동시에 인간의 사명이기도 합니다. 하나님은 이 세상을 지배하는 영들을 그리스도를 통해 무장해제하시고, 평화의 복음으로 천하를 통일하셨습니다. 그러므로 그분의 새로운 백성이 된 그리스도인들에게는 평화와 화해의 복음을 들고 먼저 그들끼리 하나 됨을 만방에 보여야 할 사명이 주어졌습니다. 우리는 분열이 있는 곳에 통일을, 다툼이 있는 곳에 화해를, 갈등이 있는 곳에 사랑을, 불의가 있는 곳에 정의를, 불신이 있는 곳에 믿음을, 상처가 있는 곳에 치유를, 분쟁이 있는 곳에 평화를 만들어가는 의의 전사들로 부름을 받았습니다.

한국 교회와 사회에는 극복해야 할 많은 장애물이 있습니다. 반목과 독선, 허세와 위선, 분열과 파당, 분리와 갈등과 같은 괴물들이 교회와 사회를 병들게 하고 있습니다. 그리스도를 주님으로 고백하는 교회라면, 모든 것이 그리스도 안에서 통일되어야 함을 믿어야 합니다. 그러므로 그리스도인들은 개인적·교회적·사회적·국가적·우주적 차원에서 만유의 통일을 가로막고 있는 모든 세력에 대항하여 분연히 일어나 싸워야 할 것입니다. 이것이 우리에게 주어진 영적 전투입니다. 이런 의미에서 에베소서는 매우 실질적인 영적 전투에 임하라는 소집 나팔 소리입니다.

이 책은 크게 두 부분으로 구성되었습니다. 첫째 부분(제1부)은 에베소서를 여러 개의 단락으로 나누고, 각 단락에 대한 신학적 해설을 담고 있습니다. 그리고 각 단락을 다루는 장의 끝 부분에 **생각해봅시다**라는 항목을 두어, 이 책으로 에베소서를 공부하려는 사람들이 그룹으로 모여 토의할 수 있게 했습니다. 둘째 부분(제2부)은 에베소서를 모두 12개의 메시지로 만들어놓았습니다. 일종의 문예-신학적 설교라고 불러도 좋을 것입니다. 씹고 뜯고 맛보면서 하나님의 말씀을 즐거워하는 기회가 되기 바랍니다.

이 책은 전문적인 신학 서적도, 학문적인 주석도 아닙니다. 찬송가의 한 구절처럼 "아침의 이슬방울 쉬 사라짐같이 내 기억 부족하여 늘 잊기 쉬우니 잘 알아듣기 쉽게 늘 말해주시오"라고 요청하는, 소박하고 경건한 그리스도인들을 염두에 두고 쓴 에베소서 해설서입니다. 그들의 노래처럼 "잘 알아듣기 쉽게", 그리고 누구라도 곱씹어 읽으면 영혼에 유익을 얻을 수 있기를 바라는 마음에서 어렵지 않게 쓰려고 무던히 애썼습니다.

이 책은 학자의 연구실이 아니라, 목회자의 공부방에서 잉태되고 출산되었습니다. 여기에 실린 글은 모두 제가 섬기는 교회에서 가르치고 설교했던 원고를 모은 것입니다. 듣는 일이 말하는 것보다 힘들고 어렵다는 것을 잘 알면서도, 기꺼이 즐거운 마음으로 설교와 강의를 경청해주신 무지개교회 교우들에게 감사의 마음을 전합니다. 여러분은 언제나 저의 즐거움이요 면류관입니다. 그리고 언제나 즐거운 마음으로 원고 교정을 맡아준 제자

통일의 복음

윤미향에게도 고맙다는 인사를 전합니다. 또한 어려운 출판 환경에도 불구하고 저의 저술 활동을 자극하고 격려할 뿐 아니라, 이 책의 출판을 맡아서 아름다운 결실을 보게 한 새물결플러스의 대표 김요한 목사님과 직원들에게 진심 어린 감사의 마음을 전합니다. 마지막으로, 부모의 품을 떠나 새로운 가정을 이루게 된 사랑하는 막내 딸 지인과 그의 평생 동반자가 될 석진에게, 그리스도를 경외함으로 서로 복종하기를 간절히 소원하며 이 책을 선물로 헌정합니다.

2013년 부활절 시즌에

류호준 목사

제1부

———

에베소서의
로드맵

❚ 에베소서에 들어가면서

사도 바울이 옥중에서 이 편지를 쓸 당시, 에베소는 소아시아 서부 지역(지금의 터키)에서 가장 중요한 도시였습니다. 에베소는 에게 해와 연결된 강을 끼고 있는 항구 도시로서, 지리적으로 주요 무역로의 교차점에 위치했기 때문에 상업이 발달했습니다. 아울러 항구도시이자 상업이 발달한 지역에 흔히 나타나는 현상인 퇴폐적 문화도 번창하고 있었습니다. 게다가 유명한 아르테미스 신전이 있어서 이교적 영성이 매우 발달한 도시였습니다.

이런 환경 속에서 에베소 사람들은 퇴폐적인 문화에 깊이 젖어 있으면서도 아무 가책도 없이 살았습니다. 또한 그들은 항상 자신들을 위협하는 초월적인 세력들에게 둘러싸여 있다고 의식하며 살 정도로 매우 민감한 종교성을 가지고 있었습니다. 따라서 에베소의 교인들은 영적으로나 윤리적으로 고립되어서 치열한 전투 가운데 있다는 것을 의식하며 살아야 했습니다. 이 사실을 반영하는 것이 에베소서 6장에 나오는, 마귀를 대적하는 '전신갑주'(全身甲冑)에 관한 바울의 비유입니다.

이런 상황에 비춰볼 때, 에베소가 복음 전도의 중심지로서 장점과 단점을 모두 갖춘 도시였다고 짐작할 수 있습니다. 한 지역에 오래 머무는 것이 드물었던 바울이 이곳에서는 무려 3년의 기간을 들여 복음을 뿌리내리는 데 심혈을 기울였고, 에베소 교회와 그 도시를 그 지리적 장점을 살려 복음 전파의 요충지로 삼으려 했습니다.

에베소서는 모두 6장으로 되어 있는데, 이를 크게 둘로 나눌 수 있습니다. 신약의 서신들이 보여주는 일반적인 패턴과 같이, 전반부인 1-3장은 교리적 진술이 주를 이룹니다. 그리고 후반부인 4-6장은 "그러므로"라는 접속어와 함께 시작하여, 하나님의 예정을 따라 그리스도의 구속을 통해 '부르심을 받은' 이들의 합당한 삶이 무엇인가에 대해 다룹니다. 전반부는 서술 형태로, 후반부는 권고 형태로 말입니다. 조금만 주의를 기울이면, 교리와 윤리의 일치 및 병행에 관심을 기울였던 다른 성경의 강조를 에베소서도 잊지 않고 있다는 사실을 발견하게 됩니다. 에베소서를 좀더 자세하게 나누면 다음과 같습니다.

서언(1장) - 인사와 송영(1:1-14), 감사와 기도(1:15-23)

교리적 강론(2:1-3:13)

기도와 송영(3:14-21)

실천적 권면(4:1-6:20)

종언(6:21-24) - 천거와 마지막 인사

신약성경의 여러 서신에서 흔하게 발견되는 이 일반적 구조
('교리적 강론'과 '실천적 권면')는, 그 둘 중에서 하나만을 중요시한 나머지 쉽게 균형을 잃고 기우뚱대는 현대의 신앙인들에게 도전을 줍니다. 우리 신앙의 핵심과 본질이 무엇인가를 차분하게 설명하는 교리를 무시한 열심과 순종은 의미 없는 종교 행위에 불과하며, 또한 그리스도를 섬기고 따르는 삶의 동기인 교리들이 실제적인 역할을 하지 못한다면 메마른 교조주의의 쳇바퀴를 돌리게 될 것입니다. 요한계시록에서 에베소 교회가 주님께 들었던 책망(계 2:1-7)은 이와 관련해 많은 생각을 하게 합니다.

2 삼위일체 하나님께 드리는 송영

1 하나님의 뜻으로 말미암아 그리스도 예수의 사도 된 바울은 에베소에 있는 성도들과 그리스도 예수 안에 있는 신실한 자들에게 편지하노니 2 하나님 우리 아버지와 주 예수 그리스도로부터 은혜와 평강이 너희에게 있을지어다 3 찬송하리로다 하나님 곧 우리 주 예수 그리스도의 아버지께서 그리스도 안에서 하늘에 속한 모든 신령한 복을 우리에게 주시되 4 곧 창세 전에 그리스도 안에서 우리를 택하사 우리로 사랑 안에서 그 앞에 거룩하고 흠이 없게 하시려고 5 그 기쁘신 뜻대로 우리를 예정하사 예수 그리스도로 말미암아 자기의 아들들이 되게 하셨으니 6 이는 그가 사랑하시는 자 안에서 우리에게 거저 주시는 바 그의 은혜의 영광을 찬송하게 하려는 것이라 7 우리는 그리스도 안에서 그의 은혜의 풍성함을 따라 그의 피로 말미암아 속량 곧 죄 사함을 받았느니라 8 이는 그가 모든 지혜와 총명을 우리에게 넘치게 하사 9 그 뜻의 비밀을 우리에게 알리신 것이요 그의 기뻐하심을 따라 그리스도 안에서 때가 찬 경륜을 위하여 예정하신 것이니 10 하늘에 있는 것이나 땅에 있는 것이 다 그리스도 안에서 통일되게 하려 하심이라 11 모든 일을 그의 뜻의 결정대로 일하시는 이의 계획을 따라 우리가 예정을 입어 그 안에서 기업이 되었으니 12 이는 우리가 그리스도 안에서 전부터 바라던 그의 영광의 찬송이 되게 하려 하심이라 13 그 안에서 너희도 진리의 말씀 곧 너희의 구원의 복음을 듣고 그 안에서 또한 믿어 약속의 성령으로 인치심을 받았으니 14 이는 우리 기업의 보증이 되사 그 얻으신 것을 속량하시고 그의 영광을 찬송하게 하려 하심이라

이 본문은 1-2절의 인사 부분과 3-14절의 송영 부분, 이렇게 두 단락으로 되어 있습니다. 서신의 인사말에서 먼저 바울은 자기의 사도직이 인위적인 노력과 절차에 의한 것이 아니라, 모든 것을 예정하시고 자신의 뜻대로 행하시는 하나님의 의지에 의해 세워진 것임을 밝히고 있습니다. 이처럼 바울은 자기의 사도직의 근

원을 정확히 밝힘으로써 독자들이 발신자의 권위를 의식하게 하고, 지금부터 읽게 될 에베소서 전체의 내용을 가볍게 취급하는 일이 없도록 합니다.

이렇게 독자들에게 인사를 전한 후(1:1-2), 바울은 먼저 삼위일체 하나님을 찬양하는 길고 긴 송영을 시작합니다(1:3-14). 이 송영은 하나님의 영원한 지혜와 구원 및 예정과 섭리를 찬송하는 내용으로, 특별히 하나님의 구원의 경륜을 신앙공동체 안에 있는 에베소의 교인들과 연결시켜 노래하고 있습니다. 바울은 이 서신의 독자들이 그리스도를 통해 구속함을 받은 하나님의 백성임을 인식하도록 이끌어줍니다. 그리고 이런 구속은 영원에서부터 시작된 하나님의 특별한 사랑의 결과라는 말을 잊지 않습니다. 바울이 영원에서 시작된 하나님의 구원 계획을 이처럼 길게 노래하는 이유는 무엇입니까? 에베소의 그리스도인들에게 "당신들은 그리스도의 사역을 통해 구속을 입은 하나님의 백성입니다. 그러므로 흔들리지 말고 신앙의 온갖 전투에서 승리하기를 바랍니다"라고 이야기하고 싶었기 때문입니다. 한마디로, 낙심하고 피곤하여 지친 그리스도인들에게 든든한 확신과 건강한 자아상을 심어주려는 목회적 배려 때문입니다.

그렇습니다. 자신의 정체성을 분명히 하면서 살면, 어떤 유혹과 박해에도 흔들리지 않을 것입니다. 에베소서의 서두는 다음과 같이 선언하는 목소리로 가득합니다. "우리는 하나님의 백성입니다!" "교회는 하나님이 창조하신 새로운 사회입니다!" "하나

통일의 복음

님이 시작하셨으므로, 하나님이 끝까지 책임지실 것입니다." "비록 인간적 모순과 실수와 잘못으로 점철되었어도, 교회를 지키고 보호하고 새롭게 하셔서 끝까지 견디어 승리하는 교회로 만드시는 분은 하나님 자신이십니다!" "하나님 만세!"

이것은 아주 중요한 시작입니다. 에베소의 교인들에게 그들이 당면한 여러 가지 일들에 대해 이런저런 이야기와 권면 및 훈계와 가르침을 주기 전에, 바울은 먼저 영원에 잇대어 시작한 하나님의 장엄한 이야기를 들려주고, 그분에게 영광을 돌리는 송영으로 독자들을 인도하고 있습니다. 이것은 하나님의 이야기를 먼저 듣고, 그 다음에 그 빛 아래서 우리의 이야기들을 들어야 한다는 뜻입니다. 왜냐하면 우리의 이야기들은 결국 하나님의 큰 이야기 안에 들어 있기 때문입니다. 이것이 올바른 전망대입니다. 우주적 스케일의 하나님 이야기가 영원에서 시작하여 영원으로 흘러들어 가기 때문에, 이 하나님의 이야기가 그 가운데에서 일어나는 우리의 이야기들을 올바로 바라볼 수 있게 하는 전망대 역할을 한다는 말입니다.

성부 하나님의 선택

영원에서 시작한 삼위일체 하나님의 경륜은 지상에 살고 있는 그분의 백성에게 '복'의 형태로 전개됩니다. 바울은 순서대로 성부 하나님으로부터 오는 복(3-6절)과 성자 하나님으로부터 오는 복(7-12절), 그리고 성령 하나님으로부터 오는 복(13-14절)에 대해 노래합니다. 그렇다면 삼위일체 하나님이 영원 안에서 계획하시고, 역사 안에서 이루시는 경륜은 무엇입니까? 이에 대해 바울은 고백적으로 이렇게 대답합니다. "삼위일체 하나님의 경륜은 창세 전에 그리스도 안에서 우리를 선택하시고, 예수 그리스도를 통해 하나님의 자녀가 되게 하여, 우리를 그분 앞에서 거룩하고 흠이 없는 새로운 백성으로 삼으시려는 것입니다." "그래서 하나님의 구원 경륜에 따라 새롭게 태어난 하나님의 백성은 하나님의 이런 놀라운 은혜를 송축하고 찬양하며 살도록 되어 있습니다."

성자 예수 그리스도의 구속(救贖)

삼위일체 하나님은 영원에서 역사 속으로 이행(移行)하는 과정에서 그 중심부에 예수 그리스도를 우뚝 서 있게 하셨습니다. 예수 그리스도는 하나님의 구원 역사를 통해 드러나는 하나님의 '비밀'(엡 1:9; 3:3, 4, 9; 5:32; 6:19)이었으며, 이 하나님의 비밀은 만유가 예수 그리스도 안에서 통일되는 것입니다. 즉 그분의 출생과 수난과 죽으심과 부활과 승천을 통해 드러난 하나님의 구원 계획이 하나님의 비밀이었으며, 이 비밀이 드러남을 통해 "하늘에 있는 것이나 땅에 있는 것이 다 그리스도 안에서 통일되게 하려 하신 것"입니다(10절). 만유(萬有)의 주님이시며 만물(萬物)을 하나로 통일하는 분이신 그리스도가 곧 우주적 교회의 주님이시기도 하

통일의 복음

다는 것입니다. 이런 메시지는 당대뿐 아니라 지금도 엄청난 선언입니다. 왜냐하면 세상이 산산이 조각나고, 역사는 아무런 구심점이 없이 제 마음대로 흘러가고, 모순과 부조리와 혼란으로 점철되어 있는 이 세상에서, "만유의 통치자가 계시다! 그분이 예수 그리스도시다!"라는 선언이야말로 혼란스런 세상에 대해, 절망하고 어지러운 삶에 대해 혼란스러워하는 그리스도인들에게 가장 큰 기쁨의 소식이며 복음이기 때문입니다. 깨어지고 일그러진 모든 것(만유)이 그분 안에서 서로 의미 있는 관계들로 엮어지고 일관된 큰 그림을 이루게 된다는 소식보다 더 위안이 되는 복음이 어디 있겠습니까?

성령의 도장

그리고 이런 확신과 위안을 지속적으로 우리에게 심어주시는 분이 성령이라는 것입니다. 성령은 '도장'과 '보증금' 같아서, 우리가 장차 들어가게 될 하나님 나라를 지금 여기서 내 것으로 확신하게 하는 '도장'(印, seal)이요, 그 나라에 들어갈 수 있다는 증표로 먼저 지불된 '보증금'(down payment)이 됩니다(13-14절). 성령의 사역을 '도장'과 '보증금'이라는 은유로 표현한 것은 당시의 독자들에게 매우 적실성이 있었습니다.

도장의 경우를 보십시오. 도장을 찍는 것은 이 사역과 작업이 사실이고 진짜이며 확실한 것이라고 증거를 내미는 것이고,

소유권을 상징해서 담겨진 내용을 자신의 것으로 확보하는 행위입니다. 이것을 우리에게 선물로 주신 하나님의 구원에 적용하면 이렇습니다. 첫째로, 성령은 우리가 하나님이 불러내신 하나님의 자녀라는 사실을 확증하십니다. 연약해지거나 지쳐 있을 때, 우리는 종종 "우리를 향한 하나님의 약속이 사실일까? 하나님이 정말로 우리를 사랑하고 계실까?"라고 의심합니다. 그러나 그때마다 우리에게 마음의 확신과 평안을 주시고, 지친 영혼에게 힘과 용기를 주시는 분이 성령이라는 것입니다. 성령은 하나님의 구속의 일이 절대로 헛되지 않다는 사실을 우리에게 확증하는 분이십니다.

둘째로, 성령은 우리가 오로지 하나님께만 속해 있다는 사실을 증언하십니다. 우리의 삶과 죽음, 영혼과 육체 모든 것이 다 하나님의 소유라고 증거 하십니다(1:14). 사탄은 우리를 혼란스럽게 하거나 거짓으로 유혹합니다. 마치 우리가 하나님 외에 다른 것들에 속한 것처럼 말입니다. 그러나 성령은 우리가 누구에게 속한 존재인지 기억하게 하십니다. 우리의 정체성을 분명하게 상기시키십니다. "너는 하나님의 소유다. 아무도 너를 건드리지 못한다. 누구도 그분의 손안에 있는 너를 상하게 할 수 없다"라고 말입니다.

셋째로, 성령은 영원히 우리를 안전하게 보살피는 분입니다. 14절에 성령을 가리키는 말로서 "보증"이라고 번역된 그리스어 단어 '아라본'(arrabon)은 '보증금'(영어로는 보통 'down payment'라고 한

통일의 복음

다)이라는 뜻입니다. 예를 들어, 집을 살 때 전체 액수는 아니더라도 일정 금액을 먼저 지불한 후에 그 집의 소유권을 자기 앞으로 이전하고, 나머지 금액을 은행에서 지불해주면 10-20년 동안 이자와 원금을 갚아나갑니다. 여기서 집을 사기 위해 지불한 일정 금액을 '아라본'이라고 할 수 있습니다. 성령이 마치 아라본과 같다는 것입니다. 하나님의 구속이 온전하게 성취될 마지막 날까지 하나님이 계속해서 일하실 것임을 성령이 우리에게 확신시켜주십니다. 따라서 성령 안에서 사는 사람은 온갖 굴곡과 굴절, 왜곡과 비틀어짐으로 가득한 우리의 일상 속에서도, 하나님이 우리를 위한 구원 사역을 끝까지 밀고 나가 완성하실 것을 확신하고 살게 됩니다. 그래서 우리는 이렇게 찬송하는 것입니다. "성령이 계시네, 할렐루야 함께하시네. 좁은 길을 걸으며 밤낮 기뻐하는 것, 주의 영이 함께함이라!"

1. "하늘에 속한 모든 신령한 복을 우리에게 주시는 하나님을 찬송하리로다"(3절)의 뜻을 설명해보십시오. 여러분이 갖고 있는 신령한 복들을 열거해보십시오. 무엇이 신령한 복들입니까?

2. 여러분이 소유하고 있는 구원에 대해 확신이 있습니까? 그 확신의 근거는 무엇입니까? 4-6절이 대답하는 데 도움이 됩니까?

3. 우리는 '분당'(分堂, broken world)에 살고 있습니다. 깨어지고 일그러지고 나눠지고 혼란스럽고 조각난 세상입니다. 우리는 종종 "도대체 하나님은 뭐하고 계시는가? 왜 세상이 이 지경, 이 꼴이란 말인가? 정말 하나님이 이 세상을 다스리고 계시는가?"라고 질문합니다. 이런 질문에 대해 여러분은 어떻게 대답하시겠습니까? 1:10의 선언과 여러분의 대답을 어떻게 조화시키시겠습니까? 한 걸음 더 나아가, 여러분은 "지금 하늘에 있는 것이나 땅에 있는 것이 다 그리스도 안에서 통일되고 있는 중이다"라는 증거를 댈 수 있겠습니까?

4. 무엇이 "하나님의 비밀"(1:9)입니까? 이 비밀이 누구에게 드러나게 되었습니까? 교회의 사명과 하나님의 비밀은 어떤 관련이 있습니까?

3 교인들을 위한 기도

15 이로 말미암아 주 예수 안에서 너희 믿음과 모든 성도를 향한 사랑을 나도 듣고 16 내가 기도할 때에 기억하며 너희로 말미암아 감사하기를 그치지 아니하고 17 우리 주 예수 그리스도의 하나님, 영광의 아버지께서 지혜와 계시의 영을 너희에게 주사 하나님을 알게 하시고 18 너희 마음의 눈을 밝히사 그의 부르심의 소망이 무엇이며 성도 안에서 그 기업의 영광의 풍성함이 무엇이며 19 그의 힘의 위력으로 역사하심을 따라 믿는 우리에게 베푸신 능력의 지극히 크심이 어떠한 것을 너희로 알게 하시기를 구하노라 20 그의 능력이 그리스도 안에서 역사하사 죽은 자들 가운데서 다시 살리시고 하늘에서 자기의 오른편에 앉히사 21 모든 통치와 권세와 능력과 주권과 이 세상뿐 아니라 오는 세상에 일컫는 모든 이름 위에 뛰어나게 하시고 22 또 만물을 그의 발 아래에 복종하게 하시고 그를 만물 위에 교회의 머리로 삼으셨느니라 23 교회는 그의 몸이니 만물 안에서 만물을 충만하게 하시는 이의 충만함이니라

영적 지도자 바울

영적 지도자로서 바울은 에베소 교인들의 필요가 무엇인지 정확하게 짚어내고, 그것이 채워지도록 기도합니다. 사실 우리는 이런 영적 지도자들이 희귀한 시대에 살고 있습니다. 교인들의 필요가 무엇인지 아는 지도자, 그것을 위해 지속적으로 기도하는 지도자, 이런 영적 지도자가 어느 때보다 더욱 절실하게 요구되고 있습니다. 교회의 지도자들 가운데는 자기 이익을 위해 교인들을 이용하거나, 그런 쪽으로 그들을 가르치고 지도하는 사람들

이 있습니다. 그들은 교인들의 영적 궁핍과 필요를 분별하는 일에는 별로 관심이 없거나, 그런 일을 위해 잘 준비되지 않은 사람들입니다. 기독교회 안에 유별난 종교적 행상인들이 많다는 뜻입니다. 그들은 교인들에게 절실하게 필요한 것보다는, 교인들의 입맛에 편승하여 그런 입맛에 맞는 것을 주려는 사람들입니다. 교인들의 영적 안목을 흐릴 뿐 아니라, 잘못된 것을 구하도록 인도하는 삯군입니다.

이런 것을 배경으로 해서 사도 바울의 기도를 읽으면, 우리는 교인을 진정으로 사랑하고 그들의 영적 필요가 무엇인지 알고 있는 한 지도자를 만납니다. 사도 바울의 간절한 기도는 에베소의 모든 교인이 영적 지식으로 충만해지는 것이었습니다. 세상적인 부요나 성공이나 출세와 같은 것들을 위해 기도한 것이 아닙니다. 여기서 말하는 영적 지식이란 '하나님을 아는 지식'입니다. 하나님을 아는 일이 그들에게 가득하기를 바울은 소원했던 것입니다.

하나님을 아는 일

그러나 하나님을 아는 지식은 '신학'(theology)을 공부해서 얻어지는 지식이 아닙니다. 하나님에 대해서 공부해서 얻어지는 지식도 아닙니다. 하나님에 대해서 아무리 열심히 연구하고 공부한다고 해도 하나님을 알 수 없습니다. 그러면 어떻게 하나님을 알게 됩니까? 아주 쉽습니다. 하나님이 먼저 우리에게 자신에 대해 알려주셔야 우리가 그분을 알게 됩니다. 하나님이 자신을 우리에게 '계시'(드러냄)하셔야 하나님을 알게 된다는 뜻입니다. 바울의 말을 직접 들어보십시오. "우리 주 예수 그리스도의 하나님, 영광의 아버지께서 지혜와 계시의 영을 너희에게 주사 하나님을 알게 하시기를 바라노라"(17절). 지혜의 마음이란 이해력과 분별력입니다. 이런 이해력과 분별력을 통해서 우리는 하나님이 누구신지, 하나님이 우리에게 알려주시는 내용('구원의 경륜')을 알게 된다는 것입니다. 하나님이 먼저 이런 지혜와 계시의 영을 주셔야만, 비로소 우리는 하나님이 누구신지 알게 됩니다.

하나님을 알게 되면, 우리를 향한 그분의 뜻과 의도를 알게 될 것입니다. 지혜와 계시의 영을 받는다는 말은 마음의 눈이 밝아진다는 뜻입니다. 그렇게 맑고 또렷한 마음의 눈으로 우리를 향한 하나님의 뜻을 알게 됩니다. 그렇다면 하나님의 뜻은 무엇입니까? 이미 앞에서도 말한 것처럼, 하나님의 뜻은 온 세상(만유)이 그리스도를 통해 하나가 되고 그리스도의 통치 아래 통일되기를 바라시는 것입니다(참조. 엡 1:10).

기도의 내용

기도를 통해 바울은 하나님이 이런 것으로 우리를 부르셨음을 반복해서 강조하면서, 하나님이 우리를 왜 부르셨는지 우리가 기억하기를 기도합니다. 유진 피터슨의 표현으로 들어보십시오. "그리하여 하나님께서 무엇을 하라고 부르시는지, 여러분이 정확히 보게 될 것입니다. 또한 하나님께서 그분을 따르는 이들을 위해 마련해두신 이 영광스러운 삶의 방식이 얼마나 대단한 것인지, 오, 하나님께서 그분을 믿는 우리 안에서 끊임없는 에너지와한없는 능력으로 행하시는 역사가 얼마나 풍성한지를 이해할 수있기를 구합니다!"(『메시지』, 복있는사람 역간)

즉 복음으로의 부르심, 하나님의 구원 경륜으로의 부르심, 모든 것을 통일하려는 계획으로의 부르심을 확실하게 붙잡고 살기를 기도하는 것입니다(18a절). 이것이 우리가 붙잡고 살아야 할'소망'입니다.

그뿐 아니라 사도 바울은 하나님이 사람들을 불러내어 자기백성으로 삼으시고, 그들을 신앙공동체인 교회로 세우셨다는 사실이 얼마나 풍성하고 귀중한 사실인지 기억하기를 기도합니다.이것을 "성도 안에서 하나님의 기업, 그 영광의 풍성함"이라고 표현한 것입니다(18b절). 그렇습니다. 그리스도인들은 하나님이 그리스도를 통해 세우신 교회가 얼마나 영광스런 공동체인지 알아가야 합니다. 하나님은 그리스도를 통해서 우리를 하나님의 백성과 하나님의 자녀로 삼으시고, 이 하나님의 백성과 하나님의 자녀로 교회를 만드셨습니다. 따라서 우리의 신앙은 우리가 속한교회가 얼마나 영광스런 하나님의 작품인지, 그 풍성함과 풍요로움과 가득함을 경험하면서 자라갑니다.

통일의 복음

또한 사도 바울은 독자들이 그들을 부르신 하나님이 크신 힘과 능력으로 온 세상을 통제하고 운행하신다는 사실을 알기 바란다고 부탁하고 있습니다(19절). 하나님의 능력을 기억한다면 에베소 교인들이 당시에 두려워하고 있는 이 세상의 다양한 '세력들'과 '힘들'을 넉넉히 극복할 수 있다고 격려하는 것입니다.

하나님의 능력이 어떻게 나타나게 되었습니까? 바울은 "죽은 자들 가운데서 그리스도를 다시 살리시고, 그리스도를 하늘에서 자기의 오른편에 앉히시고, 모든 통치와 권세와 능력과 주권과 모든 이름과 세력 위에 뛰어나게 하신 하나님의 능력"에 대해 말합니다. 달리 말해, 하나님이 예수 그리스도를 만유의 주님, 만왕의 왕으로 세우셨다는 것입니다[참고로, 그리스도의 우주적 왕권을 이야기하는 20-21절에는 메시아적 시(詩)인 시편 110:1이 메아리치고 있다]. 이런 방식으로 하나님의 능력이 나타났다는 것입니다.

그러므로 그리스도의 우주적 주권과 왕권을 굳게 믿고 살고, 또한 깨어지고 분열되고 일그러진 모든 것이 그분을 통해 마침내 하나로 통일된다는 것을 믿고 살면, 이 세상에서 직면하는 모든 혼란과 어지러움, 모순과 갈등, 두려움을 물리칠 수 있을 것입니다.

그렇습니다. 예수 그리스도는 온 우주의 주권자이신 동시에 교회의 우두머리십니다. 예수 그리스도가 교회의 우두머리시라면, 교회 안에는 유대인이나 헬라인이나, 경상도 사람이나 전라도 사람이나, 부자나 가난한 자나, 노인이나 젊은이나, 목사나 장로나, 남자나 여자나, 자유자나 종이나 아무런 차별 없이 한 분이신 주님 예수 그리스도의 통치와 지배를 받아야 합니다. 누구도 교회 안에서 인종적 차별이나, 성별의 우열이나, 신분상의 기득권을 주장할 수 없습니다. 교회는 예수 그리스도로만 충만해야 합니다. 교회는 그분의 통치에 복종하며 모든 것을 내려놓은 이들의 모임이어야 합니다.

1. 하나님을 어떻게 알 수 있습니까? 우리가 하나님을 알 수 있습니까, 아니면 하나님이 먼저 우리에게 자신이 누구인지 알려주셔야 알 수 있습니까? 참고로, 신학에 관한 토마스 아퀴나스(1225-1274)의 명언을 생각해보십시오. "신학은 하나님에 의해 가르쳐지고, 하나님에 대해 가르치고, 하나님께로 인도한다"(*Theologia a Deo docetur, Deum docet, et ad Deum ducit*).

2. 에베소서 1:18-19을 자세하게 읽어보십시오. 여기서 바울은 독자들에게 세 가지를 언급합니다. 이런 것들에 대해 의식할 수 있는 영적인 깨우침이 있기를 기도합니다. 이 세 가지는 '소망'(hope)과 '풍성함'(riches)과 '능력'(power)입니다. 이 각각이 여러분의 개인적 신앙과 교회 공동체적 신앙에 어떤 변화를 줄 수 있는지 생각해보십시오.

3. 오늘날 사회에서 교회는 어떤 모습으로 비치고 있습니까? 예를 들어 책, 영화, 시사물, 뉴스 미디어, 인터넷, 정치권 등은 교회에 대해 어떻게 생각하고 말합니까? 이런 것들을 에베소서 1:22-23에 묘사되고 있는 교회의 사명과 비교해보십시오. 이 성경 구절들을 염두에 둔다면, 이 세상에서 교회의 사명을 어떻게 성취할 수 있겠습니까?

4. 에베소 교인들을 향한 바울의 기도에서 여러분은 어떤 목자상(牧者像)을 볼 수 있습니까?

4 그리스도를 통해 하나님과 화해하다

에베소서 2:1-10

1 그는 허물과 죄로 죽었던 너희를 살리셨도다 2 그 때에 너희는 그 가운데서 행하여 이 세상 풍조를 따르고 공중의 권세 잡은 자를 따랐으니 곧 지금 불순종의 아들들 가운데서 역사하는 영이라 3 전에는 우리도 다 그 가운데서 우리 육체의 욕심을 따라 지내며 육체와 마음의 원하는 것을 하여 다른 이들과 같이 본질상 진노의 자녀이었더니 4 긍휼이 풍성하신 하나님이 우리를 사랑하신 그 큰 사랑을 인하여 5 허물로 죽은 우리를 그리스도와 함께 살리셨고 (너희는 은혜로 구원을 받은 것이라) 6 또 함께 일으키사 그리스도 예수 안에서 함께 하늘에 앉히시니 7 이는 그리스도 예수 안에서 우리에게 자비하심으로써 그 은혜의 지극히 풍성함을 오는 여러 세대에 나타내려 하심이라 8 너희는 그 은혜에 의하여 믿음으로 말미암아 구원을 받았으니 이것은 너희에게서 난 것이 아니요 하나님의 선물이라 9 행위에서 난 것이 아니니 이는 누구든지 자랑하지 못하게 함이라 10 우리는 그가 만드신 바라 그리스도 예수 안에서 선한 일을 위하여 지으심을 받은 자니 이 일은 하나님이 전에 예비하사 우리로 그 가운데서 행하게 하려 하심이니라

사람은…

현대인들은 사람이라는 존재에 대해 매우 긍정적으로 평가합니다. 가능성이 많은 존재이기 때문에, 교육을 통해 그 가능성을 잘 계발한다면 매우 좋은 결과를 낼 수 있다는 것입니다. 또한 사람은 본래 선한 존재이기 때문에, 그들에게는 서로 공존할 수 있게 하는 최소한의 상식이 있고, 공정하고 좋은 세상을 창조할 능력이 있다고 믿습니다. 이런 예는 긍정적 사고방식에서도 찾아볼

수 있습니다. 세상살이는 마음먹기 나름이라는 것입니다. 긍정적인 마음을 갖고 "나는 할 수 있다!"라고 생각하면, 못할 일이 없고 못 이룰 성취도 없다고 말합니다. 이처럼 인간의 가능성에 대해 긍정적으로 생각합니다. 그리고 이런 생각은 인간이 본래 선하다는 생각에서 기인합니다.

그러나 성경은 인간에 대해 평가할 때 상당히 부정적이고 암울합니다. 인간은 본질적으로 착하지도 선하지도 않다고 합니다. 우리는 지속적으로 죄악에 물들어 있는 존재이고, 본성상 죄로 인해서 죽은 자들이라는 것입니다. 죄에 대해서 꼼짝 못하는 존재인 것입니다. 죄를 지으려는 경향성이 있는 존재입니다. 이런 뜻에서 바울은 우리가 허물과 죄로 죽었다고 말합니다. 말하자면, 걸어다니는 시체들이라는 것입니다. 모든 사람의 내면을 샅샅이 뒤져보면 견디기 힘든 부패한 냄새가 난다는 말입니다. 더욱이 다른 사람을 속이고 자기 자신을 숨기는 사람일수록 중증 환자입니다. 책임감이라는 외투를 입고 권위로 포장하면서 다른 사람들과 다른 척하는 사람은 회칠한 무덤 같은 위선자입니다. 그래서 예레미야 선지자는 "만물보다 부패한 것이 사람의 마음"(렘 17:9-11)이라고 선언했습니다. 그런 사람일수록 속을 들여다보면 냄새가 진동합니다. 이와 같은 관점을 교회는 '전적 타락'이나 '전적 부패'라는 교리로 가르칩니다.

2절에 언급되는 "따르다"라는 말은 "주위를 맴돌다"라는 뜻입니다. 예수님을 만나기 전까지 우리는 이 세상의 방식들과 가치관들의 둘레를 돌며 춤을 추는 자들이라는 말입니다. 사도 바울이 말하고자 하는 바는 이런 것입니다. 즉 하나님의 구출을 받기 전까지, 우리는 이 세상의 가치관과 세속적인 원리에 따라 살면서 그 주변을 맴돌던 자들이라는 것입니다. 달리 말해, 이 세상 안에 득실거리는 수많은 악한 영과 세력의 유혹과 협박에 따라 이리저리 휩쓸려 다니던 사람들입니다. 이렇게 우리는 하나님의 진노의 대상이 되었습니다(2:3).

하나님의 분노

'분노하시는 하나님'에 대해 들어보셨습니까? 우리는 자비롭고 긍휼에 풍성하신 하나님에 대해 친숙합니다. 하나님의 사랑에 대해서는 귀가 따갑도록 많이 들었을 것입니다. 그러나 성경은 질투하시는 하나님, 진노하시는 하나님에 대해서도 말합니다. 그분은 자기에 대한 배타적인 충성과 사랑을 요구하시는 하나님이시기 때문입니다. 우리가 하나님 외에 다른 것에게 사랑과 충성을 보인다면, 그분은 심하게 질투하고 분노하십니다. 이런 이유로 십계명의 전반부는 매우 강한 어조로 하나님에 대한 절대적 충성과 믿음을 요구하고 있습니다. 그렇지 않으면 그분은 분노하십니다. "나는 악과 허물과 죄를 용서하는 하나님이다. 그러나 나는 죄를 벌하지 않은 채 그냥 넘기지는 않는다. 아버지가 죄를 지으면, 본인에게뿐만 아니라 삼사 대 자손에게까지 벌을

통일의 복음

내린다"(출 34:7).

그러나 하나님의 분노는 충동적이거나 즉흥적이지 않다는 사실을 기억해야 합니다. 하나님은 화풀이하듯이 분노하시는 분이 아닙니다. 그분이 분노하시는 이유는 '죄' 때문입니다. 죄는 하나님을 공격하거나 그분께 반항하는 행위입니다. 아니면, 하나님이 싫어서 그분으로부터 멀리 도망가는 것입니다. '공격'과 '도주'로 요약될 수 있는 것이 죄입니다. 하나님은 죄를 몹시 싫어하시고 분노하십니다. 죄는 하나님의 거룩하심을 침범하는 무례한 행위이기 때문입니다. 하나님의 뜻을 거절하고 자신의 욕심에 이끌려 사는 것에 대해 하나님이 화가 나신 것입니다. 여기서 '화' 혹은 '분노'[그리스어로 '올게'(orge)]는, 상처가 부풀어 오르거나 과일이 익어가는 것처럼, 어떤 일에 대해 점차적으로 열정적이 되거나 흥분하게 되는 것을 뜻합니다. 사람이 죄를 저지르면 하나님을 자극하게 됩니다. 물론 하나님은 참으십니다. 그러나 참으시다가도, 죄의 정도가 지나치게 되면 마침내 분노하십니다. 죄는 거룩하신 하나님의 인격을 모독하는 일이기 때문입니다. 그러므로 거룩하신 하나님을 흔들어대거나 함부로 대하면 안 됩니다. 하나님의 거룩하심을 계속해서 고집스럽게 짓밟으면서도 하나님이 가만히 계실 것이라고 생각한다면 큰 오산입니다. 그분은 모든 죄악에 대해 분노를 쏟아부으실 것입니다.

그러나 하나님의 분노는 단순히 죄인을 멸하기 위함이 아닙니다. 오히려 얼마 후에 분노를 거둬들이십니다. 하나님은 우리가 회개하고 돌아와 하나님의 용서하심과 그리스도 안에서 얻어지는 새로운 삶을 추구하게 하기 위해서 분노를 멈추십니다(골 1:21-23; 벧후 3:9-10; 계 16-20장).

"그러나"로 시작되는 2:4은 위대한 전환의 구절입니다. 우리말 번역에는 아쉽게도 '그러나'라는 접속사가 빠졌지만, 원래 2:4은 '그러나 하나님은'으로 시작합니다. 지금까지 우리는 죄 때문에 죽을 수밖에 없었다는 것을 들었습니다(1-3절). 그러므로 우리에게는, 우리 안에는, 우리로부터는 어떤 희망도 없습니다. 희망의 빛은 바깥으로부터 와야 합니다. 어디로부터 온다는 말입니까? 이런 분위기에서 사도 바울은 '그러나 하나님은'이라는 말로 시작합니다. "긍휼에 풍성하신 하나님이 우리를 살리셨다!"라는 것입니다. 하나님이 주어(主語)로 우뚝 서 계십니다. 그분이 주도권을 잡고 계십니다. 인류의 장래와 운명은 전적으로 그분의 손에 달려 있습니다. 그분의 개입만이 모든 것을 확 달라지게 한다는 것입니다.

그렇다면 하나님이 우리를 위해 하신 일은 무엇입니까? 사도 바울은 세 가지를 말합니다. 첫째, "그리스도와 함께 우리를 살리셨다." 둘째, "그리스도와 함께 우리를 일으키셨다." 셋째,

"우리를 그리스도와 함께 하늘에 앉히셨다." 여기서 "함께"라는 단어가 눈에 들어옵니다. 우리는 지금 "그리스도와 함께" 있다는 것입니다. 이보다 더 놀라운 복이 어디 있습니까? 여기에서 특별히 놀라운 사실은, 우리가 그리스도와 함께 지금 하늘의 보좌에 앉아 만물을 다스리는 왕의 권세를 갖게 되었다는 것입니다.

그렇습니다. 현재 우리는 그리스도의 우주적 왕권 아래에서 살고 있습니다. 십자가에 달리신 그리스도를 통해 하나님이 이 세상의 모든 권세와 세력과 힘을 다 무장해제시키셨기 때문입니다. 이 사실을 렘브란트의 회화 기법에 빗대어 어둠과 빛의 대조라는 차원에서 설명하면 이렇습니다. 우리 모두는 예수 그리스도의 통치가 도래하기 전에는 죄의 세력에 종노릇하며 살았습니다. 우리가 마귀의 손아귀에서 지배받으며 살던 시절이 있었다는 것입니다. 마치 이스라엘이 하나님의 백성으로서 태어나기 전에 애굽에서 바로에게 종노릇하며 살았듯이 말입니다.

불행하게도 악한 마귀와 귀신의 세력들에 이리저리 끌려 다니는 사람들이 있었습니다(2:1-3). 그러나 예수 그리스도는 십자가 위에서 그런 세력들을 완전히 무장해제시키시고, 더 이상 그 밑에서 종노릇하지 않도록 우리를 건져내셨습니다. 지금 그리스도 예수는 세상을 지배하고 있는 온갖 종류의 어둠의 세력, 마귀와 사탄의 모든 권세를 무장해제시키고 하늘 보좌에 앉아 만유를 다스리고 계십니다. 예수 그리스도뿐 아니라, 그를 믿는 그리스도인들도 마찬가지로 더 이상 죄와 마귀의 종노릇하지 않고,

지금 예수 그리스도와 함께 왕노릇하고 있습니다. 장차 미래의 어느 시기에 왕노릇한다는 것이 아니라, 이미 지금 여기서 그리스도와 함께 왕노릇하고 있다는 뜻입니다(4-7절).

오직 하나님의 은혜

이렇게 왕노릇하며 살게 된 것은 전적으로 하나님의 은혜입니다. 바울은 "너희는 그 은혜에 의하여 믿음으로 말미암아 구원을 받았다. 구원을 받게 된 것은 너희의 행위에서 난 것이 아니다!"라고 말합니다. 그러나 여기서 말하는 구원은 단순히 개인적인 구원이 아닙니다. 하나님의 은혜로운 구원이란, 예수 그리스도의 십자가와 부활과 승천과 하늘 보좌에 좌정하심을 통해 그리스도가 만유의 왕이 되시고 온 우주의 주님이 되신 사건 전체를 가리킵니다. 이것이 하나님이 이루신 구원이라는 것입니다. 이런 구원의 세계를 창조하는 일을 위해 여러분이나 저와 같은 인간은 한 줌의 흙도 보태지 않았습니다. 오로지 그분의 은혜와 자비로 우신 마음에서 시작되고 완성된 것이 하나님이 만드신 새로운 사회요, 새로운 세상이요, 새로운 시대입니다. 그리고 이런 구원의 세계는 오직 믿음으로 받아들일 때만 들어가게 됩니다. 이것이 "은혜에 의해 믿음으로 말미암아 구원을 받게 되었다"라는 말의 뜻입니다. 종종 에베소서 2:8을 개인적인 구원으로만 환원하여 축소시키려는 경향이 있습니다. 하지만 앞에서 설명한 것처

통일의 복음

럼, 하나님의 구원의 공적이고 우주적인 차원을 기억하고, 그분이 은혜로 우리를 위해 이루어놓으신 이 놀라운 구원과 그 구원의 세계를 순수하게 믿음으로 받아들일 때만 우리는 그 구원의 세계 속으로 들어가게 됩니다.

착하게 살아야

구원의 세계에서 살게 된 사람은 자연스럽게 '선한 일들'을 생각하고 추구하게 됩니다. "우리는 그리스도 예수 안에서 선한 일을 위하여 지으심을 받은 자"(10절)들이기 때문입니다. 착한 일을 하라고 지음 받은 사람들이 그리스도인들이라는 말입니다. 종종 그리스도인들은 종교적인 일, 즉 교회 일을 열심히 하는 것이 하나님의 마음을 기쁘게 해드리는 것이라고 생각합니다. 물론 그럴 수도 있겠지요. 전도하고 선교하며 열심히 교회 일에 힘을 쓰는 일은 선한 일입니다. 그러나 여기서 말하는 선한 일은 단순히 종교적 열심을 가리키는 것이 아닙니다. 하나님이 만드신 창조세계 안에서 책임감 있게 사는 것이 착한 일입니다. 예를 들어, 소외 계층에 있는 가난한 사람들과 독거노인들과 어린 가장들과 외국인 노동자들 등을 보살피는 일, 기아와 전쟁으로 고통당하는 난민들을 돌보는 일, 자연의 생태계를 보호하는 일, 정의로운 사회를 만들기 위해 시간과 지력과 돈을 투자하는 일, 인류의 평화를 위해 교육하는 일 등이 모두 착한 일입니다. 이런 착한 일들을 하려면 먼저 그리스도인들이 착해야 합니다. 예수님을 믿는 사람들은 어쨌든 '착해야' 합니다. 최소한의 선행에 관해서만큼은 그리스도인이 비그리스도인보다 더 잘하는 것이 마땅합니다. 이런 일들을 통해 하나님의 영광과 평판과 명예가 드높아질 것입니다. 그러므로 무엇이 착한 일이며, 어떤 것이 선하고 좋은 일인지 생각하고 살아야 합니다. 생각은 습관을 낳고, 습관은 인격을 형성하고, 인격은 행동으로 표현되기 때문입니다. 열매 없는 과실수가 쓸모없는 것처럼, 열매가 없는 그리스도인은 짝퉁 그리스도인입니다. 왜냐하면 제자도(弟子道)는 입(口)이 아니라 발(足)로 하는 것이기 때문입니다.

생각해봅시다

1. 인간의 본성에 대해 여러분은 어떤 생각을 갖고 계십니까? 예를 들어, 교육을 통해 사회적 문제들을 해결할 수 있다고 생각하십니까? 에베소서 2:1-10을 읽으시고, 성경이 인간의 본성에 대해 뭐라고 말하는지 대답해보십시오.

2. 영적으로 죽은 자들에 대해 어떻게 생각해야 합니까? 어떻게 그들에게 복음을 전할 수 있을까요? 에베소서 2:1-5을 읽고 생각해보십시오.

3. 이 세상의 '악한 영들'과 '악한 세력들'로는 어떤 것이 있습니까? 이런 것들을 물리칠 수 있는 길이 있습니까? 개인적인 차원만 아니라 사회적인 차원에서도 말씀해보십시오.

4. "그리스도와 함께 살아났다", "그리스도와 함께 일으킴을 받았다", "하늘 영역에 그리스도와 함께 앉았다"와 같은 문구가 무엇을 뜻하는지 말씀해보십시오. 로마서 6:1-14; 골로새서 3:1-4; 에베소서 2:4-10을 참고하십시오.

5. 어떤 사람을 착한 그리스도인이라고 할 수 있습니까? 그리스도인들이 공동체적으로 해야 할 착한 일에는 어떤 것이 있습니까? 여러분의 위치에서 할 수 있는 착한 일로는 어떤 것이 있는지 열거해보십시오.

5 모퉁잇돌 그리스도, 접착제 성령

에베소서 2:11-22

11 그러므로 생각하라 너희는 그 때에 육체로는 이방인이요 손으로 육체에 행한 할례를 받은 무리라 칭하는 자들로부터 할례를 받지 않은 무리라 칭함을 받는 자들이라 12 그 때에 너희는 그리스도 밖에 있었고 이스라엘 나라 밖의 사람이라 약속의 언약들에 대하여는 외인이요 세상에서 소망이 없고 하나님도 없는 자이더니 13 이제는 전에 멀리 있던 너희가 그리스도 예수 안에서 그리스도의 피로 가까워졌느니라 14 그는 우리의 화평이신지라 둘로 하나를 만드사 원수 된 것 곧 중간에 막힌 담을 자기 육체로 허시고 15 법조문으로 된 계명의 율법을 폐하셨으니 이는 이 둘로 자기 안에서 한 새 사람을 지어 화평하게 하시고 16 또 십자가로 이 둘을 한 몸으로 하나님과 화목하게 하려 하심이라 원수 된 것을 십자가로 소멸하시고 17 또 오셔서 먼 데 있는 너희에게 평안을 전하시고 가까운 데 있는 자들에게 평안을 전하셨으니 18 이는 그로 말미암아 우리 둘이 한 성령 안에서 아버지께 나아감을 얻게 하려 하심이라 19 그러므로 이제부터 너희는 외인도 아니요 나그네도 아니요 오직 성도들과 동일한 시민이요 하나님의 권속이라 20 너희는 사도들과 선지자들의 터 위에 세우심을 입은 자라 그리스도 예수께서 친히 모퉁잇돌이 되셨느니라 21 그의 안에서 건물마다 서로 연결하여 주 안에서 성전이 되어 가고 22 너희도 성령 안에서 하나님이 거하실 처소가 되기 위하여 그리스도 예수 안에서 함께 지어져 가느니라

하나님이 예수 그리스도를 통해 이루시는 세상과 사회는 언제나 화합과 통일과 하나 됨을 추구합니다. 분열과 나눔, 독선과 아집은 설 자리를 잃어버립니다. 이념에 의한 갈라짐, 인종 간의 증오심, 신분상의 차별 대우, 기득권층의 독선과 같은 병적인 현상들은 새로운 사회 안에 전혀 발붙일 곳이 없습니다. 예수 그리스도

가 왕이 되시고 구심점이 되시기 때문입니다. 그분을 중심으로 모든 것이 이루어지는 세상이기 때문입니다.

중심이신 그리스도

그리스도의 십자가 사건은 하나님이 그분을 통해 모든 것을 하나로 통일하시겠다는 의지의 표현이었습니다(엡 1:11). 승천하신 그리스도가 영원한 왕권을 수여받으시고 천상의 보좌로 등극하신 것은, 하늘에 있는 것들이나 땅에 있는 것들이나 땅 아래 있는 모든 세력(power)을 그의 발아래 꿇어 복종시키시려는 하나님의 뜻(경륜)이었습니다.

실제적인 차원에서 하나님은 그리스도를 통해 유대인과 이방인 사이에 있었던 장벽을 부수시고, 오직 한 분의 하나님, 오직 한 분의 주님, 오직 한 분의 예수 그리스도께만 충성하는 신실한 '하나님의 한 백성'(one people of God)을 만들고자 하셨습니다. 십자가 사건은 이처럼 사람들 사이를 가로막고 있는 온갖 장애물과 장벽을 무너뜨렸습니다. 인종적인 문제든, 종교적 계율에 관한 문제든, 사회적 신분 차별에 관한 문제든 상관없이, 모든 장벽을 허무셨습니다. 그리고 십자가를 통해 예수 그리스도는 이 땅에 평화(샬롬)를 세우셨습니다. 하나님과 사람 사이의 평화뿐 아니라, 사람과 사람 사이에도 평화가 있게 하신 것입니다. "그분은 우리의 화평이십니다. 둘로 하나를 만드시고, 원수된 것 곧 중간에 막힌 담을 자기 육체로 허물어뜨리셨습니다"(14절).

모퉁잇돌

사도 바울은 하나 되게 하는 그리스도의 십자가 사역을 "모퉁잇돌" 역할이라고 합니다. 여기서 말하는 모퉁잇돌은 건물을 지을 때 기초가 되는 돌인 '주춧돌'(foundation stone)인 동시에, 양쪽으로 뻗어가는 담을 이어주는 돌인 '모서리 돌'(corner stone)이기도 합니다. "건물"은 하나님의 나라, 하나님의 우주적 교회를 가리킵니다. 바울은 여기서 하나님의 "성전"이란 단어를 사용합니다. 성전은 하나님이 거주하시는 곳을 말합니다. 마치 말씀이 육신을 입어 '우리 가운데' 거주하신다(요 1:14)는 말씀처럼, 유대인과 이방인이 함께 어울려 하나님의 '한 백성'을 이루어 그 가운데 하나님이 거주하시는 '새로운 사회'(New Society)를 만드셨습니다. 바로 이 모습이 그리스도가 십자가를 통해 창조하신 새로운 교회, 종말론적인 교회의 모습입니다.

접착제

하나님의 '한 백성'을 만드는 데 결정적인 역할을 하신 또 다른 분이 성령이십니다. 성령은 유대인과 이방인을 하나로 묶어 하나님의 한 백성으로 만드실 뿐 아니라, 지금도 그들을 계속해서 '하

통일의 복음

나님의 성전'으로 만들고 계십니다. 즉, 그들 가운데 하나님이 임재하시도록 하심으로써 하나님의 성전을 만들어가십니다. "너희도 성령 안에서 하나님이 거하실 처소가 되기 위하여 그리스도 예수 안에서 함께 지어져 가느니라"(22절). 여기서 중요한 사실은 '과정'이라는 것입니다. 지금 만들어지고 있는 것입니다. 성전 건물의 기초는 그리스도가 놓으셨지만, 그 일을 완수해가시는 분은 성령이십니다. 그리고 성령의 지도와 안내에 이끌려서 성전을 지어가는 과정으로 우리가 부르심을 받은 것입니다.

성령에 이끌려 사는 삶이야말로 그리스도인의 삶의 특성입니다. 개인적인 차원뿐 아니라 공동체적인 차원에서도 마찬가지입니다. 하나님의 백성과 자녀의 모임인 교회는 언제나 성령의 이끄심을 경험하고 사는 공동체여야 합니다. 이런 의미에서, 새로운 사회로서 교회는 하나님의 선물(divine gift)인 동시에 우리의 사명(human task)이기도 합니다. 성령의 인도하심과 가르치심에 전적으로 순복해야 할 사명이 우리에게 있다는 뜻입니다.

차별은 없어져야

그렇습니다. 우리는 서로 다른 인종과 민족들이 우리 주 예수 그리스도의 이름으로 함께 모이는 것을 볼 때마다 하나님이 그곳에 임재하시고, 바로 그곳이 하나님의 성전임을 알게 됩니다. 이것이 종말론적인 교회 공동체의 모습입니다. 백인과 흑인, 동양인과 서양인, 한국인과 일본인, 유대인과 헬라인, 경상도 사람과 전라도 사람, 부자와 가난한 자, 어른과 어린아이가 함께 손에 손을 잡고 예수님을 그들의 유일한 주님으로, 유일한 그리스도(메시아)로 고백할 때 비로소 천상의 예배가 지상에 실현되는 성전이 되는 것입니다.

역으로 이야기하자면, 그리스도와 성령이 누구인지 올바르게 알고 고백한다면, 인간적인 모든 장벽과 차별은 사라지게 될 것이라는 말입니다. 지상 교회는 돌과 흙으로 짓는 멋진 '교회당'이나 우람한 '예배당'을 추구하지 말고, 서로 간의 차별과 불평등의 장벽을 넘어서 사역하시는 그리스도와 성령을 추구할 때 비로소 '하나님의 성전'이 될 것입니다. 왜냐하면 그럴 때 하나님이 그들 안에 '거주'하시기 때문입니다. 이런 사실을 기억한다면, 그리스도를 머리로 삼는 교회 안에서는 누구도 소외되거나 이방인 취급을 받아서는 안 됩니다. 누구도 개밥의 도토리처럼, 굴러든 돌처럼 대우받는 일이 없어야 할 것입니다.

1. 기독교 공동체 안에서 여러분은 어떤 종류의 분파나 분열 혹은 파당이나 적대감을 경험하십니까? 예를 들어, 학연, 지연, 혈연과 같은 것들이 분열의 요소가 됩니까? 그 외에 또 어떤 것들이 있습니까? 이런 것에 대해 어떻게 응답해야 합니까?

2. 그리스도 안에서 모든 그리스도인은 "동일한 시민"이라고 합니다(2:19). 그런데 교회 생활을 하다 보면 새로 나온 신자들이나 다른 곳에서 전입한 교인들이 있을 것입니다. 혹시 그들이 교회에서 토박이 교인들에게 소외당하거나 외면당하는 일이 있습니까? 어떻게 이런 장벽을 부수고 그리스도 안에서 평화와 일체감을 갖도록 할 수 있겠습니까?

3. 우리 사회에서 종종 발견되는 인종 차별, 아동 학대나 배우자 학대, 기근과 가난 같은 사회적 병리 현상들은 극복해야 할 장애물이고 무너뜨려야 할 장벽입니다. 이런 작업을 하기 위해 교회가 할 수 있는 일에는 어떤 것이 있는지 생각해보십시오.

6 그리스도의 화해 사역에서 사도 바울의 역할

1 이러므로 그리스도 예수의 일로 너희 이방인을 위하여 갇힌 자 된 나 바울이 말하거니와 2 너희를 위하여 내게 주신 하나님의 그 은혜의 경륜을 너희가 들었을 터이라 3 곧 계시로 내게 비밀을 알게 하신 것은 내가 먼저 간단히 기록함과 같으니 4 그것을 읽으면 내가 그리스도의 비밀을 깨달은 것을 너희가 알 수 있으리라 5 이제 그의 거룩한 사도들과 선지자들에게 성령으로 나타내신 것 같이 다른 세대에서는 사람의 아들들에게 알리지 아니하셨으니 6 이는 이방인들이 복음으로 말미암아 그리스도 예수 안에서 함께 상속자가 되고 함께 지체가 되고 함께 약속에 참여하는 자가 됨이라 7 이 복음을 위하여 그의 능력이 역사하시는 대로 내게 주신 하나님의 은혜의 선물을 따라 내가 일꾼이 되었노라 8 모든 성도 중에 지극히 작은 자보다 더 작은 나에게 이 은혜를 주신 것은 측량할 수 없는 그리스도의 풍성함을 이방인에게 전하게 하시고 9 영원부터 만물을 창조하신 하나님 속에 감추어졌던 비밀의 경륜이 어떠한 것을 드러내게 하려 하심이라 10 이는 이제 교회로 말미암아 하늘에 있는 통치자들과 권세들에게 하나님의 각종 지혜를 알게 하려 하심이니 11 곧 영원부터 우리 주 그리스도 예수 안에서 예정하신 뜻대로 하신 것이라 12 우리가 그 안에서 그를 믿음으로 말미암아 담대함과 확신을 가지고 하나님께 나아감을 얻느니라 13 그러므로 너희에게 구하노니 너희를 위한 나의 여러 환난에 대하여 낙심하지 말라 이는 너희의 영광이니라

그리스도의 우주적 왕권

여러분은 사도 바울이 에베소의 교인들에게 편지를 쓰면서 기도로 시작했다는 사실을 기억할 것입니다. 상투적인 기도가 아니라, 영원 전부터 시작된 삼위일체 하나님의 구원 경륜을 언급

하면서 시작한 기도였습니다. 그 장대하고 장엄한 구원의 경륜은 "비밀/신비"(엡 1:9; 3:3, 4, 9; 5:32; 6:19) 그 자체였으나 예수 그리스도의 성육신과 십자가의 고난과 죽으심과 부활과 승천을 통해 만천하에 드러나게 되었고, 이제 그리스도가 만유의 주님이 되셔서 모든 것을 하나로 묶으시고 통일하셨으니, 오로지 그분 아래서 온 우주의 통일 왕국이 세워지게 되었다는 것입니다. 그렇다면 그리스도의 우주적 왕권이 지상의 교회, 특별히 에베소에 있던 교회에게 미치는 어떤 실제적인 의미가 있습니까? 이에 대해 사도 바울은 큰 목소리로 "예, 있습니다!"라고 외칩니다.

그리스도의 우주적인 왕권을 믿는다면, 우리의 삶에서 한 치의 영역도 그분의 왕적 통치에서 벗어날 수 없음을 알 것입니다. 그분 아래서 모든 것이 통일을 이루었다면, 어떤 종류의 분열이나 갈라짐이나 장벽이나 분리도 있을 수 없습니다. 바울은 아마 에베소 교회에게 이렇게 직설적으로 말했을 것입니다. "당신들 가운데 뻔히 보이는 유대인과 이방인 사이의 높은 장벽, 그것을 허무시오. 그 적대감의 장벽을 허물지 않고 계속해서 서로 간에 갈등하는 것은 그리스도의 화해 사역을 멸시하고 우습게 여기는 불경스러운 일이오. 그러니 먼저 화해의 악수를 위해 손을 내미시오. 어서!"

이 말은 당시 에베소 지역에서 주류를 이루고 있었던 이방인 그리스도인들에게 한 말이었습니다. 당시 에베소 지역에서 유대인들은 소수자(minority)였습니다. 그럼에도 불구하고, 그들은 하나님의 언약 백성이라는 선민의식과 민족적 우월 의식을 가졌으며, 할례를 받지 않은 이방인들을 무시하고 업신여겼습니다. 그러자 대다수를 이루고 있던 이방인 그리스도인들이 화가 났습니다. 유대인들에 대한 적대적 감정이 극에 달했습니다. 그들은 숫자로 밀어붙였으며 기득권을 주장했습니다. 그 지역에는 '평화'라는 것이 없었습니다. 이런 이유 때문에, 사도 바울은 이방인 그리스도인들에게 자기 분수를 알라고 강한 어조로 말하고 있는 것입니다. "당신들의 과거를 기억해보시오!"라는 말로 긴 설교를 시작하고 있습니다(참조. 엡 2:11-22).

사명, 부르심을 받은 이유

먼저 사도 바울은 자신이 하나님의 구원 경륜, 그 비밀을 맡은 청지기라고 말하면서, 그 비밀은 이미 앞서 말했던 것처럼 하나님이 예수 그리스도를 통해 만물을 통일하실 것이며(엡 1:9-10), 또한 이방인들도 유대인들과 함께 하나님의 구원을 상속받은 자들이라(2:11-22)는 사실을 가리킨다고 합니다. 그리고 바울은 자기가 이 '비밀'을 온 천하에 선포하기 위해 부르심을 받았다고 말합니다. 바울은 이런 사명을 받은 일에 대해 다음과 같이 격정적으로 고백합니다. "모든 성도 중에 지극히 작은 자보다 더 작은 자인 나에게 측량할 수 없는 그리스도의 풍성함을 전하게 하셨습니다"(8절). 이 얼마나 놀라운 간증이며 겸손한 고백입니까? "지

통일의 복음

극히 작은 자보다 더 작은 자"라는 고백 말입니다.

여기서 바울은 자신의 사도직, 달리 말해 자신의 사명을 다시 한 번 천명합니다. 사실 에베소서 2:22을 마친 후에 바로 3:14로 건너뛰면 편지의 흐름이 물 흐르듯 훨씬 더 자연스러울 것입니다. 왜냐하면 3:14에서 바울은 앞서 이야기했던 내용으로 다시 돌아가 말하기 시작해서 21절에 이르러 마치기 때문입니다. 그렇다면 3:1-13은 일종의 '괄호 안에 들어 있는 독특한 내용'이라고 생각해도 좋을 것입니다. 바울 사도는 이야기 도중에 잠시 숨을 고르면서, 하나님이 자신에게 맡겨주신 사명에 대해 다시금 큰소리로 외치고 싶었던 모양입니다. 그 사명이란 "영원부터 하나님 안에 숨겨졌던 위대한 비밀(신비)"을 바울의 이방인 독자들에게 알려주는 것이었습니다. 무엇이 숨겨졌던 신비입니까? 그리스도의 완성된 사역을 통해, 즉 하나님의 약속을 이루시기 위해 이 세상에 오셔서 모든 적대적 장애를 깨뜨려 부수시고 모든 나라와 민족 가운데서 신자들을 불러내어 하나님의 가족으로 환영하시는 사역을 통해 그들이 구원을 받게 되었다는 것, 이것이 드러난 하나님의 위대한 비밀입니다!

바울은 자신이 이런 놀라운 일에 부르심을 받았다는 사실에 경탄했고, 그런 부르심에 대해 온전하게 자신을 헌신하기로 작정했습니다. 그의 고백을 들어보십시오.

내가 달려갈 길과 주 예수께 받은 사명 곧 하나님의 은혜의 복음을 인생에서 가장 중요한 물음인 '나는 누구인가? 왜 나는 여기에 있는가? 나는 지금 어디로 향해 가고 있는가?'에 대해 바울은 분명한 대답을 갖고 있었습니다. "모든 성도 중에 지극히 작은 자보다 더 작은 나에게 이 은혜를 주신 것은 측량할 수 없는 그리스도의 풍성함을 이방인에게 전하게 하시려는 것입니다"(8절).

한평생 은혜의 복음, 십자가의 복음, 구원의 복음을 이방인에게 전파하는 것이 삶의 유일한 목적이라는 것입니다. 정말 감동적인 고백입니다. 그래서 바울은 평생을 지중해 연안을 미친 듯이 돌아다니면서 이 복음(하나님의 경륜)을 전하다가 로마의 옥에 갇히게 됐습니다. 하나님이 그에게 주신 사명에 그의 온 생애를 다 바쳤습니다. 한 줌의 재가 될 때까지 그는 이 사명을 위해 삶을 소진했던 것입니다. 바울은 이방인의 구원을 위해 복음의 전쟁터에서 산화(散華)했습니다.

그리스도가 그러셨던 것처럼 자기도 '화해의 전령'(messenger of reconciliation)으로 부르심을 받았다는 것입니다(참조. 고후 5:11-21). 그러나 화해의 전령이 되기 위해 그가 치러야 할 값은 매우 비쌌습니다. 하나님과 적대적이 된 인류를 하나님과 화해시키려는 사명을 띠고 세상에 오신 예수님처럼, 그리스도의 종이며 사도인 바울 역시 이 화해의 복음을 전하기 위해 자신을 '제물'로

   통일의 복음

드려야만 했습니다. 그래도 그는 그것을 개의치 않았습니다. 여기 있는 한 문구가 삶과 죽음에 대한 그의 관점을 잘 보여주고 있습니다. "죽으면 주님과 함께 있게 되어 좋고, 살면 당신들(이방인들)에게 유익이 되어서 좋습니다. 그러므로 내게 사는 것이 그리스도니, 죽는 것도 유익합니다"(빌 1:21-24).

하나님의 광대한 청사진

에베소서 3:10-11에서 우리는 주님이 인간 역사를 통해 이루시는 일에 대해 짧지만 강력한 그림자를 엿볼 수 있습니다. "이제 교회를 통하여 하늘에 있는 통치자들과 권세들에게 하나님의 각종 지혜를 알게 하려 하심이니, 곧 영원부터 우리 주 그리스도 예수 안에서 예정하신 뜻대로 하신 것이라." 전능하신 하나님이 자신의 목적을 날마다 그리스도 안에서 이루어가고 계시다는 것입니다. 그러나 우리는 오직 하나님에 대한 믿음의 눈으로만 수면 아래 도도하게 흐르고 있는 해류를 볼 수 있을 것이며, 이 세상에서 진짜로 일어나고 있는 것들이 무엇인지 알게 될 것입니다. 그때 우리는 끊임없이 일하고 계시는 하나님에 대해 경탄과 경외를 올려드리게 될 것입니다.

"교회를 통하여" 하나님이 자기의 지혜를 "하늘 영역에 있는 통치자들과 권세자들"에게 나타내십니다. 여기서 말하는 '통치자들과 권세들'은 하나님께 대항하는 하늘의 적대적 세력들을 가리킵니다(참조. 1:21; 6:12). 그렇다면 교회는 그런 적대적 세력들에 대항해서 하나님의 구원 경륜에 관해 하나님의 강력하고도 분명한 간증(testimony)으로 서 있다는 뜻입니다. 달리 말해, 하나님이 인류 역사를 통해 이루시려는 위대한 구원 경륜(계획)에 대해 이 세상을 장악하고 있는 하늘의 모든 악한 세력이 대적하고 있지만, 교회는 그들에 대항해서 하나님의 구원 계획을 증언하는 세력이라는 것입니다. 이런 의미에서 하나님은 교회를 자신의 일에 대한 간증으로 삼으셨습니다.

여기서 우리는 영적인 교훈을 얻습니다. 이방인과 유대인이 하나가 되어 하나님의 한 백성이 되어가는 것을 이 세대의 세력들이 보면, 그들은 망연자실하여 멍하니 정신을 놓고 주저앉게 된다는 것입니다. 그러므로 그리스도인들이 그리스도를 중심으로 이 세상에서 단합된 모습을 보이는 것이 하나님의 바람입니다. 종교적·인종적·신학적 이유를 들어서 교회가 갈라지고 나뉘는 것을 하나님이 원하시지 않는다는 말입니다. 그리스도인이라면 그리스도의 온전한 통치를 받는 한 백성, 한 교회, 한 성전, 한 민족을 갈망해야 할 것입니다.

결론적으로 이 단락에서 바울이 우리에게 보여주고 있는 그림은 하나님에 대한 것, 곧 은혜로 구원을 받은 후에 찾아도 다 찾을 수 없는 그리스도의 무한한 풍요와 충만하심을 나누라는 사명을 받은 신실한 전령들을 통해 구원 경륜이라는 '큰 디자인'을 성취하고 계시는 '큰 하나님'에 대한 것입니다. 이런 큰 그림

통일의 복음

을 깊이 감상한다면 우리는 다시금 용기를 얻게 될 것이고, 성령의 능력을 힘입어 삶에 대한 강렬한 목적의식을 갖고 하나님의 영광을 위해 살아갈 힘을 얻을 것입니다.

그렇습니다. 그분은 하늘에 있는 것이나 땅에 있는 것이나 다 그리스도 안에서 통일하십니다(1:10). 하나님은 모든 것을 통제하고 다스리십니다. 그리고 그분이 보내신 예수 그리스도를 믿는 우리는 "담대함과 확신을 가지고 하나님께 나아가는"(12절) 특권을 얻었습니다. 그러므로 그리스도께 속한 사람이라면 그 누구도 낙심하거나 용기를 잃을 이유가 없습니다(13절).

1. 바울은 수그러들지 않는 사명감을 가졌습니다. 그 사명이란 예수 그리스도를 전파하는 전령이 되겠다는 불굴의 헌신과 열정이었습니다. 사명에 대한 이런 헌신과 열정 때문에 그는 아침에 일터로 나갔고, 낮에는 미친 사람처럼 돌아다녔고, 밤에는 그 사명을 꿈꾸었습니다. 여러분은 하나님의 부르심을 느끼십니까? 복음의 증인이 되어야겠다는 열정이 있으십니까? 여러분은 이런 열망을 교회 안에서 느끼십니까? 느끼신다면 왜 그렇고, 느끼지 못하신다면 왜 그렇습니까?

2. 바울은 자신을 가리켜 "하나님의 모든 백성 가운데 지극히 작은 자보다 더 작은 자"(3:8)라고 합니다. 바울이 자신을 이렇게 부른 이유는 무엇입니까? 그리스도를 섬기라는 하나님의 부르심을 위해 필요한 자격이라는 것이 있다는 말입니까, 없다는 말입니까?

3. 먼저 에베소서 3:10-11을 읽어보십시오. "이는 이제 교회로 말미암아 하늘에 있는 통치자들과 권세들에게 하나님의 각종 지혜를 알게 하려 하심이니, 곧 영원부터 우리 주 그리스도 예수 안에서 예정하신 뜻대로 하신 것이라." 이 말씀을 배경으로 다음과 같은 말들을 어떻게 이해하시겠습니까? "나는 예수 그리스도는 받아들이겠는데, 교회는 아니야!" "교회야말로 오늘날 복음을 전파하는 데 가장 큰 걸림돌이다!"

7 사도 바울의 기도와 송영

에베소서 3:14-21

14 이러므로 내가 하늘과 땅에 있는 각 족속에게 15 이름을 주신 아버지 앞에 무릎을 꿇고 비노니 16 그의 영광의 풍성함을 따라 그의 성령으로 말미암아 너희 속사람을 능력으로 강건하게 하시오며 17 믿음으로 말미암아 그리스도께서 너희 마음에 계시게 하시옵고 너희가 사랑 가운데서 뿌리가 박히고 터가 굳어져서 18 능히 모든 성도와 함께 지식에 넘치는 그리스도의 사랑을 알고 19 그 너비와 길이와 높이와 깊이가 어떠함을 깨달아 하나님의 모든 충만하신 것으로 너희에게 충만하게 하시기를 구하노라 20 우리 가운데서 역사하시는 능력대로 우리가 구하거나 생각하는 모든 것에 더 넘치도록 능히 하실 이에게 21 교회 안에서와 그리스도 예수 안에서 영광이 대대로 영원무궁하기를 원하노라 아멘

어떤 그리스도인이 다른 신자들을 얼마나 애틋하게 돌보고 깊은 관심을 기울이는지 알 수 있는 가장 좋은 방법 중 하나는, 그 사람이 그들을 위해 기도하는 방식을 살펴보는 것입니다. 기도는 기도하는 사람의 마음을 드러내기 때문입니다. 에베소서 3:14-21에 기록된 바울의 기도를 주의 깊게 살펴보면, 그가 신앙의 형제자매들을 얼마나 애틋하게 돌보고 사랑하는지 알게 됩니다.

어떻게 기도하는가?

바울의 기도는 그가 지금까지 이야기한 것들, 즉 말로 다 표현할

수 없는 그리스도의 사랑을 아는 일과 그 사랑으로 인해 이방인이나 유대인이나 모두 성령 안에서 하나가 되었다는 사실을 그의 독자들도 몸소 경험하기를 간절히 바라는 내용으로 되어 있습니다. 그가 얼마나 간절히 바라는지는 그의 기도 자세에서 잘 드러납니다. 에베소 교인들을 향한 사도 바울의 간절함은 "무릎을 꿇고 빈다"(15절)라는 말에서 절실하게 느껴집니다. 무릎 꿇고 드리는 기도는 간절함 그 자체입니다. 물론 지금도 기도 시간에 무릎을 꿇어야만 한다는 말은 아닙니다. 이런 육체적 훈련도 가끔 필요할지 모르겠습니다. 여기서 중요한 사실은 사도 바울의 기도가 애원하듯 간절하게 드리는 간청이라는 것입니다. 그것도 자기 자신이 아닌 다른 사람들을 위해서, 바울은 간절하게 기도를 드리고 있습니다.

누구에게 기도하는가?

공동체적인 하나 됨을 강조하기 위해 사도 바울은 우리의 '아버지'를 부릅니다. 우리가 기도할 때마다 "하늘에 계신 우리 아버지여!"라고 부르는 그 하늘 아버지는 우리를 만드시고 돌보시며, 결코 우리를 홀로 내버려 두지 않으시는 아버지(예. 요 10:28-29; 히 13:5-6)이십니다. 하늘 아버지는 우리가 기도를 통해 그분의 이름을 부르며 가까이 나아올 때 기뻐하십니다. 특별히 아버지의 가족 안에 있는 다른 형제자매를 기억하며 아버지께 나아올 때 그

　　　　　　　　　　　　　　통일의 복음

분은 정말로 기뻐하십니다. 왜냐하면 부모는 자녀들이 우애(友愛)하고 화목하게 지내는 것을 좋아하기 때문입니다. 여기서 바울은 동료 그리스도인들을 위해 기도할 때 하나님이 그 기도를 들으신다는 사실을 확신하고 있는 것입니다. 어찌 보면, 자기만을 위해 자기중심적인 기도를 드릴 때보다, 형제자매들을 위해 기도할 때 그 기도는 더욱더 큰 효력을 가질 것입니다. 왜냐하면 부모로서 하나님은 여러분이 하나님의 가족의 평화와 안녕과 화목을 위해 기도하는 모습을 보면서 감동하시고, 따라서 여러분의 그 고운 마음씨를 그냥 넘어가지 않으실 것이기 때문입니다. 기도하는 사람은 역시 마음이 고와야 합니다. 다른 사람에 대한 애틋한 사랑, 그들 영혼의 잘됨을 생각하는 마음, 이런 마음을 성경에서는 '긍휼'(compassion)이라고 부릅니다. 이런 긍휼의 마음이 없는 사람은 진정으로 기도하는 사람이 아닙니다.

무엇을 위해 기도하는가?

여러분은 무엇을 위해 기도하십니까? 한마디로 '영적 성숙'(spiritual growth)을 위해서입니다! "하나님의 영광의 풍성함을 따라 그의 성령으로 말미암아 너희 속사람을 능력(power)으로 강건하게 하시기를" 무릎 꿇고 빈다고 바울은 말합니다(3:16). 하나님의 풍성하심과 풍요하심은 숨이 막힐 정도로 무한하고 숭고합니다. 그래서 바울은 하나님께 "당신의 능력(power)으로 그들을 강하게 해주십시오!"라고 간청하는 것입니다.

우리는 고단한 삶에 쉽게 지치고, 깨어지기 쉽고, 연약하기 그지없습니다. 그런 우리 인간에게 필요한 것은 삶을 지탱해나갈 '힘'(power)입니다. 사람들이 이런 힘을 얻기 위해 얼마나 힘쓰는지 모릅니다. 권력, 지력, 학력, 재력 등이 그런 것들을 가리키는 용어입니다. 사람들은 능력(power) 있는 사람을 좋아합니다. 그러나 힘은 오래가지 않습니다. 오직 하나님의 능력(power)만이 영원합니다. 그분의 힘만이 우리를 강건하게 할 수 있습니다.

그렇다면 어떻게 강건해질 수 있습니까? 하나님의 영의 임재와 능력을 의존할 때 강건해질 수 있습니다. 달리 말해, 그리스도가 우리의 마음으로 오셔서 사시도록 해야 한다는 것입니다. 그분이 우리 마음으로 이사 오셔서 우리와 함께 거주하시도록 해야 한다는 말입니다. 그리스도가 주시는 영적 에너지를 날마다 공급받고, 그분이 의도하시는 삶의 패턴으로 조형되어가는 것입니다. 이것이 영적 성숙입니다.

성장과 성숙은 단숨에 일어나지 않습니다. 평생에 걸쳐 일어나는 과정입니다. 그러므로 끼니를 거르지 않고 식사를 하듯이, 영적 성숙은 매일같이 영적 음식을 먹어야 가능합니다. 이스라엘이 40년 광야 생활에서 '일용할 양식'(daily bread)을 먹었던 것처럼, 매일의 양식을 먹어야 합니다. 여기서 말하는 '일용할 양식'은 '내일을 위한 오늘의 양식'입니다. 아직도 가야 할 머나먼 순례의 길이 남아 있기에 우리에게는 힘이 필요합니다. 그래서 일

     통일의 복음

용할 양식인 하나님의 말씀이 필요한 것입니다. '사람이 떡으로
만 사는 것이 아니라 하나님의 입에서 나오는 모든 말씀으로 사
는 줄을' 배워야 할 것입니다(참조. 신 8:3).

종합하자면, 바울은 그리스도인들이 그리스도의 사랑을 이
론으로만 아는 것이 아니라 실제로 느끼고 경험하고, 그것의 장
엄함에 압도되고 감격하고, 그것에 의해 삶이 형성되고 성장하기
를 바라는 마음을 담아 하나님께 간절히 기도하고 있습니다. 성
령의 능력을 통해 그리스도의 무한한 사랑이 우리 안에 가득 채
워지고, 하나님의 충만함으로 충만하게 되기를 소원하고 있는 것
입니다.

하나님으로 가득한 삶, 그리스도의 사랑을 음미하고 읊조리
는 삶, 성령이 주시는 능력으로 날마다 새로워지는 속사람, 뿌리
깊은 나무처럼 흔들리지 않는 신앙, 모진 바람과 폭풍 한설(暴風
寒雪)에도 견고하게 서 있는 삶이 되기를 기도하고 있는 것입니
다. 이것은 한 개인의 삶에 대해 주어진 말이 아닙니다. 공동체로
서 교회의 삶에 대해 하는 말입니다. 사도 바울은 그의 독자들인
에베소 지방의 유대인 그리스도인들과 이방인 그리스도인들이
함께 "성령 안에서 하나님이 거하실 처소가 되기 위하여 그리스
도 예수 안에서 함께 지어져 가기를"(엡 2:21-22) 기도하고 있기 때
문입니다.

공동체로서 교회가 그리스도의 사랑, 그 너비와 길이와 높이
와 깊이라는 사차원적 사랑을 온몸으로 깨닫고 그 사랑을 살아

내는 데까지 성장하기를 소원하고 있는 것입니다(18-19절). 이것이 우리가 추구하고 사모해야 할 진정한 영성의 모습이기도 합니다.

끝으로 다음 찬송가의 한 구절을 함께 읊조리며 노래해보십시오. "예수 더 알기 원하네. 크고도 넓은 은혜와 대속해주신 사랑을 간절히 알기 원하네. 내 평생의 소원, 내 평생의 소원, 대속해주신 은혜를 간절히 알기 원하네"(새찬송가 453장). 아멘.

1. 기도할 때의 그 기도가 우리의 마음을 드러냅니다. 여러분이 드렸던 기도를 되돌아볼 때, 그 기도들이 여러분의 어떤 마음을 드러낸다고 생각하십니까?

2. 자신이 드렸던 기도들을 종합해보면, '자기를 위한 기도'와 '다른 사람들을 위한 기도'의 비율이 얼마나 되는 것 같습니까? 그런 비율이 나오게 된 이유와 원인은 무엇이라고 생각하십니까?

3. 다른 사람을 위해 하나님께 드리는 기도가 자기만을 위한 기도보다 더 능력이 있는 이유는 무엇일까요? 이런 경험이 있으면 나눠보십시오.

4. '영적으로 함께 자라가는' 방법으로는 어떤 것들이 있습니까? 그것을 교회에 적용하려고 노력한 적이 있습니까? 하나님의 사람들이 서로 능동적으로 교제하고 교통하는 중요성에 대해 에베소서 3:17-19은 무엇이라고 말합니까?

8 성숙한 신앙 공동체와 하나 됨

1 그러므로 주 안에서 갇힌 내가 너희를 권하노니 너희가 부르심을 받은 일에 합당하게 행하여 2 모든 겸손과 온유로 하고 오래 참음으로 사랑 가운데서 서로 용납하고 3 평안의 매는 줄로 성령이 하나 되게 하신 것을 힘써 지키라 4 몸이 하나요 성령도 한 분이시니 이와 같이 너희가 부르심의 한 소망 안에서 부르심을 받았느니라 5 주도 한 분이시요 믿음도 하나요 세례도 하나요 6 하나님도 한 분이시니 곧 만유의 아버지시라 만유 위에 계시고 만유를 통일하시고 만유 가운데 계시도다 7 우리 각 사람에게 그리스도의 선물의 분량대로 은혜를 주셨나니 8 그러므로 이르기를 그가 위로 올라가실 때에 사로잡혔던 자들을 사로잡으시고 사람들에게 선물을 주셨다 하였도다 9 올라가셨다 하였은즉 땅 아래 낮은 곳으로 내리셨던 것이 아니면 무엇이냐 10 내리셨던 그가 곧 모든 하늘 위에 오르신 자니 이는 만물을 충만하게 하려 하심이라 11 그가 어떤 사람은 사도로, 어떤 사람은 선지자로, 어떤 사람은 복음 전하는 자로, 어떤 사람은 목사와 교사로 삼으셨으니 12 이는 성도를 온전하게 하여 봉사의 일을 하게 하며 그리스도의 몸을 세우려 하심이라 13 우리가 다 하나님의 아들을 믿는 것과 아는 일에 하나가 되어 온전한 사람을 이루어 그리스도의 장성한 분량이 충만한 데까지 이르리니 14 이는 우리가 이제부터 어린 아이가 되지 아니하여 사람의 속임수와 간사한 유혹에 빠져 온갖 교훈의 풍조에 밀려 요동하지 않게 하려 함이라 15 오직 사랑 안에서 참된 것을 하여 범사에 그에게까지 자랄지라 그는 머리니 곧 그리스도라 16 그에게서 온 몸이 각 마디를 통하여 도움을 받음으로 연결되고 결합되어 각 지체의 분량대로 역사하여 그 몸을 자라게 하며 사랑 안에서 스스로 세우느니라

신앙의 출발은 "우리가 하나님을 위해 무엇을 해야 하는지"가 아니라 "하나님이 우리를 위해 어떤 일을 하셨는지"를 아는 일에 있습니다. 하나님이 그리스도를 통해 이루신 일이 있습니다. 하나님이 그리스도를 통해 '한 백성'을 창조하시고, 그들을 선택하

시고, 그들을 사랑하시고, 그들을 구원하신 것입니다. 그뿐 아니라, 그들을 자기의 자녀라고 부르셨습니다. 아버지로서 하나님은 자기의 자녀가 노년에 이르기까지 그들을 업고 가시며, 매 순간 그들을 보살피시고, 마지막에는 그들 모두를 안전하게 영원한 집으로 인도해 들이실 것입니다. 그런 의미에서 사도 바울은 하나님을 가리켜 "한 분 하나님이시며, 모든 것(만유)의 아버지"라고 합니다. 우리의 아버지이신 하나님은 만물을 다스리시고, 만물을 통해 일하시며, 만물 안에 계십니다(6절).

우리가 고백하고 믿는 하나님이 이런 분이시라면, 우리는 그분께 신앙으로 대답해야 합니다. 달리 말해, 하나님의 자녀로, 하나님의 백성으로 살아내는 것입니다. 바울 사도는 에베소서 전반부에서(1-3장) 하나님이 자기의 백성을 위해 행하신 위대한 일들에 관해 자세하게 가르쳤습니다. 그 위대한 일은 하나님이 영원한 경륜 가운데 그리스도를 통해 자기의 한 백성을 만들어내신 일이었습니다. 이제 에베소서의 후반부(4-6장)에서는 이렇게 창조된 하나님의 백성이 어떻게 하나님의 백성답게, 하나님의 자녀답게 살아야 하는지에 대해 자세하게 가르치고 있습니다. 그렇습니다. 올바른 교리는 올바른 삶으로 이어져야 합니다. 그리스도인이라면 하나님에 대해 올바르게 생각하고 자기 백성을 다루시는 하나님의 방식에 대해 똑바로 알면서, 바로 그 하나님 앞에서 올바르고 똑바로 살아내는 '삶의 열매들'을 맺어야 한다는 말입니다. '정통 교리'(orthodoxy)는 '정통 실행'(orthopraxis)과 함께 손을 잡고 가야 하기 때문입니다. 윤리를 상실한 교리는 바리새인적인 권위주의와 수구적인 종교로 전락할 것이며, 교리를 상실한 윤리는 자기과시와 위선으로 물든 도덕주의가 될 것입니다.

복음에 합당하게 사는 길 – 하나가 되라

그리스도의 몸으로서 교회는 분열과 반목과 편 가르기 같은 행위들과 맞서 싸워야 합니다. 종종 신자들 간의 대화나 상대방에 대한 태도들이 점점 악화되는 경우가 있습니다. 알량한 자존심을 내세울 때, 개인적인 취향이 무시당했을 때, 집단에서의 헤게모니(주도권) 다툼에 휘말릴 때, 개인적인 이익이 걸려 있는 문제들에 봉착했을 때, 혹은 학연·지연·혈연과 같은 것들에 얽혀 있을 때, 교회 안에 파벌과 파당이 생기고 반목과 분열이 가속화됩니다. 토론하고 대화할 수 있음에도 불구하고 언성을 높이고 얼굴을 붉힙니다. 급기야 돌아올 수 없는 다리를 건너는 지경까지 가는 언어를 사용하거나 행동을 하기도 합니다. 모두가 알다시피, 일단 깨어진 관계는 다시 회복하기가 쉽지 않습니다. 설령 깨어진 관계나 서먹서먹해진 관계를 회복하더라도, 그 깊은 상처는 계속해서 남아 있다는 사실을 기억하십시오. 놀랍게도, 형제자매를 사랑하는 일보다 그들과의 논쟁에서 이기는 일이 더 중요하다고 생각하는 사람들이 의외로 많습니다. 아마 자신들의 '에고'(ego, 자존심)가 상처받는 것을 견딜 수 없을 만큼 자존심이 강하기 때문일 것입니다. '인격 살인'(personality assassination)이라는 말이 있듯이, 말과 글 같은 언어뿐 아니라, 표정이나 몸짓으로, 더 나아가 생각으로 상대방을 모욕하거나 우습게 여기거나 업신여기고 경멸하는 것도 일종의 살인이라고 할 수 있습니다(마 5:21-22).

아버지로서 하나님은 가족·식구가 우애 있고 화목하고 사이 좋게 살기를 바라십니다. 자녀들이 싸우면 아버지는 우십니다. 우리는 한 분 아버지를 모시고 사는 형제자매들입니다. 예수 그리스도의 피로 맺어진 신앙의 식구들입니다.

사도 바울은 지금 로마의 감옥에 갇힌 상태에서 이런 말을 하고 있습니다. "그리스도 예수의 일로 너희 이방인을 위하여 갇힌 자 된 나"(엡 3:1), "주 안에서 갇힌 나"(4:1)로서 말입니다. 자신이 옥에 갇히게 된 것은 오로지 그리스도가 이루신 일을 위해서라는 것입니다. 무엇이 그리스도가 이루신 일입니까? 십자가 위에서 죽으심으로, 갈라지고 깨어진 세상(만유)을 하나로 통일하신 일입니다. 사도 바울은 바로 그런 그리스도의 '하나 됨'(통일)의 사역을 위해 하나님의 부르심을 받았고, 그 일을 위해 자신의 온 삶을 헌신했습니다. 또한 그것 때문에 감옥에까지 갇혔습니다. 달리 말해, 바울은 지금 그리스도께 이끌려 살고 있는 자신의 삶에 대해 간증하고 있습니다. 그는 더 이상 자신을 위해서 사는 사람이 아니라 다른 사람을 위해서 살고 있다는 것입니다. 그리고 이런 삶을 요구하신 분이 그리스도와 성령이십니다. 그는 성령과 그리스도께 이끌려 사는 인생이었지, 단 한 번도 자신을 위해서 사는 인생이 아니었던 것입니다. 아마 그리스도인들을 박해하기 위해 다메섹으로 가는 길 위에서 하나님의 강권적인 부르심에 굴복하게 된 사건 이후, 그는 자신의 삶을 십자가에 달리신 그리스도를 위해 바치기로 작정했을 것입니다. 그 이후 바울의 삶을 돌아보면, 그는 정말로 미친 사람이었습니다. 전폭적으로 성령께 이끌리는 삶이었기 때문입니다.

바울은 자신의 삶을 생각하며 독자들에게 강력하게 권면합니다. 그리스도인의 공동체는 화합과 통일을 이루며 살아야 한다고, 이것이 우리 주님의 명령이라고 말입니다. 그런 권면을 따르려면, 강하고 의도적이며 세심한 노력이 날마다 필요합니다. 물론 이것이 얼마나 어려운지 모르지 않습니다. 그러나 우리는 그리스도의 명예를 위해 '하나 됨'의 아름다움을 주변에 보여야 합니다. 그렇습니다. 하나님이 우리를 그리스도인으로 부르셨다면, 그 부르심에 합당하게 행동하라는 것입니다. 여기서 '합당하다'로 번역한 그리스어 단어 '악시오스'(axios)는 저울이 한쪽으로 기울지 않도록 다른 한쪽에 균형을 맞춘다는 뜻입니다. 이를 본문에 적용하자면, 하나님의 자녀들이라면 그에 상응하는 삶으로 균형을 잡으라는 것입니다. '존재'(being)와 '삶'(living)은 언제나 균형을 이루어야 합니다. 하나님의 자녀들은 하나님의 자녀답게 살아야 하기 때문입니다.

부르심에 합당한 삶이란?

바울은 하나님의 부르심에 합당한 삶이 무엇인지에 대해 다섯 가지로 설명합니다. 첫째는 '온전한 겸손'입니다. '가라앉은 기상'으로 생각한다는 뜻의 이 '겸손'이란 단어는 당시 그리스 문화에서는 칭찬받지 못할 덕목이었습니다. 그리스의 철학자 플라톤은 사람이 갖추어야 할 네 가지 중요한 덕목이 있다고 주장했습니다. 보통 사주덕(四主德, four cardinal virtues)이라고 하는데, 그것은 '신중'(prudence)과 '용기'(courage)와 '절제'(temperance)와 '정의'(justice)입니다. 그리스인들은 으뜸이 되는 일에 매우 열정적이었으며, 자기표현을 중요시했고, 다른 사람과 비교해서 뛰어나기를 열망했습니다. 그들이 볼 때 그리스도인의 덕인 '겸손'은 삶의 낙오자들에게서나 발견되는 혐오스러운 특징이었습니다. 그들에게 '겸손'(humility)은 '비굴'(humiliation)과 동의어였습니다. 그러나 기독교 신앙은 겸손을 제일의 덕으로 꼽습니다. 예수 그리스도의 성육신이 겸손의 본보기이기 때문입니다. 예수님은 신적 권위와 본질에서 하나님과 동일하셨지만, 스스로 자기를 비워서 종의 형태로 사람이 되셨다고 사도 바울이 빌립보서 2:5-8에서 말했습니다.

> 그리스도 예수께서 자신을 생각하셨던 방식으로
> 여러분도 자기 자신을 생각하십시오.

그분은 하나님과 동등한 지위셨으나

스스로를 높이지 않으셨고,

그 지위의 이익을 고집하지고 않으셨습니다.

조금도 고집하지 않으셨습니다!

때가 되자, 그분은 하나님과 동등한 특권을 버리고

종의 지위를 취하셔서, 사람이 되셨습니다!

그분은 사람이 되셔서, 사람으로 사셨습니다.

그것은 믿을 수 없을 만큼 자신을 낮추시는 과정이었습니다.

그분은 특권을 주장하지 않으셨습니다.

오히려 사심 없이 순종하며 사셨고,

사심 없이 순종하며 죽으셨습니다.

그것도 가장 참혹하게 십자가에서 죽으셨습니다

(유진 피터슨, 『메시지』).

자기를 내려놓는 일, 자기를 비우는 일, 자기를 부인하는 일, 자기의 고집과 아집을 떨쳐버리는 일, 이것이 겸손의 화신이신 그리스도가 하신 일입니다. 그렇다면 그리스도의 제자들 역시 그분의 방식을 따라야 하지 않겠습니까?

부르심에 합당한 삶의 두 번째 특성은 '온유'입니다. 온유가 부드럽고 겸손하며 때로는 약한 모습이라고 연상한다면 잘못입니다. 온유라는 단어는 이리 뛰고 저리 뛰는 야생마를 잡아 강도

통일의 복음

높게 훈련시키고, 길들여 통제되고, 절제된 야생의 힘이 일정한 방향으로 흘러나오도록 했을 때의 모습을 가리킵니다. 온유는 결코 연약하다는 말과 동의어가 아닙니다. 자신을 길들이고 단련시키는 주인이 하나님이시라는 사실을 인식하기 때문에 결코 자기 마음 내키는 대로 일을 처리하지 않고, 모든 일을 주님의 손에 내맡기는 것이 온유입니다. 심지어 자기를 대적하는 원수들에 대해서도 하나님이 반드시 책임져주실 것이라는 확신을 갖고 부드럽게 삽니다. 이런 의미에서 성경은 모세를 온유한 자라고 부르는 것입니다.

복음에 합당하게 사는 사람의 세 번째 특징은 '오래 참음'입니다. 견고하고, 흔들리지 않고, 견디어내는 품성을 가리킵니다. 하나님이 모든 것을 통제하시고 모든 일이 그분의 손안에 있다는 사실을 확신하기 때문에, 결코 일희일비(一喜一悲)하지 않습니다. 그는 사건과 일이 되어가는 것을 길게 내다봅니다. 오래 참음의 덕은 특별히 사람과의 관계에서 잘 드러납니다. 상대방이 공격하면 즉각 대꾸하거나 받아치는 것은 똑똑하거나 현명한 일이 아닙니다. 오래 참음의 덕을 가진 사람은 다른 사람들이 자신을 바보스럽다고 말하며 무시해도 인내하고 참아냅니다. 한 템포 느리게 행동해도 결코 늦지 않습니다. 그리스인들은 이런 인내의 덕도 역시 저급한 것으로 여겼습니다. 그것은 노예나 약자가 할 수 없이 하는 대응책이라고 생각했습니다. 그러나 하나님께 부르심을 받은 사람들은 그렇게 생각하지 않습니다. 그들은 인내하고 견디면서 흔들리지 않습니다. 모든 일을 궁극적으로 다스리시는 분이 하나님이라고 믿기 때문입니다.

그리스도인이라는 이름에 합당한 삶의 네 번째 특성은 '사랑 가운데서 서로를 받아들이는 것'입니다. 예를 들어, 누군가 여러분에게 공을 세게 던졌다고 합시다. 빠른 속도로 날아오는 공을 맨손으로 받을 수 있을까요? 정면에서 받으면 손이 크게 다칠 것입니다. 그러나 공이 오는 속도를 그대로 받아들여 공과 함께 손을 뒤로 빼면서 받으면 충격을 훨씬 완화할 수 있을 것입니다. 마찬가지로, 상대방이 내게 던지는 미움이나 증오를 그대로 받으면 긴장만 고조될 것이고, 좌절과 분노의 늪에 빠지게 될 것입니다. 원수에 대한 가장 좋은 방어책은, 악한 공격들을 일단 받아서 사랑이라는 품안에 품어 그 파괴력을 무력화시키는 것입니다. 이것이 사랑 가운데서 서로 '용납한다'는 말의 뜻입니다. 베드로 사도 또한 사랑이 허다한 죄들을 덮는다고 말한 적이 있습니다(벧전 4:8).

마지막으로, 그리스도인들은 '평화라는 끈끈한 접착제로, 하나 되게 하시는 성령의 일을 힘써 계속되게 하라'는 것입니다. 기회가 되면 하고 그렇지 못하면 안 해도 되는 것이 아니라, 부지런히 의식적으로 노력해서 신앙공동체 안에 평화와 하나 됨을 유지해야 한다는 말입니다. 그러나 이것이 쉬운 일은 아닙니다. 얼마나 어려우면 "형제자매들이 연합하여 하나가 되는 것이 어찌 그리 아름답고 멋진가!"(시 133:1)라고 했겠습니까! 그렇습니다.

 통일의 복음

좋은 의도로 시작해도 여러 가지 난관과 장애에 봉착하면 포기하거나 좌절하기 쉽습니다. "꼭 나만 이런 일을 해야 하나? 이제는 지쳤어. 나 하나만 조용히 신앙생활 하면 되지 뭐!"라고 말하기 쉽습니다. 그러나 이런 때일수록 '하나 되게 하시는 성령의 사역'이 하나님의 선물인 줄 믿음으로 기억하고 그 일에 매진해야 합니다. 우리는 이미 하나님 안에서 하나가 된 공동체입니다. 성령의 임재하심을 통해 우리는 이 사실을 마음으로 확신합니다. 신앙공동체 안에서 형제자매가 하나 될 때, 비로소 우리는 세상을 향해 우리가 그리스도께 속해 있다는 사실을 증거로 보이는 것입니다. 요한복음에 기록된, 예수님의 대제사장적 기도로 알려진 유명한 기도에도 이런 사상이 드러납니다. "아버지여, 아버지께서 내 안에, 내가 아버지 안에 있는 것 같이 그들도 다 하나가 되어 우리 안에 있게 하사 세상으로 아버지께서 나를 보내신 것을 믿게 하옵소서"(요 17:21).

다양성을 인정하라

교회가 보이는 가장 수치스런 일은 교회 안에 있는 분쟁과 다툼, 나뉨과 분열입니다. 영광스럽고 정결한 그리스도의 신부인 교회의 몸이 만신창이가 되었기 때문입니다. 사도 바울은 우리가 하나 되어야 할 필요성을 강조하면서, 일곱 가지 '하나 됨'을 열거합니다.

⑴ 몸이 하나다.

⑵ 성령도 한 분이시다.

⑶ 하나님의 부르심이 가리키고 있는 소망도 하나다.

⑷ 주님도 한 분이시다.

⑸ 믿음도 하나다.

⑹ 세례도 하나다.

⑺ 하나님도 한 분이시다.

그러므로 우리도 하나가 되어야 한다는 것입니다. 언급된 7가지의 순서를 보면, 하나인 그리스도의 몸에 대한 언급으로 시작해서, 맨 마지막에는 만유를 통일하시고 만유 가운데 계시는 한 분 하나님을 언급하며 끝맺습니다. 즉 만유를 다스리시는 창조주 하나님 안에서 모든 것이 정연(整然)히 통일을 이루고 있는 것이 절정이라는 것입니다. 이것은 에베소서의 전체 주제와 일치합니다. 이미 에베소서 1:10에서 사도 바울은 이 세상을 향한 하나님의 경륜의 정점을 이렇게 말했습니다. "하늘에 있는 것이나 땅에 있는 것이 다 그리스도 안에서 통일되게 하려는 것이라."

그러나 '통일성'(unity)과 '획일성'(uniformity)은 달라도 아주 다릅니다. 전자는 다양성을 이루면서 모든 개체가 조화롭고 사이좋게 공존해서 큰 평화의 그림을 보여주는 상태를 말합니다. 자유로우면서도 질서 있는 상태입니다. 그러나 후자는 전횡을 일삼는 전제 군주 아래서 이루어지는 일사불란한 기계적인 모습입니다.

　　　　　　　　　　　　　　　　　　　　통일의 복음

북한의 독재 체제 아래서 십만 군중들이 평양 능라도 운동장에서 펼치는 아리랑 공연을 연상하면 좋을 것입니다. 이만 오천 명이 펼치는 카드섹션과 나머지 칠만 오천 명이 함께 연출하는 집단 체조와 예술 공연은 결코 통일성이 아니라, 광기 어린 획일성의 표출일 뿐입니다.

교회는 다양한 은사를 가진 사람들로 구성되어 있습니다. 현악기, 금관 악기, 목관 악기, 타악기를 비롯한 크고 작은 다양한 악기들로 구성된 오케스트라를 연상해보십시오. 단원들은 악보와 각각의 악장과 지휘자의 인도에 따라 각자의 소리를 냅니다. 너무 커도 안 되고, 너무 작아도 안 됩니다. 작곡가가 의도한 화음이 전체적으로 드러나도록 하기 위해서 우선 자신을 통제하고 조절하고 절제해야 합니다. 나와야 할 때 나오고, 들어가야 할 때 들어가야 합니다. 이처럼 교회 안에도 다양한 직분이 있습니다. 주일학교 교사, 성가대원, 장로, 권사, 집사, 음향 시설 담당자, 안내 위원, 설교자, 차량 관리원, 식당 봉사자 등 모두가 교회의 주인이시며 영원한 마에스트로이신 그리스도의 지휘 아래 하나님의 악보를 연주하도록 부르심을 받았습니다. 교회 내 직분은 결코 세속적 의미의 계급이 아닙니다. 계급이 아니기 때문에, 다른 교인들 위에 군림하거나 세를 부려서도 안 됩니다. 모든 직분은 주인이 지정하고 맡겨주신 일입니다.

건축을 위해 투입된 일꾼들

사도 바울은 당시 교회 공동체 안에 있는 네 가지 직분 (1) 사도들, (2) 선지자들, (3) 복음 전도자들, (4) 목사들과 교사들에 대해 언급합니다. 이들은 각기 어떤 일을 맡은 사람들입니까? 먼저, 사도는 최초의 지상 교회를 세우는 역할 때문에 여기에서 언급되었을 것입니다. 그 다음에 나오는 선지자들은 구약에서처럼 하나님이 자기 백성의 독특한 필요나 상황에 맞게 보내셔서, 그 백성을 위한 메시지를 전하는 사람들입니다. 또 복음 전도자들은 당시에 복음을 전하면서 교회가 숫자적으로 증가하는 데 일익을 담당한 사람들입니다. 마지막으로, 목사와 교사는 교회 안으로 들어온 신자들을 가르치고 말씀으로 양육하는 역할을 담당했던 사람들입니다. 이런 직분들이 있어야 하는 이유는 분명합니다. 교회 내의 계급을 말하는 것도, 엄격하게 상하로 구분된 조직이 있어야 한다는 것도 아닙니다. 그들이 해야 할 임무는 성도들이 신앙 안에서 잘 자라가도록 돕는 일꾼의 역할을 하는 것입니다. 그들은 서로 협력하고 연합하여 그리스도의 몸인 교회가 신앙적으로 성장하도록 안내하고 이끌며, 지도하고 양육하는 것입니다. 이렇게 해야만 그리스도의 몸인 교회가 '세워져' 갑니다. 마치 모든 건축 자재가 건축자의 설계도에 따라 각각의 위치에 착착 들어설 때 비로소 건물이 세워져 가듯이, 교회도 그렇습니다. 이런 의미에서 직분은 하나님이 지상 교회에 내려주신 선물입니다.

통일의 복음

교회의 구성원들은 함께 '세워져 가고', 함께 '자라가야' 합니다. 한 사람도 뒤처지거나 낙오하지 않아야 합니다. '얼마나 빨리 자라고, 얼마나 빨리 짓고, 얼마나 빨리 가는지'가 중요한 것이 아닙니다. '제대로 자라고, 제대로 짓고, 제대로 가는지'가 중요합니다. 그렇지 않으면 부실 건물, 미로아(미아, 迷路兒)가 되어 버립니다.

균형 잡힌 신앙

건강하고 온전한 신앙공동체로 자라가려면 무엇이 필요할까요? 하나님의 아들이신 예수 그리스도를 믿는 것과 아는 것이 하나가 되어야 합니다. 믿는 것과 아는 것이 하나가 된다는 뜻은 머리와 가슴이, 지성과 열성이 균형을 이루어야 한다는 말입니다. 예수 그리스도가 누구이신지, 왜 이 세상에 오셨는지, 오셔서 무엇을 하셨는지 알아야 합니다. 알지 못하는데 어떻게 그분을 믿을 수 있겠으며, 거꾸로 그분을 믿지 못하고서 어떻게 그분에 대해 알 수 있겠습니까? 여기서 말하는 "그리스도의 장성한 분량이 충만한 데까지"는 단순히 개인의 신앙적 성숙을 말하는 것이 아니라, 교회 공동체가 함께 그리스도에 대해 온전히 알고 신뢰하며 공동체적으로 성장하고 성숙해간다는 것을 뜻합니다.

말씀 봉사의 직분은 교회에 내려주신 하나님의 선물

마지막으로, 앞에 언급된 교회의 직분들은 하나님이 지상 교회에 주신 '선물'이라는 점을 기억해야 합니다. 사도 바울은 이 점을 드러내기 위해 구약의 시편 68:18을 약간 비틀어서 인용하고 있습니다. 이 본문은 위대한 전쟁 용사이신 야웨 하나님이 자기 백성을 위해 전쟁에 나가 싸우시고 승리하신 후에, 적군을 포로로 잡으시고 수많은 노획물을 끌고 자기의 왕궁이 있는 시온 산으로 올라가시는 모습을 노래합니다. 그런데 사도 바울은 이 구절을 예수님의 승천에 빗대어 "그가 위로 올라가실 때에 사로잡혔던 자들을 사로잡으시고 사람들에게 선물을 주셨다"(엡 4:8)라고 합니다. 예수 그리스도가 위대한 전사로서 공중의 악한 세력들과 싸우시고, 사로잡힌 사람들을 다시 되찾으셨다는 것입니다. 예수님이 십자가 위에서 악한 세력들을 무장해제(武裝解除)시켰다고, 해방된 사람들에게 선물을 주셨다는 것입니다. 이 선물이 무엇입니까? 본문의 흐름에 따르면, 그리스도가 어떤 사람은 사도로, 어떤 사람은 선지자로, 어떤 사람은 복음을 전하는 자로, 어떤 사람은 목사와 교사로 삼아 지상 교회에 선물로 주셨다는 것입니다. 그러므로 지상 교회는 이런 직분들을 하나님이 주신 선물로 귀하게 받아야 합니다. 왜냐하면 이런 직분 모두는 하나님의 백성에게 하나님의 구원 경륜을 전하고 교육시키고 알려주는 중대한 일을 감당하기 때문입니다.

1. 에베소서는 크게 두 부분으로 구성되어 있다고 했습니다. 전반부(1-3장)는 교리적 내용을, 후반부(4-6장)는 실천적 내용을 담고 있다는 말입니다. 그렇다면 잠시 시간을 내어 에베소서 1-3장의 내용을 회고해 보십시오. 먼저 하나님이 우리를 위해 계획하신 구원의 경륜을 잘 이해해야, 그 다음에 우리가 어떻게 그 복음에 합당하게 살아야 하는지에 대해 잘 들을 수 있기 때문입니다.

2. 에베소서 4:3-6을 읽은 후에 여러분이 속한 교회의 '하나 됨'에 대해 점수를 매긴다면 몇 점을 줄 수 있을까요? 교단의 경우는 어떻습니까? 어떤 이유 때문에 교회는 '하나 됨'(통일성)을 이루지 못하는 것일까요?

3. 에베소서 4:1-6에 따르면, 어떻게 하는 것이 하나님의 평판과 명예를 드높이는 일입니까? 이 일을 위해 여러분의 교회는 어떤 것들을 실행해야 합니까?

4. 그리스도는 왜 모든 사람에게 다 똑같은 선물을 주시지 않고, 각 사람에게 알맞은 선물을 나눠주셨을까요?(7절) 그리스도가 다양한 선물을 나눠주셨다는 사실과 교회의 회원들 간의 '하나 됨'(통일성)이 어떻게 연결된다고 생각하십니까?

5. "직분은 하나님이 교회에 내려주신 선물이다"라는 말의 뜻을 설명해 보십시오. 우리가 알고 있는 교회의 직분론과 어떻게 균형을 이룰 수 있을까요? 교인으로서 우리는 교회의 직분에 대해 어떻게 생각해야 합니까? 대통령 한 개인을 존경하는 것과 직분으로서 대통령직에 대해 존경을 표하는 것, 이 둘 사이의 차이를 생각해보면 도움이 될 것입니다.

6. 사도 바울은 "사랑 안에서 진실을 말하라"(15절)라고 합니다. 그런데 어떤 사람들은 진실을 말한다고 하면서도 사랑이 없는 경우가 있습니다. 반면에 어떤 사람들은 사랑을 이유로 진실을 외면하는 경우도 있습니다. 이럴 때 교회 안에 어떤 문제가 생깁니까? '진실'과 '사랑' 모두를 함께 유지하는 것이 왜 그렇게 중요합니까? 성숙을 향해 성장해 가는 데 이런 것들이 어떻게 도움이 됩니까?

9 옛 사람과 새 사람

에베소서 4:17-32

17 그러므로 내가 이것을 말하며 주 안에서 증언하노니 이제부터 너희는 이방인이 그 마음의 허망한 것으로 행함 같이 행하지 말라 18 그들의 총명이 어두워지고 그들 가운데 있는 무지함과 그들의 마음이 굳어짐으로 말미암아 하나님의 생명에서 떠나 있도다 19 그들이 감각 없는 자가 되어 자신을 방탕에 방임하여 모든 더러운 것을 욕심으로 행하되 20 오직 너희는 그리스도를 그같이 배우지 아니하였느니라 21 진리가 예수 안에 있는 것 같이 너희가 참으로 그에게서 듣고 또한 그 안에서 가르침을 받았을진대 22 너희는 유혹의 욕심을 따라 썩어져 가는 구습을 따르는 옛 사람을 벗어 버리고 23 오직 너희의 심령이 새롭게 되어 24 하나님을 따라 의와 진리의 거룩함으로 지으심을 받은 새 사람을 입으라 25 그런즉 거짓을 버리고 각각 그 이웃과 더불어 참된 것을 말하라 이는 우리가 서로 지체가 됨이라 26 분을 내어도 죄를 짓지 말며 해가 지도록 분을 품지 말고 27 마귀에게 틈을 주지 말라 28 도둑질하는 자는 다시 도둑질하지 말고 돌이켜 가난한 자에게 구제할 수 있도록 자기 손으로 수고하여 선한 일을 하라 29 무릇 더러운 말은 너희 입 밖에도 내지 말고 오직 덕을 세우는 데 소용되는 대로 선한 말을 하여 듣는 자들에게 은혜를 끼치게 하라 30 하나님의 성령을 근심하게 하지 말라 그 안에서 너희가 구원의 날까지 인치심을 받았느니라 31 너희는 모든 악독과 노함과 분냄과 떠드는 것과 비방하는 것을 모든 악의와 함께 버리고 32 서로 친절하게 하며 불쌍히 여기며 서로 용서하기를 하나님이 그리스도 안에서 너희를 용서하심과 같이 하라

옛 사람의 방식

나다니엘 호손(Nathaniel Hawthorne)의 작품 『큰 바위 얼굴』을 아십니까? 한 어린 소년이 자신의 동네 바위산에 있는 얼굴의 상(像)과 똑같이 닮은 사람이 언젠가 나타날 것이라는 전설을 믿고, 날

마다 그를 기다리며 그 바위 얼굴을 보는 동안 어느덧 자신도 모르는 사이에 그 바위 얼굴을 닮은 사람이 되었다는 이야기 말입니다. 그 이야기의 핵심은, 사람은 자기가 꿈꾸는 그 모습을 닮는다는 것입니다. 중단 없는 소망은 그의 생각과 습관과 인격을 변화시켜 그 소망에 점점 가까이 다가가게 합니다.

이런 변화의 과정을 신학에서는 '성화'(聖化)라고 부릅니다. 예수님을 바라보고 그분을 닮아 거룩하게 변화되어가는 과정을 가리키는 표현입니다. 성화를 다른 식으로 표현하면 주조(鑄造, molding)의 과정이라고도 할 수 있습니다. 일정한 틀을 갖춘 주형(鑄型)에 주물을 부어 동일한 형태의 작품 혹은 용품을 만들어내는 것입니다. 하나님의 말씀을 지속적으로 받아들이는 과정을 통해 하나님이 의도하시는 목적에 부합하는 인격적 틀이 형성되어가는 과정을 의미한다고도 말할 수 있습니다. 이 성경 본문을 통해 사도 바울이 말하려고 하는 것이 바로 그리스도인들의 '성화'와 관련한 내용입니다.

사도 바울은 에베소의 그리스도인들에게 과거의 삶의 방식에서 떠나 그리스도의 다스리심을 받는 삶의 방식을 따라 살라고 권면하고 있습니다. 더 이상 이방인들이 사는 방식대로 살지 말라는 것입니다. 이 이방인 불신자들은 어둠 속에서 제 마음대로 사는 사람들입니다. 그들이 어둠 가운데 살게 된 이유는 빛이시며 생명이신 하나님으로부터 멀어졌기 때문입니다.

그렇습니다. 하나님으로부터 멀어지기 시작하면 그때부터

　　　　　　　　　　　　　　　　　　　　　통일의 복음

삶은 지옥이 됩니다. 왜냐하면 빛 자체이신 하나님에게서 떠나기 시작하면 자연스럽게 어둠의 세계 속으로 더 깊이 발을 들여놓게 되기 때문입니다. 게다가 성경의 표현에 따르면 어둠은 언제나 추위를 동반합니다. 어두워지면 길을 잃고 추위 속에서 방황하게 됩니다. 이게 지옥입니다. 지옥은 흔히 생각하는 것처럼 죽어서 가는 곳이라기보다는 지금 여기, 우리 삶의 현장에서 시작됩니다. 이렇게 경험하는 지옥을 생지옥이라고 부릅니다. 그리고 생지옥은 사람의 마음에서부터 시작됩니다.

무엇이 마음의 지옥입니까? 지옥이 어둠과 관계있다는 것을 생각한다면, 지옥의 마음은 어둠 속에서 허망하고 헛된 것을 따르는 것입니다. 무엇이 허망하고 헛된 것입니까? 구약 전도서의 가르침에 따르면 실체가 아닌 것, 진실이 아닌 것, 표면적이고 피상적인 것, 신뢰할 만하지 못한 것, 기댈 수 없는 것, 지속적이지 못한 것, 종국에 삶의 짐이 되는 것, 이런 것들이 헛된 것이고 허망한 것(히브리어로 '헤벨')입니다.[1] 구약의 독특한 가르침 중에 하나는, 우상을 가리켜 허망하고 헛되다고 말한다는 것입니다. 아주 적절한 가르침입니다. 진실 자체이시고 유일한 실체이신 하나님 외에 다른 것들을 추구하는 것이 우상숭배라면, 우리의 마음이 빛과 생명이신 하나님을 떠나 있을 때 우리는 언제나 우상숭배자들이며 헛된 것을 추구하는 자들입니다(시 115편).

어둠 가운데 있을 때 분별력과 판단력을 상실합니다. 영적인 감각을 잃어버리면, 무엇이 옳은 일인지 무엇이 잘못된 일인지 좌우분간을 못하게 됩니다. 영적 무감각보다 더 무서운 병은 없습니다. 특별히 하나님에 대해 아무런 반응을 보이지 않는 무감각이야말로 최악의 상태입니다. 유진 피터슨은 이것을 '하나님 무감각'(God Callus)이라고 이름 지었습니다. 하나님의 말씀이 들려와도 마음에 아무런 감흥이 없습니다. 찬송이나 기도 중에 "하나님!" 하고 부르지만 눈물 한 번 고이지도 않고 목 한 번 메이지도 않는 관습적이고 상투적인 것이라면, 그것은 종교생활을 하는 것이지 참된 신앙의 모습은 아닙니다. '하나님 무감각증'에 걸리면 은혜에 대한 감격도 죄로 인한 장탄식도 사라집니다. 그리고 이런 현상이 계속되다 보면, 마음은 더욱더 굳어지고 강퍅하게 됩니다. 일종의 '영적 경화(硬化)' 현상입니다. 예를 들면, 동맥 경화 혹은 간 경화라는 용어를 생각할 수 있습니다. 혈액 순환이 잘 되어야 하는 혈관이나 간이 점점 굳는 현상입니다. 이와 같은 방식으로, 하나님을 받아들이는 영적 기관인 '마음'이 굳어지기 시작할 때 오는 불행은 불을 보듯 뻔합니다. 무감각하게 되면 무지막지(無知莫知)하게 살게 됩니다. 개나 돼지처럼 모든 더러운 것에 대해 탐욕을 부리며 살게 된다는 말입니다. 이게 지옥이 아니고 뭐겠습니까?(17-19절)

불경건한 삶과 불의한 삶에 대해 사도 바울은 로마서에서도 같은 어조로 말한 적이 있습니다.

하나님의 진노가 불의로 진리를 막는 사람들의 모든 경건하지 않음과 불의에 대하여 하늘로부터 나타나나니… 하나님을 알되 하나님을 영화롭게도 아니하며 감사하지도 아니하고 오히려 그 생각이 허망하여지며 미련한 마음이 어두워졌나니… 그러므로 하나님께서 그들을 마음의 정욕대로 더러움에 내버려 두[셨다.]… 또한 그들이 마음에 하나님 두기를 싫어하매 하나님께서 그들을 그 상실한 마음대로 내버려 두사 합당하지 못한 일을 하게 하셨으니 곧 모든 불의, 추악, 탐욕, 악의가 가득한 자요 시기, 살인, 분쟁, 사기, 악독이 가득한 자요 수군수군하는 자요 비방하는 자요 하나님께서 미워하시는 자요 능욕하는 자요 교만한 자요 자랑하는 자요 악을 도모하는 자요 부모를 거역하는 자요 우매한 자요 배약하는 자요 무정한 자요 무자비한 자라(롬 1:18, 21, 24, 28-32).

여기서 하나님의 진노란 하나님이 우리의 죄에 대해 버럭 화를 내신다는 의미가 아닙니다. 하나님이 자기의 분노를 드러내실 때, 천둥 번개와 무서운 불꽃으로 나타내지 않으실 것입니다. 하나님의 진노는 그런 식으로 작동하지 않기 때문입니다. 하나님의 진노는 "너 하고 싶은 대로 해봐! 네 마음대로 해봐!"라고 하나님이 말씀하시는 것입니다. 하나님의 진노는 하나님이 우리에게 "네 마음대로 식단을 짜라. 네 마음대로 넣고 싶은 재료를 넣어라!"라고 하시는 것입니다. 간섭하지 않고 그냥 내버려 두시는 것이 가장 무서운 형벌입니다. 물론 내버려 두었기 때문에 모든 일이 잘되어 가는 것처럼 보일 수 있을 것입니다. 그러나 하나님의 방치야말로 무시무시한 형벌이라는 사실을 기억해야 합니다. 하나님의 진노는 사람들을 그냥 내버려 두시는 방식으로 작동합니다! 그냥 방치하거나 내버려 두는 것입니다. 이것이 하나님의 진노가 작동하는 방식입니다. 그런 때는 도덕적인 면역력과 윤리적인 감수성의 수치가 떨어지기 때문에, 사람들은 자기가 하고 있는 일들이 얼마나 잘못되었고 더러운 것인지에 대해 무감각하게 됩니다.

새 사람의 방식

그러나 그리스도 안에서 새 사람이 되면 모든 것이 달라지고 또 달라져야 합니다. 그리스도 안에서 살겠다고 결심하고 치르는 예식이 세례예식입니다. 그리스도를 자신의 주인으로 받아들이고 그분의 다스림을 받겠다고 고백하는 것이 세례라는 말입니다. 초대교회에서 세례예식은 본질적으로 한 군주(君主)에 대한 충성서약식과 같았습니다. 예수님을 하나님이 보내신 그리스도(메시아)로 받아들이고, 그 메시아의 왕적 통치에 순복하겠다는 것을 공적으로 서약하는 것이 세례의식이었습니다. 그리스도와 합하여 옛 사람의 성품은 십자가에 못 박아 죽이고, 그리스도와 합하여 새로운 성품으로 옷을 갈아입고 다시 태어난 사람들이 그리스도인입니다. 그러므로 그리스도를 자기들의 삶의 유일한 주(主)와 왕(王)으로 고백하는 세례를 받은 교인들은 삶의 방식도 바뀌어

합니다. 이것이 "너희는 유혹의 욕심을 따라 썩어져 가는 구습을 따르는 옛 사람을 벗어버리고 오직 너희의 심령이 새롭게 되어 하나님을 따라 의와 진리의 거룩함으로 지으심을 받은 새 사람을 입으라"(22-24절)라는 말씀이 뜻하는 것입니다.

사도 바울은 이전의 삶의 방식과 그리스도 안에서 사는 신자들의 새로운 삶을 옷을 입고 벗는 일에 빗대어 강조하고 있습니다. 옛 옷을 벗어버리고 새 옷을 입으라고 권면합니다. 자기중심적인 욕심에 이끌려서 살던 옛 삶의 방식을 훌훌 벗어버리고, 새로운 가치들로 옷을 입은 새로운 삶의 방식을 취하라는 것입니다. 여기서 말하는 '새로운 삶의 방식'은 과거에 지녔던 몇 가지 나쁜 버릇이나 습관을 버리는 것만을 말하는 것이 아닙니다. '새로워짐'은 과거의 삶의 패턴과는 전적으로 단절하는 것으로부터 시작되지만, 동시에 날마다 계속되는 과정으로 이어집니다. 하나님이 처음에 사람에게 바라셨던 상태로 돌아가는 것입니다. "참된 의로움과 거룩함 안에서 하나님처럼 되도록 지음을 받은 상태"로 돌아가는 것입니다(4:24).

의로움이란 하나님이 창조하실 때의 의도대로 우리가 존재하는 것입니다. 그분의 의도에 따라 사는 것, 이것이 의롭다는 말이 의미하는 것입니다. 의로운 상태에 있을 때 더럽혀지지 않고 거룩한 상태에 있게 됩니다. 그러므로 하나님의 창조 목적인 하나님의 형상으로 있을 때 우리는 의롭고 거룩한 상태에 있는 것입니다. 이른바 '본받다'라는 말의 속뜻이 이것입니다.

어떻게 사는 것이 옛 자아를 벗어버리고 새로운 자아를 입고 사는 것인지, 사도 바울은 나름대로 처방을 내립니다. 첫째로, '거짓을 버리고 진실하게 말하기'입니다. 하나님은 그럴듯하게 보이기 위해 하는 위선이나 꾸며낸 이야기를 제일 싫어하십니다. 겉으로는 이렇게 말하지만 속으로는 다른 말을 하는 이중적 언어생활을 미워하십니다. 말은 이렇게 하면서 행동은 저렇게 하는 경우도 마찬가지입니다. 기만과 거짓은 그리스도의 왕국에서 제일 혐오되는 것입니다. 우리 주님은 언제나 진정성을 중요하게 여기십니다. 하나님의 백성 사이에 이루어지는 친교나 교제나 사귐의 기초에는 언제나 진실성과 진정성이 있어야 합니다.

둘째로, '자신의 분노를 잘 다루기'입니다. 기독교 전통에서 분노는 '일곱 가지 대죄(大罪)' 중의 하나로 여겨졌습니다.[2] 여기서 바울이 언급하고 있는 분노는 충동적이거나 순간적으로 열을 받아 감정이 폭발하는 것을 가리키지 않습니다. 여기에서 언급되는 분노는 과녁을 맞히듯 분노의 대상에 초점을 맞추어 끊임없이 지속되는 분노입니다. 내면에서부터 분출하는 붉은색의 에너지와 같은 분노는, 비록 타인을 향해 분출하지만, 결국 분노하는 자기 자신을 삼켜버릴 것입니다.

이런 분노를 처리하는 가장 좋은 방법은 정규적으로 신속하게 분노를 처리하는 것입니다. 내면에 무엇인가를 잡아먹으려고 웅크리고 숨어 있는 분노를 해가 떨어지기 전에 매일 처리해야 한다는 말입니다. 다음 날까지 두면, 분노는 괴물이 되어 우리의 영혼을 처참하게 찢어놓을 것입니다. 마귀가 밤사이에 분노를 괴물로 만들기 때문입니다. 그래서 사도 바울은 분노를 빨리 처리하지 않으면 마귀에게 틈을 준다고 말하고 있는 것입니다. 마귀가 파고들 수 있는 틈새 말입니다.

그리스도 안에서 새로운 삶을 사는 세 번째 방식은 '나누고 사는 삶'입니다(28절). 에베소에 있는 사도 바울의 친구들은 개종하기 전에 온갖 저질스러운 삶을 살았습니다. 다른 사람을 속이고 남의 것을 슬쩍 가로채는 일은 자연스럽기까지 했습니다. 상대방이 모르는 사이에 하기도 했지만, 어떤 때는 직접적으로 상대방을 위협하기도 했습니다. 사도 바울은 개종한 독자들에게 이제는 더 이상 옛 습관에 머물러 있지 말고, 그 길에서 벗어나 선(善)한 일들을 하라고 권고하고 있습니다. 무엇이 선한 일이며 착한 일이며 좋은 일입니까? 정직하고 관대한 마음과 행실이 선한 일입니다. 정직하고 관대한 삶! 쉽게 말해, 자기 손으로 수고하고 땀을 흘려 번 것으로 자기만을 위해서가 아니라 궁핍한 사람들, 도움이 절실하게 필요한 사람들을 돌아보라는 것입니다. 이것이 관대하고 넉넉하게 사는 삶입니다. 이것이 그리스도 안에서 새로워진 사람들이 사는 방식입니다. 사도 바울은 입으로만 이런 말을 한 것이 아니라 자신의 삶을 통해 이런 덕을 살아냈습니다. 바울은 지중해 연안을 다니면서 복음을 전할 때 자신이 먹을 양식을 위해서 때때로 일했습니다. 요즘 우리가 말하는 ‘자비량 선교’ (tent making ministry)를 한 것입니다. 그가 그렇게 한 이유는 누구에게도 짐이 되지 않기 위해서였습니다.

> 형제들아 우리의 수고와 애쓴 것을 너희가 기억하리니 너희 아무에게도 폐를 끼치지 아니하려고 밤낮으로 일하면서 너희에게 하나님의 복음을 전하였노라(살전 2:9).

> 어떻게 우리를 본받아야 할지를 너희가 스스로 아나니 우리가 너희 가운데서 무질서하게 행하지 아니하며 누구에게서든지 음식을 값없이 먹지 않고 오직 수고하고 애써 주야로 일함은 너희 아무에게도 폐를 끼치지 아니하려 함이니 우리에게 권리가 없는 것이 아니요 오직 스스로 너희에게 본을 보여 우리를 본받게 하려 함이니라(살후 3:6-9).

바울은 선교에 헌신했던 자신에게 ‘권리’가 있다고 말하고 있습니다. 그는 이 권리에 대해 디모데전서 5:18에서 “성경에 일렀으되 곡식을 밟아 떠는 소의 입에 망을 씌우지 말라 하였고 또 일꾼이 그 삯을 받는 것은 마땅하다 하였느니라”라고 신명기 25:4을 인용해 말하기도 했습니다. 즉 교회를 세우고 섬기는 일에 헌신한 자신과 같은 일꾼들이 공궤를 받는 것이 당연하다는 것입니다.

그러나 당시 에베소 교회에는 불한당(不汗黨)들이 꽤 있었던 모양입니다. 자기 손으로 수고하지 않고, 땀 흘려서 그 결실로 자신과 이웃의 필요를 채우지 않는 이들에게 반드시 변화가 필요하다고 말하기 때문입니다.

본문(28절)이 다루고 있는 '도둑질과 선행'의 관계를 하이델베르크 신앙교육문답서는 십계명에 관한 문답(42번째 주일)에서 다음과 같이 멋지게 설명합니다.

> 질문: 여덟 번째 계명("도둑질 하지 말라")을 통해 하나님은 우리에게 무엇을 요구하십니까?
> 대답: 나는 나의 이웃의 유익을 위하여 내가 할 수 있는 모든 것을 행하여야 하며, 다른 사람이 나에게 해줄 것을 기대하는 그대로 나도 그들에게 대해야 할 것이며, 또한 나는 성실하게 일하여 궁핍한 가운데 있는 사람들이 도움을 필요로 할 때 그들을 도와야 한다는 것입니다.

넷째로, 바울은 '더러운 말을 입에서 쏟아내지 말기'를 권고합니다. 그리스어에서 '더럽다'(sapros)는 단어는 '부패하다, 썩었다, 추하다, 온전치 못하다, 상했다, 맛이 갔다'를 뜻합니다. 이 단어는 과일이나 채소나 생선이나 나무와 같은 것이 썩어 냄새가 나고, 부패하여 구더기가 우글거리는 상태를 표현할 때 사용합니다. 에베소서 5:4에도 다시 나오듯이, 추잡하고 상스러운 말,

시궁창 냄새가 나는 더러운 말, 역겹고 구역질이 나는 말입니다. 그러나 이런 말들을 피하는 것만으로는 충분하지 않습니다. 때로 말 자체로는 아주 좋은 말이거나 최소한 아무런 해가 되지 않는 말이라도, 말하는 상황이나 때에 적합하지 않을 때는 종종 독이 되거나 듣는 상대방의 인격과 마음을 죽일 수도 있기 때문입니다. 선(善, 착함)이라도 독불장군처럼 혼자 가면 독선(獨善)이 됩니다. 자기만 옳다고 생각하고 행동하는 '외로운 선'(獨善)은 결국 다른 사람들에게 상처를 주거나, 심지어 그 자신의 영혼을 죽이는 끔찍한 결과로 이어질 수도 있습니다.

그러므로 하이델베르크 신앙교육문답서의 여섯째 계명에 대한 질문과 대답(40번째 주일)이 가르치듯 해야 합니다.

나의 생각이나 나의 말들이나 나의 모습이나 나의 태도로써, 그리고 나의 실제적인 행동들을 통해서 나는 내 이웃을 얕잡아 하찮게 보거나 모욕하거나 미워하거나 죽이지 말아야 합니다.

더러운 말을 하는 대신에 "오직 덕을 세우는 데 소용되는 대로 선한 말을 하여 듣는 자에게 은혜를 끼치게 하라"라고 사도 바울은 권면합니다. 다른 사람들의 필요가 무엇인지 세심하게 살펴서, 그들의 삶이 잘 세워져 갈 수 있도록 꼭 도움이 될 말만 골라서 하라는 것입니다. 이렇게 하면 그 말을 듣는 사람이 힘을 얻고 영혼에 큰 유익이 될 것이기 때문입니다. 파괴하는 말이 아니

 통일의 복음

라 건설하는 말을 해야 합니다. 하나님의 '창조적 말솜씨'(creative words)를 닮아야 합니다. 다시 말해, 자신의 언어가 있는 곳에 파괴나 소멸이 아닌 생산과 창조가 일어나야 하는 것입니다. 그러므로 넉넉함과 덕스러움과 은혜로움이 그리스도 안에서 사는 사람들이 하는 모든 말의 특징이 되어야 합니다. 지혜자는 이렇게 말합니다. "경우에 합당한 말은 아로새긴 은 쟁반에 금 사과니라"(잠 25:11).

마지막으로, 사도 바울은 독자들에게 이렇게 경고합니다. "너희는 모든 악독과 노함과 분냄과 떠드는 것과 비방하는 것을 모든 악의(惡意)와 함께 버리라"(31절). 이런 것들은 무례하고 잔인한 마음, 보복하려는 정신에서 시작됩니다. 이런 옛 습성을 벗어버리고, 서로에게 친절하고 긍휼을 베풀며 용서하고 받아들여야 합니다. 결국, 용서하는 마음이야말로 하나님의 마음을 닮아가는 것입니다. 하나님은 그리스도 안에서 우리를 용서하는 분이기 때문입니다(32절). 예수님도 제자들에게 기도를 가르치시면서, 하나님이 우리를 용서하신 것처럼 우리도 서로를 용서하게 해달라고 기도하라고 말씀하셨습니다. 용서는 습득해야 할 기술이며 예술입니다.[3]

이것이 본문에서 바울이 가르치는 성화의 길입니다. 분명히 이 교훈은 단지 당시의 에베소 공동체만이 아니라, 오늘을 살아가는 우리 성도들도 마땅히 마음에 새겨야 할 내용입니다.

1. 사도 바울은 이 단락에서 그리스도인이 꼭 가져야 할 독특한 삶의 방식에 대해 말하고 있습니다. 그렇다면 이런 삶의 방식의 근거와 동기는 무엇입니까? 달리 말하면, 그리스도인의 신앙과 삶이 어떻게 연관을 맺습니까?

2. "옛 사람을 벗는다"는 것과 "새 사람을 입는다"는 말을 여러분 자신의 실제 삶에 적용해서 말해보십시오. 옷을 입고 벗는 일과 그리스도인의 경건 훈련에는 어떤 관계가 있습니까? 여러분은 매일 경건 훈련을 하십니까?

3. 에베소서 4:25-32에서 사도 바울은 옛 사람과 새 사람의 삶의 방식을 부정적인 측면과 긍정적인 측면으로 나누어서 설명합니다. 다섯 가지 경고와 권면을 여러분의 삶에 적용해서 점검해보십시오.

10 그리스도인의 정체성

에베소서 5:1-21

1 그러므로 사랑을 받는 자녀 같이 너희는 하나님을 본받는 자가 되고 2 그리스도께서 너희를 사랑하신 것 같이 너희도 사랑 가운데서 행하라 그는 우리를 위하여 자신을 버리사 향기로운 제물과 희생제물로 하나님께 드리셨느니라 3 음행과 온갖 더러운 것과 탐욕은 너희 중에서 그 이름조차도 부르지 말라 이는 성도에게 마땅한 바니라 4 누추함과 어리석은 말이나 희롱의 말이 마땅치 아니하니 오히려 감사하는 말을 하라 5 너희도 정녕 이것을 알거니와 음행하는 자나 더러운 자나 탐하는 자 곧 우상 숭배자는 다 그리스도와 하나님의 나라에서 기업을 얻지 못하리니 6 누구든지 헛된 말로 너희를 속이지 못하게 하라 이로 말미암아 하나님의 진노가 불순종의 아들들에게 임하나니 7 그러므로 그들과 함께 하는 자가 되지 말라 8 너희가 전에는 어둠이더니 이제는 주 안에서 빛이라 빛의 자녀들처럼 행하라 9 빛의 열매는 모든 착함과 의로움과 진실함에 있느니라 10 주를 기쁘시게 할 것이 무엇인가 시험하여 보라 11 너희는 열매 없는 어둠의 일에 참여하지 말고 도리어 책망하라 12 그들이 은밀히 행하는 것들은 말하기도 부끄러운 것들이라 13 그러나 책망을 받는 모든 것은 빛으로 말미암아 드러나나니 드러나는 것마다 빛이니라 14 그러므로 이르시기를 잠자는 자여 깨어서 죽은 자들 가운데서 일어나라 그리스도께서 너에게 비추이시리라 하셨느니라 15 그런즉 너희가 어떻게 행할지를 자세히 주의하여 지혜 없는 자 같이 하지 말고 오직 지혜 있는 자 같이 하여 16 세월을 아끼라 때가 악하니라 17 그러므로 어리석은 자가 되지 말고 오직 주의 뜻이 무엇인가 이해하라 18 술 취하지 말라 이는 방탕한 것이니 오직 성령으로 충만함을 받으라 19 시와 찬송과 신령한 노래들로 서로 화답하며 너희의 마음으로 주께 노래하며 찬송하며 20 범사에 우리 주 예수 그리스도의 이름으로 항상 아버지 하나님께 감사하며 21 그리스도를 경외함으로 피차 복종하라

옛 사람의 방식

우리가 그리스도 안에서 신실하고(일관성) 진실하게(진정성) 살려

면, 먼저 우리 자신이 누구인지 확실한 대답을 할 수 있어야 합니다. 그리스도인들은 자신의 정체성을 분명히 할 필요가 있습니다. 우리는 누구입니까? 하나님의 "사랑받는 자녀"입니다(5:1). 예수님이 요단 강에서 세례를 받고 올라오실 때 하늘에서 소리가 나서 이르기를 "너는 내 사랑하는 아들이라 내가 너를 기뻐하노라"(막 1:11)라고 했습니다. 예수님의 정체성은 '하나님의 사랑받는 자'였습니다. 그렇다면 예수님의 죽으심과 다시 사심에 연합하는 세례를 받은 우리 그리스도인들 역시 '하나님의 사랑받는 자'입니다. 세상이 아무리 우리를 혼란스럽게 흔들어대도 우리의 정체성은 바뀔 수 없습니다. 우리는 '하나님의 사랑받는 자'입니다. 비록 때로는 예수님의 비유에 나오는 탕자처럼 우리에게서 돼지 냄새가 나도, 또한 우리가 아버지의 자녀에게 마땅한 행동을 하지 못했어도, 우리의 정체성은 바뀔 수 없습니다. 왜냐하면 하나님이 예수 그리스도의 십자가 사건을 통해 확정하고 선언하신 "너는 내 사랑하는 자녀라"라는 것은 절대 철회되지 않기 때문입니다.

신자들은 고아도 과부도 소외자도 국외자도 아닙니다. 하나님의 가족을 이루는 구성원입니다. 그들에게는 하늘 아버지가 계십니다. 육신의 자녀들이 그들의 아버지를 본받듯이, 신자들 역시 하늘의 아들과 딸로서 그들의 하늘 아버지를 닮고 본받아야 합니다. 그렇다면 하늘 아버지를 본받는다는 것은 무엇입니까? '사랑의 삶'을 사는 것입니다. 종종 성경은 산다는 것을 걷는 행

                                                통일의 복음

위로 비유합니다. 이것은 그리스도가 우리를 사랑하신 것같이 우리도 사랑 안에서 행해야 한다는 것을 의미합니다. 여기서 '행(行)하다'는 '걷다'를 의미합니다. 즉 사랑 안에서 걸어가라는 말입니다. 이 말은 우리의 사랑에 진보(進步)가 있어야 한다는 뜻이기도 합니다. 물론 늘 하나님을 완전히 닮을 수는 없을 것입니다. 죄도 짓고 실수도 많고 삐뚤빼뚤 걸어가기도 할 것입니다. 그래도 방향만은 잃지 않아야 합니다. 하나님이 예수 그리스도의 희생을 통해 우리를 사랑하셨듯이, 우리도 그런 사랑을 하는 가치 있는 삶을 살아야 한다는 커다란 방향 말입니다. 사도 바울은 사랑의 모범으로 그리스도의 희생을 제시합니다. "그리스도는 우리를 위하여 자신을 버리셔서 향기로운 제물과 희생제물로 하나님께 드리셨느니라"(5:2). 이렇게 사랑을 받은 자들은, 그에 대한 반응으로, 사랑하며 사는 사람으로서 한 걸음씩 걸어가고 자라가라는 것입니다. 사랑받아본 사람만이 사랑할 수 있기 때문입니다. 하나님의 사랑, 그 너비와 길이와 높이와 깊이를 맛본 사람만이 그 사랑을 기억하고 흉내 낼 수 있기 때문입니다.

먼저 우리의 정체성을 날마다 읊조리고 확인하고 감사하십시오. 우리는 '하나님의 사랑받은 자'라는 사실을 말입니다. 하나님의 사랑받은 자라는 정체성을 분명히 하고 사는 사람을 사도 바울은 "빛의 자녀들"(8절), "깨어 있는 자들"(14절), "지혜로운 자들"(15절)이라고 부릅니다. 매우 대조적인 표상 어구인 '어둠의 자식들과 빛의 자녀들', '잠자는 자들과 깨어 있는 자들', '어리석은 자들과 지혜로운 자들'을 떠올리게 합니다. 앞선 단락에서처럼 (4:22-24), 사도 바울은 여기서도 옛 자아를 벗어버리고 새로운 자아로 옷 입는 것이 무엇을 의미하는지에 대해 잘 요약하고 있습니다.

해서는 안 될 것들

마치 구약의 현자(賢者)처럼, 사도 바울은 그리스도인의 삶의 방식에 대한 경고와 권면의 말을 잊지 않습니다. 하나님의 백성으로서 적절하지 못한 일들이 있습니다. 예를 들어, 성적 부도덕(음행), 온갖 더러운 일들, 탐욕과 같은 것들이 있는데, 심지어 그런 것에 대한 어떤 낌새를 느끼게 하는 말이나 행동도 있어서는 안 된다는 것입니다. '음행'[그리스어로 '포르네이아'(porneia)]에 대한 언급은 1세기 당시로서는 매우 직설적이고 혁명적인 언급이었습니다. 당시에는 성적 윤리에 대한 기준이 매우 낮았기 때문입니다. 그런 행위에 대해 그리 엄격하지 않은 시대였습니다. 그 당시 그리스인은 여자가 혼외정사를 갖는 일에 대해서는 부적절하다고 간주하면서도, 남자가 배우자 외의 이성과 성관계를 갖는 일은 허용했습니다. 그러나 기독교는 자기의 배우자가 아닌 다른 사람과 관계를 맺는 일을 더럽고 추잡스러운 일로 여겼습니다. 그들은 하나님의 거룩한 백성으로서 세상 사람들과 구별된 삶을 살아야 하기 때문이었습니다.

"온갖 더러운 일들"[그리스어로 '아카타르시아 파사'(akatharsia pasa)]은 말이나 행동이나 생각이나 모양새나 갈망 등 더럽고 음란한 장면들을 연상시키는 모든 행위를 가리킵니다. 하이델베르크 신앙교육문답서는 제7계명(41번째 주일)을 다루면서 이렇게 묻고 대답합니다.

질문: 하나님은 일곱 번째 계명을 통해 오직 간음과 같이 불미스러운 죄들만을 금지하신다는 말입니까?

대답: 우리의 몸과 영혼은 성령이 거하시는 성전입니다. 하나님은 우리의 몸과 영혼이 모두 깨끗하고 거룩하게 보존되기를 원하십니다. 그러므로 하나님은 행동으로든지, 표정으로든지, 말로든지, 생각으로든지, 혹은 간절한 바람으로든지, 깨끗하지 못한 모든 일을 금지하십니다.

사도 바울은 외설(猥褻, 사람의 성욕을 함부로 자극해서 난잡하게 하는 것)과 음란과 어리석은 말과 상스럽고 추잡한 농담과 희롱에 쉽게 빠져드는 사람들에게 아주 엄하게 경고합니다(5:4). 하나님의 백성은 그런 부패하고 더러운 행동에 절대 참여해서는 안 됩니다. 이렇게 하는 것 역시 구별된 삶의 일부분입니다.

헛된 말이나 비꼬는 언어나 삐딱한 언사는 어느 경우든지 해악이 됩니다. 평계할 수 없습니다. 그런 언어는 언제나 상대방에게 상처를 입힙니다. 악을 행하는 자들은 하나님의 분노를 초청

하는 것입니다(6절). 죄를 너무 심각하게 받아들여서 죄를 지으면 절대로 용서받을 수 없다고 생각하는 것도 문제이지만, 죄를 너무 가벼이 여겨 아무런 문제도 되지 않는 것처럼 생각하는 사람들도 문제입니다. 그들은 거룩하고 정의로우신 하나님을 우습게 보는 어리석은 자들입니다. "하나님께서는 불순종하는 자들을 반드시 정의롭게 다루실 것"(6절)이라는 사실을 기억하십시오.

받아들여야 할 것들

사도 바울은 피해야 할 일, 해서는 안 될 일들에 대해 경고한 후에, 해야 할 일들과 받아들여야 할 것들에 대해 권고하고 추천합니다. 외설과 어리석은 말과 희롱하는 농담은 감사로 대체되어야 한다는 것입니다(5:4). 인생은 선물입니다. 결코 낭비하지 말고 값지게 살아야 합니다. 선물로 주어진 삶을 잘 사용한다는 것은, 선물 자체를 기뻐하고 즐거워하면서 동시에 그 선물을 주신 분께 감사하는 것입니다(20절). 때때로 "시와 찬송과 신령한 노래들로 서로 화답하며 우리의 마음으로 주께 노래하듯이 찬송"(19절)하는 것입니다. 우리의 주님이 공급해주시는 모든 일과 상황에서 하나님 알기를 갈망하고 매 순간마다 그분의 뜻을 행하려고 애쓰는 것이 "세월을 아끼라"(16절)는 사도 바울의 말이 뜻하는 것입니다. 이렇게 사는 것이, 길게 살든 짧게 살든 상관없이, 잘 사는 것이고 충만하게 사는 것입니다.

통일의 복음

그러면 어떻게 사는 것이 세월을 낭비하지 않고 지혜롭고 슬기롭게 사는 것입니까?

첫째, 매일 하나님께 의존해야 합니다. 모든 일(凡事)에 하나님께 의지하고 의존한다는 것을 선언해야 합니다(20절). 우리는 정말로 하나님의 임재와 현존과 놀라운 능력이 필요합니다. 그리고 우리는 성령으로 가득해야 합니다(18절). 성령에 이끌려가는 삶 말입니다.

둘째, 영적 전투에서 동료에게 도움이 필요할 때 기회를 놓치지 말고 도와야 합니다. 여러분의 편에 있는 누군가가 악과 진지하게 싸우고 있을 때 곁에 가서 도움을 주라는 것입니다. 서로에게 책임성이 있는 관계를 맺고 사는 일에 대해서 사도 바울은 "그리스도를 경외함으로 서로에게 복종하라"(21절)라고 말합니다. 서로를 위해 기도하고, 서로가 서로에게 정직하고 진정성 있게 대하도록 도와주고, 상대방에게 취약점이 있을 때 그 부분을 보완해주고 덮어주는 것이 세상을 지혜롭게 사는 것입니다.

1. 에베소서 5:1에서 바울은 그리스도인의 정체성을 "하나님의 사랑받은 자"라고 말합니다. 예수님이 세례를 받으신 사건과 연관하여 이것을 설명해보십시오.

2. "이 세상에서 그리스도인들의 행위는 그리스도의 대속적 죽으심에 기초를 두고 있다"라는 말의 의미를 에베소서 5:2에 비추어서 설명해보십시오.

3. 어떤 것들이 우리의 영혼을 더럽히는 일입니까? 그것들을 피할 수 있는 길이 있습니까? 어떻게 그것이 가능할까요?

4. 어리석은 자와 지혜로운 자의 삶의 특징들을 열거해보십시오.

11 결혼과 가족과 일터에서

22 아내들이여 자기 남편에게 복종하기를 주께 하듯 하라 23 이는 남편이 아내의 머리 됨이 그리스도께서 교회의 머리 됨과 같음이니 그가 바로 몸의 구주시니라 24 그러므로 교회가 그리스도에게 하듯 아내들도 범사에 자기 남편에게 복종할지니라 25 남편들아 아내 사랑하기를 그리스도께서 교회를 사랑하시고 그 교회를 위하여 자신을 주심 같이 하라 26 이는 곧 물로 씻어 말씀으로 깨끗하게 하사 거룩하게 하시고 27 자기 앞에 영광스러운 교회로 세우사 티나 주름 잡힌 것이나 이런 것들이 없이 거룩하고 흠이 없게 하려 하심이라 28 이와 같이 남편들도 자기 아내 사랑하기를 자기 자신과 같이 할지니 자기 아내를 사랑하는 자는 자기를 사랑하는 것이라 29 누구든지 언제나 자기 육체를 미워하지 않고 오직 양육하여 보호하기를 그리스도께서 교회에게 함과 같이 하나니 30 우리는 그 몸의 지체임이라 31 그러므로 사람이 부모를 떠나 그의 아내와 합하여 그 둘이 한 육체가 될지니 32 이 비밀이 크도다 나는 그리스도와 교회에 대하여 말하노라 33 그러나 너희도 각각 자기의 아내 사랑하기를 자신 같이 하고 아내도 자기 남편을 존경하라 〔6장〕 1 자녀들아 주 안에서 너희 부모에게 순종하라 이것이 옳으니라 2 네 아버지와 어머니를 공경하라 이것은 약속이 있는 첫 계명이니 3 이로써 네가 잘되고 땅에서 장수하리라 4 또 아비들아 너희 자녀를 노엽게 하지 말고 오직 주의 교훈과 훈계로 양육하라 5 종들아 두려워하고 떨며 성실한 마음으로 육체의 상전에게 순종하기를 그리스도께 하듯 하라 6 눈가림만 하여 사람을 기쁘게 하는 자처럼 하지 말고 그리스도의 종들처럼 마음으로 하나님의 뜻을 행하고 7 기쁜 마음으로 섬기기를 주께 하듯 하고 사람들에게 하듯 하지 말라 8 이는 각 사람이 무슨 선을 행하든지 종이나 자유인이나 주께로부터 그대로 받을 줄을 앎이라 9 상전들아 너희도 그들에게 이와 같이 하고 위협을 그치라 이는 그들과 너희의 상전이 하늘에 계시고 그에게는 사람을 외모로 취하는 일이 없는 줄 너희가 앎이라

그리스도인들의 삶은 어떻게 만들어가야 합니까? 어떤 기준에 따라서 형성되어야 합니까? 이 단락은 일명 '가정 준칙'(Household

Code)이라고 불리는 부분입니다. 가정 준칙은 대가족 안에서 각 구성원들이 지켜야 할 행동 규범들을 말합니다. 신약의 저자들은 당시 그리스-로마의 지중해 문화권에 통용되고 있던 가정 준칙의 패턴을 원용하여, 그리스도 안에서 새로운 삶을 살게 된 그리스도인들이 가족의 구성원으로서 보여야 할 행동의 준칙들을 기독교적인 원리에 따라 제시하고 있습니다.[4]

그러면 에베소서 5:22-6:9에 기록된 '그리스도인 가정의 준칙들'을 하나로 묶어주는 원리가 있을까요? 어떤 원리에 따라 다양한 가족 준칙이 시행되고 이해되어야 합니까? 저는 이 단락의 바로 앞부분(5:15-21)의 마지막 문장이 앞으로 나오는 가정 준칙의 원리를 천명하고 있다고 생각합니다. 달리 말해, 에베소서 5:21은 그리스도인의 삶을 구성하는 원리를 알려주는 기준에 대한 선언문과 같다고 할 수 있습니다. "그리스도를 경외함으로 피차 복종하라"라는 것입니다.[5] 각종 인간관계의 중심에는 모든 것을 하나로 묶어주는 구심점이 있어야 하고, 그 구심점은 그리스도여야 한다는 것입니다. 그리스도를 주님으로 경외함으로써 서로에게 피차 복종하라는 것입니다. 이것은 에베소서의 주제 선언인 에베소서 1:10("하늘에 있는 것이나 땅에 있는 것이 다 그리스도 안에서 통일되게 하려 하심이라")을 인간 삶의 모든 관계 속에 적용한다는 뜻이기도 합니다. 그리스도인들이 주님이신 그리스도를 중심으로 서로에게 연결되어야 한다는 것입니다.

거미줄을 상상해보십시오. 모든 줄이 방사형으로 얽혀있습

　　　　　　　　　　　　통일의 복음

니다. 종(縱, 세로)으로는 중앙을 향하지만, 횡(橫, 가로)으로는 서로
의 줄을 맞잡고 있는 모습입니다. 이처럼 종(縱, 세로)으로 그리스
도를 주님으로 받들어 섬기듯이, 횡(橫, 가로)으로 인간관계에서
서로를 받들어 섬겨야 합니다. 수직적인 관계는 수평적인 관계로
표현되어야 한다는 뜻이기도 합니다. 예를 들어, 보이지 않는 하
나님을 사랑하고 섬긴다고 하면서도 보이는 부모를 사랑하고 섬
기지 않는다면 옳지 않은 것입니다. 교회에서의 신앙은 일상생활
에서 드러나야 합니다. 일요일의 하나님은 월요일의 하나님과 동
일한 하나님이시기 때문입니다.

예수 그리스도를 우리의 신앙과 삶의 주님으로 받아들였다
면, 우리 삶의 세 가지 관계 영역에서 변화된 패러다임이 나타나
야 한다고 사도 바울은 가르칩니다. 첫째는 아내와 남편의 관계
(5:22-33)에서, 둘째는 자녀와 부모의 관계(6:1-4)에서, 셋째는 종
과 주인의 관계(6:5-9)에서입니다.

여기서 중요한 개념은 '관계들'입니다. 인간관계란 결국 '사
이들이 좋아야' 한다는 말이기도 합니다. 사이가 좋다는 말이 무
슨 뜻입니까? 천지창조는 '사이'에 관해 가장 좋은 패러다임을
보여줍니다. 하나님이 천지를 창조하실 때 세상에 존재하게 된
모든 것(萬有)은 창조주 하나님이 의도하셨던 원래의 '제자리'에
있었습니다. 모든 것이 제자리에 있을 때 서로 간의 사이는 좋습
니다. 하나님은 서로 간의 사이가 제자리에 있을 때 그 상태를 가
리켜 "좋다!"라고 하셨습니다. 하나님의 선한 창조에 따르면 '좋

음'은 '잘 있다'는 뜻입니다. 웰빙(well-being)이란 단어도 역시 문자적으로 '잘 있음'입니다. 창조주의 의도대로 있을 때 이 세상의 모든 사이와 관계는 좋게 되는 것입니다. 남편과 아내 사이가, 부모와 자녀 사이가, 주인과 종의 사이가 하나님이 원래 의도하셨던 상태로 제자리에 있을 때 샬롬(행복)이 있게 되는 것입니다.

아내와 남편

첫 번째 관계는 그리스도인의 결혼에 관한 것입니다. 말할 것도 없이 좋은 결혼 생활은 모든 행복의 우선 자리를 차지합니다. 가정에서 부부 사이의 관계가 건실하고 제대로 정립되어있어야 그 가정에 진정한 행복이 있습니다. 그러나 남편과 아내의 관계는 생각만큼 그리 간단하지 않습니다. 남편의 역할과 아내의 역할이 무엇입니까? 경제적인 이슈로, 자녀 교육 문제로, 부모를 모시는 문제로, 사소한 일에 대한 성격 차이로, 혹은 가치관과 세계관이 달라서 서로 의견이 충돌할 경우에는 어떻게 해야 합니까? 한쪽이 불륜을 저질렀을 경우에는 어떻게 해야 합니까? 신앙관이 다르거나 혹은 서로 다른 종교를 갖고 있는 경우에는 어떻습니까?

물론 성경은 이와 같은 경우들에 대해 답을 제공하지 않습니다. 그러나 그리스도인의 결혼이 어떠해야 할 것인지에 대해서는 분명한 그림을 보여줍니다. 사도 바울이 에베소서에서 결혼이라는 주제를 다루고 있던 당시의 상황을 기억한다면, 본문은 매우

통일의 복음

충격적인 선언이 아닐 수 없습니다. 남존여비(男尊女卑) 사상이 얼마나 심했던지, 하나님을 두려워하는 유대인들마저도 매일 드리는 기도에서 "주님, 당신께서 저를 이방인이나 개나 여자로 만들지 않으셔서 정말로 감사합니다!"라고 할 정도였습니다. 얼마나 말도 안 되는, 슬프고 죄악으로 가득한 일입니까?

이런 상황에서 "남편들아, 아내 사랑하기를 그리스도께서 교회를 사랑하시고 그 교회를 위하여 자신을 주심 같이 하라!"(5:25)라는 명령은 충격적이었습니다. 동시에, 이 말은 결혼의 원형적인 모델로 그리스도의 구속사역을 제시했다는 점에서 매우 중요합니다. 그리스도가 인간의 결혼 관계에 있는 모든 잘못된 인습과 구습을 타파하고 해방하기 위해 죽으시고, 남편과 아내의 관계를 원래의 상태로 되돌리기 위해 죽은 자 가운데서 다시 살아나셨다는 것입니다. 그리스도의 구속사역은 가정의 온전한 회복, 즉 일그러지고 왜곡된 부부 사이의 관계도 회복하는 근거가 되는 것입니다. 그리스도와 교회의 관계를 깊이 묵상하고 알면 남편과 아내의 관계가 올바로 서게 됩니다. 이처럼 부부 사이도 구속되어야 할 인간 삶의 일차적 영역입니다. 이런 점에서 하나님이 무엇보다 먼저 결혼 제도를 창조하셨다(창 2:18-25)는 사실은 놀랄 만합니다. 결혼과 가정은 인간 사이의 계약으로 시작된 것이 아니라, 신적(神的) 기원을 갖고 있습니다.

최초의 결혼은 에덴동산에서 하나님의 창조적 주례로 시작되었습니다. 그분의 주례사는 간단명료했으며 지금까지도 유용

합니다. "남자가 부모를 떠나 그의 아내와 합하여 둘이 한 몸을 이룰지로다!" 그러나 최초의 부부가 하나님으로부터 멀어지기 시작함으로써 결혼 생활 역시 왜곡되고 일그러지기 시작했습니다. 최초의 부부를 제외한 모든 나머지 인류는 깨어지고 일그러진 세상(分裂, broken world)에서 결혼하게 된 것입니다. 그러므로 결혼도 구속되어야 할 영역이며 대상이 되었습니다. 이런 사실을 직시한 바울은 결혼도 그리스도 안에서 회복되어야 함을 강조하고 있습니다. 결혼 생활의 중심에 그리스도가 계셔야 한다는 것입니다. 그리스도를 중심으로 남편과 아내가 서 있어야 합니다. 남편은 그리스도를 통해 아내에게로 가고, 아내도 역시 그리스도를 통해 남편에게 가야 한다는 뜻입니다. 이것이 그리스도 중심의 결혼 생활입니다. 그러므로 결혼 생활에는 언제나 하나님의 구속의 은혜가 필요합니다. 하나님의 은혜가 없는 결혼 생활은 각박한 사막이나 얼어붙은 동토와 같습니다. 남자와 여자, 남편과 아내 사이에 있었던 소외와 소원(疏遠)의 장벽이 그리스도의 화목하게 하시는 사역을 통해 무너졌습니다. 그러므로 결혼 생활은 화목케 하시는 그리스도의 은혜로만 풍성해질 수 있습니다.

이 단락에서 권고의 무게가 아내보다 남편에게 더 많이 실리고 있음을 주목해야 합니다. 비록 아내들을 향해 자기 남편에게 복종하라는 말로 시작하기는 했지만(22-24절), 실제 바울의 강조점은 아내를 향한 남편의 사랑에 있습니다. 마치 교회가 그리스도를 먼저 사랑한 것이 아니라 그리스도가 교회를 조건 없이 사

통일의 복음

랑하셔서 자신을 온전히 바치고 주셨던 것처럼, 남편들은 그리스도의 조건 없는 희생적인 사랑을 본받아 아내를 그렇게 사랑하라는 것입니다. 이런 점에서 아내가 남편에게 복종하는 것보다는 남편이 아내를 사랑하는 것이 더 어렵고 힘들다는 것이 강조되고 있습니다. 1세기 당시의 사회적 관습에서 볼 때, 이런 권면은 가히 혁명적이고 전복적이라 할 수 있습니다. 결국 주조음인 21절의 말씀이 부부 사이에도 그대로 적용됩니다. "그리스도를 경외함으로 피차 복종하라!"

자녀와 부모

예수 그리스도가 우리 삶의 주님으로 통치하시는 두 번째 영역은 부모와 자녀 사이의 관계입니다(6:1-4). 고대 그리스-로마 시대에 부모와 자녀의 관계는 지금 우리가 사는 시대와 상당히 달랐습니다. 어린 자녀들의 생살여탈권(生殺與奪權)이 부모에게 있을 정도였습니다. 부모와 자녀의 관계는 언제나 부모가 주도권을 잡고 있는 일방적 형태였습니다. 적어도 자녀의 '권리'라는 것은 거의 없었습니다. 그들은 부모의 소유물이었으므로 부모 마음대로 할 수 있는 대상이었습니다. 이런 상황에서 바울이 부모와 자녀의 관계에 대해 말하면서 양쪽을 같은 위치에 서 있는 대상으로 말하는 것은, 실제적으로는 부모에게 똑바로 들으라는 소리였습니다. "아비들아, 너희 자녀를 노엽게 하지 말고 오직 주의 교훈과 훈계로 양육하라"(4절). 이제 그리스도인이 된 가정의 부모들은—여기서 말하는 부모는 미성년 자녀를 둔 부모를 말하는 것 같습니다—그들의 어린 자녀들을 일방적으로 몰아세우거나 감정을 상하게 하거나, 물리적으로 혹은 정서적으로 폭력이나 압박을 가하지 말아야 한다는 것입니다. 그런 것은 옛 사람의 성품이기 때문입니다. 이제 그들은 신앙의 주인이시며 가정의 주인이 되시는 예수 그리스도가 가르쳐주신 교훈과 훈계에 따라 자녀를 양육하라는 것입니다. 아마도 그들에게는 불문율로 전해진 '주의 교훈과 훈계'가 있었던 것으로 보이지만, 지금 우리는 주님의 말씀인 성경이 가르치고 있는 것으로 자녀들을 훈계하고 가르쳐야 합니다. 그렇게 그리스-로마 문화를 배경으로 바울은 부모의 책임과 의무에 대해 강하게 이야기하고 있습니다.

그러나 바울은 전략적으로 자녀들에게 먼저 이야기하는 길을 택합니다. "주 안에서 너희 부모에게 순종하라. 이것이 옳으니라"(1절). 부모에게 순종하고, 부모의 평판에 먹칠하지 말고, 부모를 존경하고 명예롭게 하라는 것입니다. 바울은 이렇게 하는 것이 "옳은 일"[그리스어로 '디카이온'(*dikaion*)]이라고 합니다. 여기서 '옳다'는 단어를 사용한 것은 부모에게 순종하는 일이 하나님의 창조 질서에 속하기 때문입니다. 바울이 이런 이야기를 할 수 있었던 것은, 그가 적어도 그리스도인의 가정에는 하나님의 창조 질서에 관한 포괄적 가르침이 있다는 것을 전제했기 때문입니다.

한편으로 바울은 부모에게 순종하는 것이 "약속을 지닌 첫 번째 계명"이라고 말함으로써, 부모에 대한 순종은 하나님이 자신이 선택하신 백성들과 맺은 언약(출 20장)에 뿌리를 내리고 있다는 점을 우리에게 알려줍니다. 여기에 특별하게 주목할 만한 사항이 있습니다. 고대 이스라엘 사회에 주어진 제5계명은 어린아이가 그들의 젊은 부모에게 순종하라는 계명이 아닙니다. 제5계명은 일종의 노인 복지를 위한 장치로 이해해야 합니다. 요즘 말로 하자면, 40-50대의 성인 자녀들이 그들의 노부모를 무시하거나 방치하지 말고 잘 봉양해야 한다는 것입니다. 노후 연금과 같은 사회 보장 제도가 없었던 고대 사회에서 늙은 부모는 쉽게 내버려지는 상황에 빠졌습니다. 중년의 자녀들은 자신들의 아직도 어린 자녀들을 부양하는 일에 몰두하다가, 정작 그들의 늙은 부모는 방치했습니다. 경제적으로, 정서적으로, 신체적으로 누군가의 도움이 절대적으로 필요한 늙은 부모를 맡아서 돌볼 사람이 누구겠습니까? 그들의 자녀들이 아니라면 누구겠습니까? 이런 상황에서 중년의 자녀들은 종종 이런저런 핑계를 대며 연약하고 늙은 부모를 방치하거나 거들떠보지도 않는 일이 있기도 한 것입니다. 하나님은 이런 일들을 미리 내다보시고, 이스라엘 사회가 좀더 인간적이고 서로를 돌보는 정의와 평화의 사회가 되기를 원하신다는 것을 모세를 통해 알리신 것입니다. 이런 전통은 그리스도인의 가정에서 대대손손 계속되어야 할 가장 명예로운 유산입니다.

종과 주인

바울은 '그리스도인의 가정 준칙'을 다루는 이 단락에서 종과 상전, 하인과 주인, 노예와 주인의 관계를 논하고 있습니다. 우리는 당시의 사회 제도를 먼저 이해해야 합니다. 바울이 살던 당시의 노예제도는 다양한 사회제도들 가운데 하나였습니다. 노예라고 해서 지금 우리가 생각하는 노예는 아니었습니다. 바울 당시의 노예는 15-19세기의 노예, 그러니까 유럽인들이 노예무역을 할 당시의 희생자들이었던 아프리카인 노예와는 다른 의미의 노예였습니다. 바울 당시에 노예들의 신분은 그들의 주인집에 있는 '살아 있는 도구들'에 불과했지만, 종종 주인집 대가족의 일원으로 간주되기도 했습니다. 마치 우리나라 조선 시대에 있었던 '하인제도'에 가까운 것으로 생각하면 좋을 것입니다. 물론 못된 주인의 학대와 착취의 대상이 되기도 했지만, 노예들은 당시 사회의 경제를 지탱해주는 기본적인 노동력이었습니다. 고대 사회의 무역과 상업이 이런 노예제도에 매우 의존적이었기 때문에, 노예제도를 없애는 것은 사회적인 대혼란으로 이어질 수 있었습니다. 당시의 노예는 노예무역을 통해 타지에서 들여온 도구들이 아니었습니다. 그들은 대부분 그 지역의 사람들로서 전쟁 피난민이나 포로인 경우가 대부분이었고, 또한 로마의 세법에 따른 세금을 내지 못해서 자신들의 재산이나 토지가 잡혀 있는 상태로 다른 사람의 집에 하인으로 일하는 경우도 있었습니다. 혹은 범죄

 통일의 복음

를 저질러 도망 다니다가 체포되어 부유한 사람의 집에 노예로 일하게 되는 경우도 있었습니다. 당시에 노예는 모두 노동력의 일부였던 것입니다.

그러므로 바울이 종과 주인, 노예와 주인의 관계에 대해 말한다고 해서, 그가 노예 제도를 찬성하거나 지지한 것으로 이해해서는 안 됩니다. 물론 바울이 노예 제도를 폐기하기 위해서 데모를 주도하거나 로마 정부에 항의하는 운동을 하지는 않았습니다. 그럼에도 불구하고 종과 주인의 관계에 대한 근본적 관계 개선을 말하는 이 단락은 가히 혁신적이라고 할 수 있습니다. 왜냐하면 앞선 단락에서 여성과 자녀의 신분에 관해 말할 때처럼, 바울은 노예와 종의 신분 역시 예수 그리스도의 구원사역의 결과로 급격하게 변하게 되었다는 것을 가르치기 때문입니다. 특별히 종이나 노예를 업신여기거나 무시하던 당대의 주인들을 향한 바울의 권면은 매우 도전적이고 혁명적이었습니다. 그들에게 사람을 대하고 바라보는 관점을 바꾸라고 강하게 도전하는 말이었기 때문입니다. 사람을 신분에 따라 분류하고 차별하는 사회에서도 바울은 모든 사람이 하나님의 형상을 소유한 존재이기에 다 하나님 앞에서 동등하다고 가르쳤습니다. 바울이 골로새 교인들과 갈라디아 교인들에게 보낸 편지들을 읽어보면 이런 사실이 분명하게 드러나 있습니다.

거기에는 헬라인이나 유대인이나 할례파나 무할례파나 야만인이 물론 여기서 말하는 것은 사회적인 신분이 없어졌다는 것이 아닙니다. 바울이 말하고자 하는 바는, 누구든지 그리스도로 옷을 입고 그분의 이름으로 세례를 받고 그리스도를 자신들의 삶의 주님으로 모셔 들였다면, 사회적인 신분과 지위에 따라 사람을 차별하거나 억압하거나 학대하거나 편견을 보이면 안 된다는 것입니다. 노예들도 그리스도 안에서 한 형제자매로 바라보아야 한다는 것입니다. 초기 기독교회 안에는 노예 계급의 사람뿐 아니라, 그들을 부렸던 주인 계급의 사람들도 함께 들어와 있었습니다. 그들은 서로를 바라보는 시각에 대해 근본적인 변화를 요구받게 된 것입니다. 더 이상 살아 있는 도구로서가 아니라 동료 그리스도인으로서, 한 주님을 섬기는 교회의 지체로서 바라보라는 요구입니다. 노예나 하인의 경우도 마찬가지입니다. 두려움이나 보복 때문에 그들의 주인을 섬기지 말고, 자발적이고 즐거운 마음으로 주인의 일을 하라는 것입니다.

오늘날에도 이런 원리는 마찬가지입니다. 옛날 조선 사회의 양반과 상인 계급이나 그리스-로마 시대의 노예제도와 같지는 않지만, 우리가 사는 사회 안에 각종 신분상의 구별이 있습니다. 예를 들어, 고용주와 피고용자, 상급자와 하급자, 기업 경영자와 노동자와 같은 신분상의 구별이 있습니다. 먼저, 피고용자들은 고용인이 그들에게 요청한 것을 성실하게 잘 수행해야 합니다. 이것이 상전에게 '순종'한다는 뜻입니다. 둘째, 윗사람의 권위에 대해 '마땅한 존경'을 보이라는 것입니다. 빈정거리거나 뒷이야기를 하는 것은 옳은 일이 아닙니다. 셋째, 성실한 마음으로 맡겨진 일을 하라는 것입니다. 기꺼이 자신의 능력을 최상으로 발휘하는 것이 성실한 마음으로 일하는 것입니다. 넷째, 눈가림만 하듯이 하지 말고, 신실하고 진정성 있는 자세로 일하라는 것입니다. 마지막으로, 온전한 마음(全心)으로 열정적으로 일하되, 보이는 사람이 아니라 주님께 하듯이 하라는 것입니다.

고용인들이나 상전들(윗자리에 있는 사람)은 어떨까요? 그들은 '편애하거나 편파적이지 않으신'(6:9) 주님을 명예롭게 해야 합니다. 세상의 주인들이나 직장 상사들은 외적인 요인으로 사람을 판단하고 편애하는 경우가 많습니다. 그러나 우리의 주님은 사람을 외적인 것으로 판단하지 않으시는 분입니다. 사회적인 신분이나 외모나 경력이나 학벌이나 인맥이나 재산과 같은 외적인 것으로 사람을 차별하고 편애하시는 분이 아닙니다. 따라서 그리스도인 고용주나 직장 상사는 그들이 믿는 주님을 본받아 언제나 공정하고 정의롭게 부하 직원이나 아랫사람을 다루어야 합니다. 물론 어떤 사람들은 명령을 내려야 하고 어떤 사람들은 그 명령을 받아야만 합니다. 어떤 사람들은 이끌어가야 하고 어떤 사람들은 지도자에게 순종하며 따라가야 합니다. 그렇다고 하더라도, 윗자리에 있는 사람들은 그들 밑에서 수고하고 있는 사람들을 마땅히 존중해야 합니다. 그들을 도구나 물건이나 숫자로 취급해서는 안 됩니다. 왜냐하면 그리스도인이 된 모든 사람, 즉 고용주나 피고용자, 상전이나 하인, 윗사람이나 아랫사람은 궁극적으로 모든 것(만유)에 대해 마지막 권세와 최종적 권위를 갖고 계신 예수님을 섬기고 그분께 속해 있기 때문입니다. 한 분 예수 그리스도가 우리 모두의 주인이시기 때문입니다.

그러므로 사람이 이 세상에서 어떤 신분을 갖고 있는지는 주님의 마지막 결산 시점에서 바라볼 때 별로 중요하지 않습니다. 사실 그런 것은 아무것도 아닙니다. 우리에게 중요한 사실은 우리 자신이 예수 그리스도께 속해 있다는 사실을 아는 것입니다. 우리의 삶 전체가 주님의 것이라는 사실을 아는 것이 이 세상을 살아가는 데 가장 강력한 힘과 위안이 되기 때문입니다.

하이델베르크 신앙교육문답서의 첫 번째 질문과 답을 음미하며 암송해보십시오.

질문: 무엇이 생사고락 간에 당신의 유일한 위안입니까?

대답: 살든지 죽든지 이 몸과 이 영혼은 내 자신에 속한 것이 아니라 나의 신실하신 구세주 예수 그리스도의 것입니다. 이 사실이 생사고락 간에 나의 유일한 위안입니다.

  통일의 복음

1. 사도 바울이 살던 당시의 결혼관과 오늘날 우리 사회의 결혼관 사이에는 어떤 유사점들과 차이점들이 있습니까? 성경의 가르침에 비추어서 결혼한 관계에서 남편과 아내의 역할에 대해 말해보십시오.

2. 오늘날 결혼식장에서 목회자가 "아내들이여, 자기 남편에게 복종하기를 주께 하듯 하라"라는 에베소서의 말씀을 낭독할 때 청중의 일차적인 반응은 어떻습니까? 전체적인 문맥에서 이 말씀을 이해해야 하지 않을까요? 어떻게 이해하는 것이 전체적인 문맥 안에서 이 말씀을 제대로 이해하는 것입니까?

3. 부모가 자녀를 "노엽게"(격앙시키거나 격분하게) 하는 경우들을 구체적으로 열거해보십시오. 그리고 어떻게 하는 것이 "주의 교훈과 훈계로" 양육하는 것입니까?(엡 6:4)

4. 바울은 여러 곳에서 하나님 나라에는 자유자나 노예나 차별이 없다고 말한 바 있습니다(예. 갈 3:28; 골 3:11). 그렇다면 왜 바울은 당대의 사회가 갖고 있던 노예제도를 개혁해야 한다고 강력하게 주장하지 않았습니까? 그리스도인인 노예가 자신의 노예신분을 받아들이고 주인에게 복종해야 한다고 권고하는 사도 바울의 목적은 무엇입니까?

5. 오늘날 고용주와 피고용인 사이의 관계에 대해 이 단락(엡 6:5-9)은
   어떤 원리를 제공합니까?

12 영적 전투에 투입되다

10 끝으로 너희가 주 안에서와 그 힘의 능력으로 강건하여지고 11 마귀의 간계를 능히 대적하기 위하여 하나님의 전신 갑주를 입으라 12 우리의 씨름은 혈과 육을 상대하는 것이 아니요 통치자들과 권세들과 이 어둠의 세상 주관자들과 하늘에 있는 악의 영들을 상대함이라 13 그러므로 하나님의 전신 갑주를 취하라 이는 악한 날에 너희가 능히 대적하고 모든 일을 행한 후에 서기 위함이라 14 그런즉 서서 진리로 너희 허리 띠를 띠고 의의 호심경을 붙이고 15 평안의 복음이 준비한 것으로 신을 신고 16 모든 것 위에 믿음의 방패를 가지고 이로써 능히 악한 자의 모든 불화살을 소멸하고 17 구원의 투구와 성령의 검 곧 하나님의 말씀을 가지라 18 모든 기도와 간구를 하되 항상 성령 안에서 기도하고 이를 위하여 깨어 구하기를 항상 힘쓰며 여러 성도를 위하여 구하라 19 또 나를 위하여 구할 것은 내게 말씀을 주사 나로 입을 열어 복음의 비밀을 담대히 알리게 하옵소서 할 것이니 20 이 일을 위하여 내가 쇠사슬에 매인 사신이 된 것은 나로 이 일에 당연히 할 말을 담대히 하게 하려 하심이라 21 나의 사정 곧 내가 무엇을 하는지 너희에게도 알리려 하노니 사랑을 받은 형제요 주 안에서 진실한 일꾼인 두기고가 모든 일을 너희에게 알리리라 22 우리 사정을 알리고 또 너희 마음을 위로하기 위하여 내가 특별히 그를 너희에게 보내었노라 23 아버지 하나님과 주 예수 그리스도께로부터 평안과 믿음을 겸한 사랑이 형제들에게 있을지어다 24 우리 주 예수 그리스도를 변함 없이 사랑하는 모든 자에게 은혜가 있을지어다

사탄과의 전투

그리스도인들은 영적 전투에 투입된 군사들입니다. 하늘 왕국의 전초기지로, 하늘나라의 전진기지로 세워진 지상의 교회는 교인들을 강력한 군사로 길러야 할 모든 책임과 의무가 있습니다. 훈

련소에서 땀을 많이 흘리면 전쟁터에서 피를 적게 흘린다는 말처럼, 하늘 식민지인 지상의 교회는 적과 대치하는 전선이 사방으로 확산되고 있음을 깊이 인식하고 군사들이 사탄과의 전투에서 승리할 수 있도록 강하게 훈련시켜야 합니다. 그리스도인들은 자신들이 싸워야 할 대적과 적군이 누구인지, 그들의 전략이 무엇인지, 자신들이 갖고 있는 무기와 화력이 얼마나 되는지를 점검해야 할 것입니다. 겁쟁이나 소심한 사람으로 구성된 오합지졸을 가지고는 영적 전투에서 승리할 수 없습니다.

바울은 에베소 교인들에게 영적 전투에 임할 때의 철칙 하나를 분명히 합니다. "우리가 대항하여 싸워야 할 원수들은 인간이 아니라 권세와 세력의 악령들과 암흑세계의 지배자들과 하늘의 악령들입니다"(6:12). 그렇습니다. 영적 전쟁에서 우리가 싸워야 할 대상은 사람이 아닙니다. 이 세상을 장악하고 뒤에서 조종하고 있는 악한 영들입니다. 마귀와 사탄은 분명히 인격적인 영물입니다. 따라서 그들은 그리스도인 개인에게 개별적으로 접근해 공격합니다. 인간관계를 통해, 어떤 사건을 통해, 혹은 마음의 습관을 통해 공격을 시도하기도 합니다. 혹은 시대정신(Weltgeist)으로 혹은 구조 악(structural evil)으로 변장하여 나타날 수 있습니다. 어쨌든 우리는 깨어 있어야 합니다.

영적 전쟁은 개인적인 차원에서가 아니라 공동체적 차원에서 대응해야 한다는 것을 잊지 말아야 합니다. 어느 전쟁도 혼자 치르는 전쟁은 없기 때문입니다. 사도 바울이 말하고 있는 영적

통일의 복음

전쟁은 어떤 개인 신자로 국한된 것이 아니라, 교회 공동체로서 치러야 할 영적 전투입니다. 그러므로 교회 공동체는 사탄의 공격이 어디로부터 시작되는지 조심해야 하며, 악한 영들이 어떤 방식으로 위장하여 잠입하는지 살펴보아야 합니다. 무엇보다 그 영들을 분별할 수 있는 공동체적 지혜의 영안이 흐려지지 않도록 경계해야 할 것입니다.

사탄이 교회를 공격하는 일은 이미 사탄이 예수 그리스도를 공격하는 일에서 예고되었습니다. 예수님의 지상사역 초기부터 사탄은 예수님을 극한상황으로 몰아넣었습니다. 공생애를 시작하기 전 40일 동안 예수님은 광야에서 사탄의 혹독한 시험을 받으셨습니다. 예수님이 하나님의 말씀으로 광야의 시험을 이겨내자 사탄은 잠시 뒤로 물러갔습니다. 일종의 작전상 후퇴였습니다. "마귀가 모든 시험을 다 한 후에 얼마 동안 떠나니라"(눅 4:13). 그러나 잠시 뒤로 물러나 있던 마귀는 겟세마네 동산에서 최후의 대반격을 개시했습니다. 예수님을 십자가의 형틀에 매달아 극한 고뇌와 고통을 맛보게 했습니다. 예수님은 십자가 위에서 사탄의 비아냥대는 소리를 들어야만 했습니다. "네가 하나님의 아들이라면 십자가에서 내려오라!"(마 27:40)

예수님의 고난과 시험은 그분의 몸인 교회를 향한 사탄의 공격에 대한 예표(豫表)였습니다. 예수님을 미워하고 공격했던 사탄은 예수님의 제자들과 초기 교회를 맹렬하게 공격했습니다. 예수님이 공생애의 마지막에 예루살렘을 향해 죽으러 올라가시던

길 위에서도 제자들은 아랑곳하지 않고 자리다툼을 하고 있었습니다. 그 다툼의 중심에는 제자들의 맏형 격인 베드로도 끼어 있었습니다. 누가는 베드로가 예수님의 사역에서 절정인 십자가를 이해하지 못했던 것은 사탄이 베드로를 잡으려고 끊임없이 기회를 살폈기 때문이었다고 기록했습니다. 예수님은 시몬에게 "시몬아, 시몬아, 보라 사탄이 너희를 밀 까부르듯 하려고 요구하였도다. 그러나 내가 너를 위하여 네 믿음이 떨어지지 않기를 기도하였도다"(눅 22:31-32)라고 말씀하셨습니다. 베드로와 함께 초대교회의 또 다른 기둥을 이루고 있던 바울의 경우에서 우리는 사탄이 얼마나 맹렬하게 공격적이었는지를 봅니다. 바울이 복음전도 사역을 하면서 당했던 수많은 난관과 박해와 시련은 모두 마귀가 주동해서 고안해낸 도로 봉쇄용 바리케이드들이었습니다(참조. 고후 11:24-28). 예를 들어, 한번은 그가 영적으로 갓난아기와 같은 데살로니가에 있는 형제자매들을 방문하기를 간절히 바랬지만 이루어지지 않았습니다. 바울은 그 사건을 두고 "사탄이 우리를 가로막았다"(살전 2:18)라고 했습니다.

우리는 교회를 향한 사탄의 공격이 박해와 핍박, 회유와 유혹과 같은 다양한 형태를 띤다는 것도 잘 알고 있습니다. 다음과 같은 경우를 묵상해보십시오.

- 근신하라. 깨어라. 너희 대적 마귀가 우는 사자 같이 두루 다니며 삼킬 자를 찾느니라(벧전 5:8).

통일의 복음

- 내[바울]가 떠난 후에 사나운 이리가 너희에게 들어와서 그 양 떼를 아끼지 아니하리라(행전 20:29).

- 무릇 그리스도 예수 안에서 경건하게 살고자 하는 자는 박해를 받으리라(딤후 3:12).

그러나 사탄은 교회를 죽이지 못했습니다. 이유는 분명합니다. 예수 그리스도가 십자가 위에서 사탄을 이미 무장해제(武裝解除)해서 무력화하셨기 때문입니다. "통치자들과 권세들을 무력화하여 드러내어 구경거리로 삼으시고 십자가로 그들을 이기셨느니라"(골 2:15; 참고. 엡 1:20-23). 이미 전쟁은 끝났다는 것입니다. 하늘 보좌에 앉아 계신 만왕의 왕 예수 그리스도가 세상의 왕들과 권력자들과 공중의 권세 잡은 자들을 향해 비웃으십니다. 이미 십자가 사건을 통해 그들 모두를 무장해제하셨기 때문입니다. 전쟁은 끝이 났습니다.

그러나 전쟁(war)은 끝났지만, 전투(battle)는 계속되고 있습니다. 제2차 세계대전의 용어로 표현하면, 우리 그리스도인들은 예수 그리스도의 십자가 사건을 통해 디데이(D-day)를 경험했습니다. 지루하고 힘들었던 전쟁이 결정적인 전환점을 맞이한 것입니다. 미군과 영국군을 주축으로 한 연합군의 노르망디 상륙작전을 통해 제2차 세계대전은 원칙적으로 종말을 고하게 된 날이 디데이입니다. 그러나 결정적인 전쟁은 끝났지만, 아직도 작은 전투들이 남아 있습니다. 브이데이(V-day)는 아직 임하지 않은 것입니다. 그러므로 그리스도인들은 전신갑주(全身甲冑, 갑옷과 투구)로 무장하고, 아직도 우리 앞에 남아 있는 작은 소탕전을 성공적으로 마쳐야 할 것입니다.

전신갑주(全身甲冑)를 입으라

바울은 그리스도인의 신앙생활을 영적 전투에 비교하여 설명합니다. 당시 갑옷과 투구로 무장한 로마 군인들을 연상하면서, 그리스도인들 역시 거룩한 전쟁(聖戰)에 부르심을 받은 하나님의 군사들로서 영적 무기와 장비로 무장해야 할 것을 말하고 있습니다. 물론 전쟁에 임하는 군사들은 이 전쟁이 이 세대를 장악하고 있는 영들과의 영적 전투임을 기억하는 동시에, 전쟁은 야웨께 속한 것임을 확신하며 당당하게 전투에 임해야 할 것입니다.

사도 바울은 우리에게 마귀의 궤계를 능히 대적하기 위해 하나님의 전신갑주를 입으라고 권면합니다. 하나님이 특별히 제작하신 무기 말입니다. 우리의 영적 필요가 무엇인지를 누구보다도 잘 아시는 하나님이 우리에게 맞춤형 갑옷과 투구와 무기를 제작해주셨습니다. 하나님이 제작하신 전신갑주를 입고 영적 전투에 나가면 백전백승할 것입니다. 문제는 이 갑옷이 우리 몸에 잘 맞는가 하는 점입니다. 아니 거꾸로 말해, 이 전신갑주 중에 하나라도 빠뜨리지 않고 모두 착용할 수 있느냐는 것입니다. 그러므로 그리스도인들은 영적 전투가 날로 격렬해지는 우리 시대에

126

하나님이 친히 특수 제작하신 무기들을 하나하나 점검하고, 그 사용법을 익혀서 몸에 배게 해야 할 것입니다.

하나님의 전신갑주를 살펴보면, 크게 방어용 장비와 공격용 장비로 나눌 수 있음을 알게 됩니다. 방어용 장비로는 "진리의 허리띠", "의의 흉배", "평안의 복음의 군화", "믿음의 방패", "구원의 투구"가 있습니다(14-16절). 그러나 공격용 무기로는 딱 한 가지만 있습니다. "성령의 검 곧 하나님의 말씀"입니다(17절). 그리고 공수(攻守) 양면으로 사용되는 숨겨진 조커가 있습니다. "기도"라고 불리는 강력한 무기입니다(18절).

사도 바울은 첫 번째 방어용 장비로 '진리의 띠'를 띠라고 권고합니다(6:14). 예수님은 대제사장적 기도문(요 17장)에서 "하나님의 말씀은 진리"(요 17:17)라고 밝히셨습니다. 영적 전투에서 방어용 장비로 진리의 띠를 띠라고 한 것은 적들이 공격할 때 하나님의 말씀으로 방어하라는 뜻입니다. 그러기 위해 하나님의 말씀이 가르치고 있는 내용을 온전하게 숙지하고 있어야 합니다.

현대는 다양한 방식으로 신앙을 공격합니다. 그런 무서운 공격 중에 하나가 종교 다원주의입니다. 모든 종교에는 진리가 있기 때문에 절대적 진리를 말하는 것은 옳지 않다는 생각입니다. 진리에 대한 일종의 상대주의라고 할 수 있습니다. 우리는 절대적 진리는 없다고 말하는 시대정신 속에 살고 있습니다. 모든 진리는 상대적이라는 것입니다. 현대 민주주의 사회에서 누군가가 자신이 믿고 있는 진리를 절대적이라고 하면, 사람들은 그 사람을 외골수적이며 전근대적이고 심지어 민주적이지 않다고 생각합니다. 이것이 상대주의라고 하는 것입니다. 겉으로 볼 때는 그럴듯합니다. 신사적이고 관용하는 태도를 갖고 있는 듯 보입니다. 그러나 하나님의 말씀만이 진리이며 진실이라는 것을 기억해야 합니다. 세상이 변해도 이 사실만은 결코 놓칠 수 없습니다. 왜냐하면 하나님의 말씀 위에 모든 것이 서기도 하고 무너지기도 하기 때문입니다. 하나님의 말씀만이 창조적인 힘(creative power)이기 때문입니다. 미래를 열어가는 원동력입니다. 천지를 창조하실 때 하나님이 말씀으로 모든 것을 존재하게 하셨고, 존재하는 모든 것이 창조적인 말씀에 의해 유지되고 있는 것처럼, 우리의 신앙과 삶을 유지시켜주는 유일한 원천은 진리이신 하나님의 말씀입니다. 진리로 허리띠를 띠어야 합니다. 허리가 든든해야 온몸을 지탱할 수 있기 때문입니다.

그러므로 하나님의 말씀으로 허리에 띠를 띠지 않으면 영적 전쟁에서 승리할 수 없습니다. 진리를 가볍게 여기거나 하나님의 말씀을 경홀히 여기는 교회는 영적 전쟁터에서 쉽게 무너질 것입니다. 진리를 온몸으로 체득하고 경험하고 살 때 비로소 우리는 이 험난한 세상에서 거침없이 활보하며 자유롭게 살 수 있을 것입니다.

그리스도인은 두 번째 방어용 장비로 '의로움의 흉배'(6:14)를 부착해야 합니다. 심장을 보호하기 위한 장비가 흉배입니다. 여기서 '의로움' 혹은 '의'는, 우리가 의롭게 살기 때문에 장착된 흉

 통일의 복음

배가 아니라, 우리를 위해 이루신 그리스도의 의로우심을 가리킵니다. 사탄이 우리를 공격할 때, 우리는 예수 그리스도가 우리에게 전가하신 의로움을 힘입어 당당하게 사탄과 맞상대하는 것입니다. 우리 자신이 의롭거나 거룩하기 때문이 아니라, 그리스도가 십자가 위에서 하나님의 의로우심을 우리에게 나타내셨기 때문에 하나님의 의를 우리 가슴에 보란 듯이 붙이게 된 것입니다. 그러므로 사탄이 우리를 능히 고소할 수 없게 되었습니다. 이런 의미에서 의의 흉배는 사탄과의 영적 전투에서 우리에게 절실하게 필요한 방어용 장비입니다. 악한 마귀들과 싸울 때 우리는 우리의 소망이 예수의 피와 의로움 위에 세워진다는 사실을 노래해야 합니다.

세 번째 전투 장비는 '군화'입니다. 평화(샬롬)를 전하는 발걸음이 사탄의 공격에 맞서는 대응 전략이라는 말입니다. 사탄은 가는 곳마다 분열과 분쟁, 이간과 다툼의 장벽을 쌓아올립니다. 그러나 성령은 가는 곳마다 다리를 놓습니다. 하늘과 땅, 남과 북, 동과 서를 하나로 연결시켜주는 다리를 놓습니다. 이것이 진정한 평화로 가는 길입니다. 에베소서에서 우리는 유대인과 이방인 사이에 있는 넘지 못할 장벽을 만난 적이 있습니다. 그러나 예수 그리스도의 십자가로 인해 이방인과 유대인 사이의 갈등과 분열이 제거되고, 성령 안에서 서로 연결하여 주님 안에서 하나님이 거하시는 성전이 되어간다는 사실을 배웠습니다(엡 2장). "하늘에 있는 것이나 땅에 있는 것이 다 그리스도 안에서 통일되게 하려 하는 것"(엡 1:10)이 하나님의 원대한 경륜이기 때문입니다. 그러므로 우리의 발은 평화의 복음에 딱 들어맞아야 합니다(6:15). 이 군화는 어떤 환경과 처지에서도 굳세게 설 수 있는 튼튼한 신발이어야 합니다. 그리스도의 군사들은 이 군화를 신고 언제라도 앞으로 나아가 평화의 복음을 선포할 준비가 되어 있어야 합니다. "산을 넘고 물을 건너 평화를 외치고 복음을 전하는 자의 발이 얼마나 멋지고 아름다운지요!"(사 52:7; 롬 10:15) 이제 우리는 군화 끈을 질끈 동여매고, 자원하는 마음과 준비된 자세로 언제라도 출동할 준비가 되어 있어야 합니다. "우리 속에 있는 소망에 관한 이유를 묻는 자에게는 대답할 것을 항상 준비하고 있어야 합니다"(벧전 3:15).

네 번째 방어용 전투 장비로는 '믿음의 방패'가 있습니다. 방패로 악한 자의 불화살을 소멸할 수 있어야 하는 것입니다(6:16). 로마 군인들이 착용한 방패는 사람 키만큼 컸습니다. 방패는 나무로 만들고, 겉은 짐승의 가죽이나 금속으로 씌웠습니다. 요즘 전투경찰들이 데모를 막기 위해 사용하는 긴 방패를 연상하면 좋을 것입니다. 전쟁에 투입된 로마 병사들은 적군과 일대 결전을 하면서 전열을 가다듬습니다. 종과 횡을 맞추어 질서정연하게 서서 서로의 어깨를 밀착하고, 방패를 앞세워 구령에 맞추어 한 걸음씩 전진하는 모습을 연상해보십시오. 소름이 끼칠 정도의 장엄함과 위압감을 보여줄 것입니다. 이렇게 긴 방패를 틈새 없이 서로 밀착하여 움직여나가면, 적군의 돌격 침투를 확고하게 막아

통일의 복음

줄 뿐 아니라 날아오는 불화살도 막아낼 수 있게 됩니다. 신앙도 이와 같은 일을 합니다. 하나님에 대한 확고한 신뢰와 그분의 보호하심에 대한 뿌리 깊은 확신으로 무장한 신자들은 함께 모여야 합니다. 그리고 대형을 갖추고 어깨와 어깨를 맞대고 틈새를 주지 않은 상태로 앞으로 한 발씩 전진하면, 아무리 막강한 적군의 공격력이라도 신앙의 방어선을 뚫지 못할 것입니다.

다섯 번째 방어용 장비로 '구원의 투구'를 쓰라고 사도 바울은 말합니다(6:17). 투구는 마지막 방어기제입니다. 투구는 머리를 치명적 타격으로부터 보호해주는 장비입니다. 예를 들어, 기병대 전사들은 양날이 선 칼을 들고 달리면서 보병 전사들의 목을 내리쳐 무력화시킵니다. 그러므로 단단한 투구는 가장 필수적인 전투 장비입니다. 사탄은 무서운 기병대처럼 순식간에 달려들어 우리의 목을 치려고 합니다. 사탄의 목표는 우리가 그리스도께 속해 있고 그리스도 안에 뿌리를 내린 우리의 소망이 안전하다는 구원의 확신을 순식간에 빼앗아가는 것입니다. 그러므로 구원은 우리의 것이 아니라 하나님의 것이며, 하나님께 속해 있다는 확신을 날마다 새롭게 해야 할 것입니다.

공격 무기

영적 전투에서 그리스도인이 소지하는 유일한 공격 무기는 '성령의 검 곧 하나님의 말씀'입니다(6:17). 로마 군인들은 전쟁에서 적군의 병사와 직접 맞붙어 싸우는 경우가 대부분이었습니다. 그들은 무거운 장검(長劍)으로 무장했습니다. 장검은 바울이 언급하는 유일한 공격 무기입니다. 하나님의 말씀으로 무장하고 성령의 능력으로 그 말씀을 적재적소에 유연하게 사용할 수 있도록 훈련을 받은 그리스도인들이 영적 전투에서 통쾌한 승리를 거둘 수 있습니다. 여기서 하나님의 말씀이라고 할 때 사용된 그리스어는 '로고스'(*logos*)가 아니라 '레마'(*rhema*)입니다. 레마는 적절한 말씀, 상황에 구체적으로 적용되는 말씀, 설득력이 있고 확신이 있는 말씀입니다. 따라서 영적 전투에서 성경을 사용한다는 것은 지금 직면한 영적으로 특정한 상황에서 적절하게 사용할 수 있는 성경 말씀을 말합니다. 예를 들어, 광야에서 마귀의 시험을 받으실 때 예수님이 매우 적절한 말씀의 검을 사용해서 마귀의 급소를 찌르신 것과 같은 이치입니다. "기록되었으되, 사람이 떡으로만 살 것이 아니요 하나님의 입에서 나오는 모든 말씀(*rhema*)으로 사느니라"(마 4:4; 참고. 4:7, 10).

사탄에게 "사탄아, 물러가라!"라고 외친다고 해서 사탄이 물러가지 않습니다. 오직 하나님의 날카롭고 꿰뚫는 말씀만이 사탄을 두렵게 하여 도망치게 만들 것입니다. 그러므로 성령의 능력 안에서 하나님의 말씀을 적기에 잘 사용할 수 있도록 평소에 말씀의 검을 많이 준비해놓으십시오. 다양한 성경 말씀을 마음으로 암기하고 곱씹어 자신의 영적 근력이 되도록 하십시오. 이것이 경건의 연습을 매일같이 해야 할 이유입니다.

끝으로 한 가지 사실을 첨언합니다. 구약에서 이스라엘 백성들은 이방과 전쟁하기 위해 출정하는 일들이 많았습니다. 이런 전쟁을 가리켜 성전(聖戰, Holy War)이라고 부릅니다. 하나님이 앞장서서 싸우시는 전쟁입니다. 이스라엘 백성은 전쟁에 나가기 전에 먼저 하나님께 예배했습니다. 예배의 절정은 "전쟁은 야웨께 속해 있다!"라는 신앙고백적 구호를 외치는 것이었습니다. 전쟁은 칼과 창의 숫자로 결판나는 것이 아니라는 고백입니다. 하나님이 앞서 우리 대신 전쟁에 나가 싸우신다는 '하나님의 선행(先行)'에 대한 고백이기도 합니다. 그러므로 우리가 아무리 전투 장비를 잘 갖추고 있다 하더라도, 아무리 훈련이 잘 되어 있다 하더라도, 전쟁의 승리는 십자가 위에 나타난 하나님의 승리 안에 이미 확보되었다는 사실을 기억해야 할 것입니다. 이런 이유 때문에 우리는 매 주일마다 교회에 모여 이미 이뤄놓으신 하나님의 승리를 기념하고, 동시에 장차 성취할 최후의 승리를 기대하며 즐거워하는 것입니다.

그리고 기도하라

엄밀하게 말해서 "모든 기도와 간구를 하되 항상 성령 안에서 기도하고 이를 위하여 깨어 구하기를 항상 힘쓰며 여러 성도를 위하여 구하라"(18절)라고 하는 구절이 앞선 영적 전투에 관한 단락에 속한 것이 아니라 하더라도, 기도의 중요성에 관해 강조하고 있는 바울의 의도는 분명히 영적 전투에서 더욱더 빛날 것입니다. 왜냐하면 '항상'이란 용어는 모든 경우와 환경을 포함하기 때문입니다. 그러므로 영적 전쟁터에서 포연이 아무리 짙게 드리우고 포성이 아무리 크게 들려도, 전쟁의 공포가 아무리 무섭다 하더라도, 고독한 밤들이 아무리 계속된다 하더라도, 야전 지휘부에 연결된 기도의 전선이 끊어져서는 안 됩니다. 우리의 급한 상황과 처절한 위기의 때에도 통신망은 유지되어야 합니다. 기도야말로 그분과 연결되어 있을 수 있는 유일한 통신수단입니다. 우리는 야전 지휘소(CP: Command Post)로부터 명령을 하달받기 때문입니다. 또한 사탄과의 전쟁에 아무도 혼자 투입되지 않는다는 사실을 기억하십시오. 어둠과의 전쟁에 아무도 홀로 임하는 것이 아니라는 사실을 기억하십시오. 교회 공동체는 서로를 위해 기도함으로써 강력한 영적 전투력을 쌓아가는 것입니다.

쇠사슬에 매인 대사(大使)

바울은 우주적 전망을 담고 있는 이 큰 스케일의 편지를 마치면서, 마지막으로 그의 독자들에게 자신에 대한 개인적 이야기와 함께 기도를 부탁합니다. 그는 에베소 지역의 그리스도인들에게 자신의 복음 전파 사역을 위해 합심해서 기도해주기를 부탁합니다. 즉 지치지 않고 담대하게 '복음의 비밀'을 증언할 수 있도록 하나님께 기도해달라는 것입니다. 무엇이 바울이 말하는 복음의 비밀입니까? 바울은 이미 이 복음의 '비밀'에 관해 말한 적이 있습니다(3:3, 4, 9). 이 복음은 하나님의 마음속에 있었으나 예수 그리스도의 성육신을 통해 온 천하에 드러났습니다. 그 드러난 비밀은 예수 그리스도를 통해 만유(萬有, 모든 것)가 통일되고 구심점을 찾게 되는 것입니다(엡 1:10). 구체적으로는, 모든 것의 중심이 되시는 예수 그리스도 때문에 더 이상 유대인과 이방인 사이의 갈라짐이 없어졌다는 것입니다. 바울은 유대인과 이방인을 하나로 묶는 예수 그리스도에 대한 놀라운 소식이 유감없이 전파되기를 간절히 소원했던 것입니다.

이 일을 위해, 다시 말해 그리스도 안에서 만유를 통일하시겠다는 하나님의 높으신 뜻(경륜)을 위해 바울은 기꺼이 "쇠사슬에 매인 대사"(ambassador in chains, 20절)가 되었습니다. 하늘 왕국의 특명 전권 대사가 자기가 가져온 특명(복음) 때문에 로마의 감옥에 갇혀 쇠사슬에 매인 죄수가 된 것입니다. "쇠사슬에 매인 대사!" 이 얼마나 역설적입니까? 그는 자신을 하나님의 왕국에서 파송된 대사로 인식했습니다(참고. 고후 5:20). 그는 자신의 소명과 정체성에 대해 분명한 자의식을 갖고 있었던 것입니다. 자신에게 위탁된 일을 충성스럽게 감당하는 일에 있어서 쇠사슬에 묶이는 것도 두려워하지 않았습니다. 당시에 옥에서 쇠사슬에 매였다는 것은 극한 신체적 고통을 수반하는 무서운 형벌을 의미했습니다. 심할 경우 다리를 못 쓰게 만들기까지 했습니다. 게다가 형편없는 식사로 인해 영양실조까지 더해지면서, 쇠사슬에 묶인 바울의 상태는 최악이었습니다. 그러나 쇠사슬의 고통과 괴로움도 복음 전파에 대한 그의 열정을 한 치도 누그러뜨리지 못했습니다. 오히려 감옥 생활을 복음 전파의 기회로 삼은 것입니다. 다른 경우이기는 해도, 복음에 대한 열정에 대해 바울은 로마서에 다음과 같이 기록합니다. "내가 복음을 부끄러워하지 아니하노니 이 복음은 모든 믿는 자에게 구원을 주시는 하나님의 능력이 됨이라. 첫째는 유대인에게요 그리고 헬라인에게로다"(롬 1:16).

마지막으로 바울은 자신이 하고 있는 복음 전파 사역에 대해 에베소의 그리스도인들이 알기를 원했습니다. 그런 이유 때문에 바울은 이 서신을 그의 동역자인 두기고를 통해 전달하고, 자세한 이야기를 그를 통해 듣기를 바랐던 것입니다(21-22절).

에베소서의 마지막에 이르렀습니다. 이 글을 읽는 독자들을 위해 저도 사도 바울의 말을 빌려 다음과 같은 축복의 기도를 드립니다.

"아버지 하나님과 주 예수 그리스도께로부터 평안과 믿음을 겸한 사랑이 형제자매들에게 있을지어다. 우리 주 예수 그리스도를 변함없이 사랑하는 모든 자에게 은혜가 있을지어다."

통일의 복음

1. 에베소서는 신자들이 그리스도와 관련하여 누리게 되는 하나님의 풍성한 축복들에 대한 이야기로 시작했습니다. 그런데 마지막에는 영적 전투에 관한 이야기로 끝을 맺고 있습니다. 이런 시작과 끝에는 어떤 연관이 있다고 생각하십니까?

2. 영적 전투라는 말은 여러분에게 어떤 의미를 갖습니까? 신앙생활을 하면서 치열한 영적 전투에 참가해본 경험이 있습니까?

3. "영적 전투는 개인적인 차원보다는 공동체적 특성을 갖고 있다"라는 말을 전투에 임하는 로마 군대와 연결해 설명해보십시오.

4. 신앙의 전투에 사용되는 각각의 방어용 장비와 공격용 장비에 관해 설명하고, 현재 여러분에게 가장 수선과 보수가 필요한 장비는 어느 것인지, 왜 그런지 말해보십시오.

5. "하나님의 전신갑주"는 기도와 어떤 상관관계가 있습니까? 어떤 의미에서 기도는 공수(攻守) 양면의 조커입니까?

6. "쇠사슬에 매인 대사"라는 호칭이 여러분의 마음에 어떤 생각을 하게 합니까?

제2부

에베소서의
중심 메시지

1 〔중심〕 그리스도, 만유의 중심

3 찬송하리로다 하나님 곧 우리 주 예수 그리스도의 아버지께서 그리스도 안에서 하늘에 속한 모든 신령한 복을 우리에게 주시되 4 곧 창세 전에 그리스도 안에서 우리를 택하사 우리로 사랑 안에서 그 앞에 거룩하고 흠이 없게 하시려고 5 그 기쁘신 뜻대로 우리를 예정하사 예수 그리스도로 말미암아 자기의 아들들이 되게 하셨으니 6 이는 그가 사랑하시는 자 안에서 우리에게 거저 주시는 바 그의 은혜의 영광을 찬송하게 하려는 것이라 7 우리는 그리스도 안에서 그의 은혜의 풍성함을 따라 그의 피로 말미암아 속량 곧 죄 사함을 받았느니라 8 이는 그가 모든 지혜와 총명을 우리에게 넘치게 하사 9 그 뜻의 비밀을 우리에게 알리신 것이요 그의 기뻐하심을 따라 그리스도 안에서 때가 찬 경륜을 위하여 예정하신 것이니 10 하늘에 있는 것이나 땅에 있는 것이 다 그리스도 안에서 통일되게 하려 하심이라

성경 안에는 다양한 종류의 글이 포함되어 있습니다. 하나님이 다양한 방식으로 자신의 메시지를 전달하기를 좋아하셨기 때문입니다. 그 가운데 편지 형식의 글이 많이 있는데, 편지 형식으로 글을 가장 많이 쓴 저자는 바울입니다. 사도 바울은 당시 지중해 연안에 있던 다양한 교회들에 편지를 보냈습니다. 보통 바울은 간결하고 명쾌하게 글을 씁니다. 수신자가 알아듣기 쉽게 씁니다. 그러나 간혹 그렇지 않은 곳도 있습니다. 특별히 어떤 편지 안에는 한 문장이 기차만큼이나 긴 곳도 있습니다. 대표적인 구절이 오늘 우리가 읽은 본문입니다. 촌충처럼 아주 깁니다. 우리말로 번역된 성경은 깔끔하게 여덟 절로 나누었지만, 그리스어

원문은 끝이 보이지 않는 한 문장으로 되어 있습니다. 3-10절 말입니다. 어떤 학자는 이 부분을 가리켜 자신이 그리스어를 읽으면서 만난 문장들 중 가장 괴물 같은 문장이라고까지 불렀습니다. 바울은 숨도 쉬지 않고 먼 거리를 달리는 사람 같습니다. 중간에 쉼표도, 마침표도 없습니다. 아무리 폐활량이 큰 사람이라도 단숨에 읽어 내려가기 벅찰 것입니다. 에베소서 1:3-10까지가 그렇습니다.

그러나 만일 여러분이 믿음의 귀로 주의 깊게 듣기 시작한다면, 여러분의 영혼에 날개를 달아주는 음악과 같은 것을 들을 것입니다. 쉴 틈 없이 터져 나오는 찬양의 연속입니다. 찬란한 빛들과 변화무쌍한 색상들이 파노라마처럼 전개되는 단일한 드라마입니다. 숨이 넘어가는 환상적 비전입니다. 내용을 살펴보면 정말 압권입니다.

이렇게 길고 고양된 문장은 결코 진공 상태에서 발설된 것이 아닙니다. 바울의 이 격정적인 찬양과 노래는 아주 적실성이 있는 메시지였습니다. 이 메시지가 바울이 당시에 직면했던 상황에 대한 매우 적실성 있는 내용을 담고 있다는 말입니다.

바울이 지금 말하고 있는 대상(청중과 독자)은 카이사르 사후(死後) 시대를 살고 있던 사람들입니다. 다시 말해, 카이사르 아우구스투스 이후(post-Caesar Augustus) 시대를 살고 있던 사람들을 향해 말하고 있다는 것입니다. 카이사르 아우구스투스는 당시 세상에 큰 축복이었습니다. 그는 당대를 역사상 최고의 황금시대로 만든 인물이었습니다. 비록 그가 역사의 괴물들을 정복하지는 못했지만, 적어도 그것들을 결박해놓았습니다. 비록 이 세상에 평화를 가져오지는 못했지만, 적어도 휴전 상태는 유지한 인물이었습니다.

카이사르 아우구스투스는 예수님이 탄생하신 지 14년 뒤에 죽었습니다. 그가 죽자 모든 사람이 깊이 아쉬워하며 그가 통치한 시대야말로 평화와 정의와 질서가 확립된 시대였다고 평가했습니다. 그러나 그가 죽은 지 몇십 년이 되지 않아, 즉 바울이 살던 당시에 온 로마제국의 삶은 여기저기서 균열이 일어나기 시작했고 깨어지기 시작했습니다.

사람들은 정치적 통일과 질서라는 것이 구름같이 변화무쌍하다는 것을 알게 되었습니다. 일치나 단결이나 질서라는 것이 있다고 하더라도, 그런 것은 순전히 개별적이거나 파편적이라는 사실을 발견하게 되었습니다.

사람들은 갑작스레 삶의 중심부에 어마어마하고 아득하고 깊은 웅덩이가 놓여 있음을 보게 됩니다. 오늘날 많은 사람들이 경험하는 것, 즉 '중심의 상실'을 경험하게 된 것입니다. 삶을 구성하고 유지하는 중앙부, 부채꼴 모양으로 삶의 활력이 쭉 퍼져 나가는 중심부, 바로 그런 삶의 중심부가 바닥이 보이지 않는 블랙홀처럼 캄캄하고 텅 빈 것입니다. 혼란과 혼돈이 제국 전역에서 개개인의 삶과 정신을 휩싸고 있었습니다. 이런 상황에 응답하기 위해 지금 바울은 편지를 써 내려가고 있습니다.

   통일의 복음

사도 바울이 말합니다. 제가 가진 복음은 이것입니다.

- 이 세상은 결코 깨어지거나 추락하지 않습니다.
- 모든 사람들이 그렇게도 갈망하는 일치와 단결과 질서는 이미 수립되고 있습니다.
- 존재하는 모든 것들과 모든 일들[만유(萬有)]은 지금 그리스도 안에서 연합되고 있습니다.
- 하늘에 있는 것들이나 땅 위에 있는 것들 모두가 그리스도 안에서 하나 되고 있습니다.
- 그분을 통하여 그분 안에서 모든 것이 하나 되고 질서 있게 되고 통일될 것이며, 그분을 통하여 온 세상과 온 우주에 진정한 평화가 오고 있습니다.
- 이것이 내가 갖고 있는 좋은 소식(복음)이며 기쁜 소식입니다.

다시 9-10절을 유진 피터슨의 목소리로 들어보십시오.

하나님께서는 그리스도 안에서 그 계획을 우리 앞에 활짝 펼쳐 보이셨습니다. 그것은 만물, 곧 광대한 하늘에 있는 모든 것과 땅에 있는 모든 것을 그리스도 안에서 화해시키시고 종합하시려는 원대한 계획이었습니다.

필립스(J. B. Phillips) 목사는 이 두 구절을 다음과 같이 번역했습니다.

바울이 여기에서 보여주는 것은 위대한 환상이며 황홀한 비전입니다. 그냥 비전이 아니라 온 우주를 포함하는 광대하고도 우주적인 비전입니다. 바울은 그와 같은 시대를 사는 어느 누구도 감히 상상하지 못한 것을 보고 있는 것입니다. 그는 누구보다도 더 멀리 더 깊이 바라보고 있습니다. 바울의 눈은 인간 역사와 우주의 역사를 휘어잡는 포괄적인 조망을 갖고 있습니다. 그의 환상은 영원에서 영원으로 이르고, 그의 비전은 세상의 창조 이전으로부터 시작하여 하나님이 모든 것들을 머리이신 한 분 밑에 두실 시간의 종말에까지 이릅니다.

그런데 이 사실은 매우 역설적입니다. 왜냐하면 바울이 이 편지를 쓰고 있을 때, 그는 로마의 한 감옥에 죄수로 복역 중이었기 때문입니다. 그러나 비록 그가 몸으로는 감옥에 갇혀 있었지만, 그의 영은 한없이 자유롭게 온 우주와 영원 속을 활보하고 있었습니다. 그는 인류의 역사 전체를, 우주적 역사 전체를 일필휘지(一筆揮之)하듯이 단숨에 일갈(一喝)합니다. 심지어 그는 시간의

                                                    통일의 복음

아득한 처음 이전, 즉 "세상의 기초가 놓이기 전"(4절)까지 뒤돌아봅니다. 그런 후 그는 하늘들과 땅을 뒤흔들어 놓는 진술을 합니다. 그는 하나님이 모든 것들, 즉 하늘에 있는 것이나 땅에 있는 것 모두를 통일시켜 하나로 묶으실 계획을 갖고 계시다고 말합니다. 그는 이렇게 선언합니다.

- 만유(萬有), 즉 창조된 모든 것이 통일될 것입니다.
- 만유가 그리스도를 중심으로 하나 될 것입니다.
- 만유가 그리스도 안에서 하나 될 것입니다.
- 만유가 그리스도의 발아래 하나 될 것입니다.

혼돈에 대한 대답

이런 환상과 비전이야말로 상상을 초월하는, 가장 혁신적이고 급진적인 비전입니다. 동시에 이 비전은 이 세상이 지금까지 들어왔던 희망의 환상들 중에서 최상의 희망으로 충만한 환상입니다. 이 환상은 우리가 가진 가장 고민스럽고 심각한 질문들에 대해 대답해주는 비전입니다. 어떤 질문들입니까?

- 도대체 왜 우리가 여기에 있는 것일까?
- 도대체 왜 이 세상이 여기에 있는 것일까?
- 도대체 왜 이 우주가 존재하는 것일까?
- 저 하늘 너머의 무한한 공간과 광활한 우주는 왜 있는 것일까?

- 저 하늘의 수천 수억의 별들은 왜 있는 것일까?
- 저 우주에 수천 수억의 은하계들은 왜 있는 것일까?
- 이 모든 수천 수억 년들은 왜 있는 것일까?
- 도대체 왜 이 공간과 장소가 있는 것일까?
- 왜 이런 물체나 물건들이 있는 것일까?
- 도대체 이 모든 피조물은 왜 있는 것일까?
- 이 모든 것들의 의미는 무엇일까?
- 도대체 하나님은 무엇을 하고 계시는 것일까?

우리는 하나님이 이 모든 것들을 쓰레기처럼 버리실 것이라고 믿지 않습니다. 다시 말해, 하나님이 이 모든 것들에 성냥불을 그어대시거나, 아니면 우주적 쓰레기 처리장에 쏟아 버리실 것이라고 믿지 않습니다.

- 우리는 하나님이 목적이 있어서 모든 것들을 만드셨다고 믿습니다.
- 우리는 하나님이 아무런 의미 없이 영원히 없어지게 될 것은 하나도 만들지 않으셨다고 믿습니다.
- 우리는 하나님이 그리스도를 존재하는 모든 것들을 하나로 통일시키는 중심으로 삼으셨다고 믿습니다.

이렇게 생각하기 시작하면, 다시 말해 우리의 관심과 생각의 넓이와 높이와 깊이가 우주적으로 확장되기 시작하면, 세상의 모든

통일의 복음

것들을 새롭게, 다른 눈으로 바라보게 될 것입니다. 심지어 쓰레기 하치장(荷置場)도 새로운 눈으로 바라보게 될 것입니다. 남미 니카라과의 시인인 에르네스토 카르데날(Ernesto Cardenal, 1925-)은 이에 관해 다음과 같이 썼습니다.

> 수도원 뒤로 난 길을 따라가다 보면, 닳고 낡아빠진 물건들의 묘지가 있습니다. 그곳에는 산산 조각난 사발들과 유기그릇들, 녹슨 쇠붙이들, 깨진 도관(導管)들, 얽혀 있는 철사(鐵絲)들, 빈 담뱃갑들, 휘어진 톱들, 깨어진 다리미, 오래된 플라스틱, 폐타이어들, 이 모든 것들이 우리처럼 부활을 기다리고 있습니다.

그렇습니다. 우리는 이렇게 믿습니다.

- 온 우주는 결말을 향해 움직이고 있습니다.
- 최종적인 조화를 향해 움직이고 있습니다.
- 그리스도 안에서 통일될 날을 향해 움직이고 있습니다.
- 그리스도 안에서 자신의 존재 목적을 이룰 때를 향해 움직이고 있습니다.

얼마나 아름답고 얼마나 가슴 설레는 희망의 비전입니까? 그런 날이 반드시 올 것입니다. 하나님의 시간이 무르익어 가득 찰 때를 위해 하나님이 세워놓으신 계획은 하늘에 있는 것들이나 땅에 있는 것들—만유와 만물—을 그리스도를 통해 그리스도 안에서 하나로 통일시키는 것입니다. 지금 우주 전체는 우주의 구심점이신 그리스도와 최종적인 조화를 이루기 위해 그 방향으로 점차적으로 움직여가고 있습니다. 그분이 없다면 세상은 산산이 쪼개지고 나뉠 것입니다. 그분이 없다면 은하계와 천체는 중심을 잃고 회전할 것입니다.

일반적으로 우리는 그리스도를 이런 우주적 관점에서 생각하지 않습니다. 매우 개인적인 차원에서 그리스도를 이해하고 생각합니다. 예를 들어, 예수 그리스도를 내 개인의 주님과 구세주로만 생각하는 것입니다. 그리스도에 대한 우리의 견해가 매우 좁게 초점이 맞추어졌다는 말입니다. 그래서 개인의 구원문제에는 지대한 관심을 갖지만, 우리의 신앙이 가진 우주적 측면을 간과하거나 망각하는 경향이 많습니다.

에베소서 1:3-10은 '구원'과 '회복'에 관한 말씀입니다. 나누고 깨는 일들에 열심을 내는 이 타락한 세상을 향해 선포된 구원의 말씀입니다. 이 세상은 창세기 3장 이후로 분당(分堂)이 되었습니다. 깨어지고 일그러지고 삐뚤어진 세상이 되었다는 말입니다. 주위를 살펴보십시오. 성격이 분열됩니다. 가족이 깨어집니다. 학연과 지연과 혈연에 따라 갈라집니다. 머리카락도 이리저리 갈라집니다. 교회가 분리됩니다. 원자를 쪼개어 나누기까지 합니다. 이런 것들을 보면서 우리의 머리까지 깨어지는 것처럼 느낍니다. 우리는 삶과 세계를 하나로 통합할 수 있는 '힘'이 절실하게 필요합니다. 이런 것들을 생각하면 할수록, 지금 하나님이 하

　　　　　　　　　　　　　　통일의 복음

고 계신 것—"하늘에 있는 것이나 땅 위에 있는 모든 것을 그리스도 안에서 그분을 머리로 하여 통일시키는 것"—이 얼마나 절실하게 필요한지 알게 됩니다.

그러므로 장차 언젠가 그런 날이 도래할 것이라고 소망하기 시작하면 우리의 가슴은 울렁거리며 흥분을 감추지 못하게 됩니다. 이 얼마나 아름답고 희망적인 일입니까!

그런데 문제는 이런 비전이 지금 여기에 있는 우리에게 무엇을 의미하느냐는 것입니다. 도대체 이것이 우리에게 뜻하는 것은 무엇입니까? 물론 앞으로 백년, 천년, 아니 수억 년 후에 모든 것들(만유)이 그리스도 안에서 통일을 이루게 된다는 사실을 생각하면 마음에 큰 위로가 될 것입니다. 그러나 문제는 지금 밀림 속에서 살고 있는 우리, 약육강식의 정글의 법칙만 있는 듯한 이 세상에 살고 있는 우리에게 이것이 무슨 의미가 있을까요? 그리스도 안에서 모든 것이 통일된다는 사실을 아는 것이 우리의 일상생활에 어떤 변화나 영향을 가져다줍니까?

수레바퀴 이미지

회전하는 커다란 수레바퀴를 마음에 그려보십시오. 수레바퀴의 중심을 향해 살들이 가지런하게 모입니다. 바퀴의 바깥 둘레는 수레바퀴 중추로 연결되는 살들로 연결되어 있습니다. 수레바퀴 바깥 테에 백묵으로 점을 찍어보십시오. 그리고 바퀴를 돌리면

서 그 점을 보십시오. 둥글게 돌아갈 것입니다. 보는 사람도 어지
럼을 느낄 것입니다. 자, 이제 바퀴를 멈추고 수레바퀴 바깥 테와
수레바퀴 중추 사이의 가운데 정도에 흰 점을 찍어보십시오. 그
리고 돌려보십시오. 그러면 바퀴 바깥쪽에 점을 찍었을 때보다
훨씬 느리게 돌아가는 것을 관찰할 수 있을 것입니다. 같은 시간
에 훨씬 작은 원을 그리며 돌 것입니다. 바퀴의 중앙으로 가까울
수록 흰 점은 점점 느리게 돌 것입니다. 그렇다면 바퀴의 살들이
만나는 곳, 동력이 시작되는 곳인 바퀴의 중앙 한가운데에 백묵
으로 점을 찍어보십시오. 그 점은 절대로 움직이지 않는 고정점
이 될 것입니다.

이처럼 온 우주의 한가운데 있는 점을 생각해보십시오. 그
중앙에 고정점으로 있는 그리스도를 생각해보십시오. 그리스도
둘레에 있는 모든 것들은 움직임이요, 변화요, 퇴색이요, 썩어감
입니다. 그리스도의 둘레에 있는 은하계들, 세기들, 해와 달과 계
절과 나라와 민족과 사람들은 원을 그리며 돌고 있습니다. 그런
데 움직이는 이 모든 것을 통제하는 중앙본부, 통제소, 고정점에
예수 그리스도가 계신 것입니다.

• 그분에게는

변동(變動)도,

변형(變形)도,

변이(變異)도,

　　　　　　　　　　　　　통일의 복음

변차(變差)도,

변동에 따른 그림자도 없습니다.

- 그분은 어제나 오늘이나 영원토록 동일한 분입니다.

그리스도가 "너희는 너희 목숨을 위하여 걱정하지 말라. 무엇을 먹을까 무엇을 마실까 무엇을 입을까 걱정하지 말라"고 하셨을 때, 그분은 지금 우리가 말하고 있는 절대적인 '고정점', '중앙통제소', '중앙본부'에 대해 말씀하신 것입니다.

- 그곳에 가까울수록 우리는 덜 걱정하고 염려하게 됩니다. 덜 흔들리고 덜 변화무쌍해질 것입니다.
- 그러나 그곳에서 멀어질수록, 다시 말해 수레바퀴 바깥쪽으로 갈수록 우리는 더 걱정하고 염려하게 될 것입니다.

아브라함의 예

아브라함과 그의 조카 롯의 이야기를 기억하실 것입니다. 두 사람의 목축 사업이 번창하자 한정된 초원과 우물들을 두고 그들의 목자들이 서로 다투고 싸웁니다. 마침내 두 사람은 결별하기로 작정합니다. 아브라함이 롯에게 먼저 선택권을 주고, 롯이 왼쪽을 선택하면 그는 오른쪽으로 가고, 롯이 오른쪽으로 가겠다면 자기가 왼쪽으로 가겠다고 말합니다. 이야기는 이렇게 계속됩니다. "롯이 보니 요단 계곡과 평야는 물이 풍부하여 마치 야웨의 동산

같았다.··· 그래서 롯은 자기를 위해 요단 평야를 선택하였다."

아브라함은 눈이 멀지 않았습니다. 그도 요단 평지가 야웨의 정원 같다는 것을 알고 있었습니다. 그럼에도 그는 롯에게 우선권을 주었습니다. 왜 그랬을까요? 그가 돌고 도는 세상의 중심부, 즉 도는 세상의 중심부에 있는 고정점 가까이에 살고 있었기 때문입니다. 하나님이 언젠가 요단 평지를 포함한 모든 땅을 영원한 소유로 그에게 주실 것을 한 순간도 의심하지 않았기 때문입니다.

아브라함과 롯이 갈라선 후에, 하나님이 아브라함에게 말씀하십니다.

아브라함은 롯에게 우선권을 주었습니다. 롯에게 요단 평지를 갖도록 했습니다. 그러면서도 미래에 대해 한 치의 염려도 하지 않았습니다. 왜 그렇습니까? 그는 변화무쌍한 세상의 중심부, 고정된 중앙본부에 가까이 살고 있었기 때문입니다.

예수님의 예

예수님의 이야기를 기억해보셔도 좋을 것입니다. 바쁘고 분주하고 무거운 짐을 지고 사는 사람들은 예수님 안에서 평화와 휴식과 재충전을 발견하게 됩니다.

예수님이 말씀하시자 마리아도 그분께 나아와 발 앞에 앉았습니다. 앉아 있던 방석을 바짝 당겨서 할 수 있는 한 그분께 가까이 가서 앉았습니다. 그리고 영혼의 안식과 평화를 얻습니다. 그러나 언니 마르다는 부엌에서 바빴습니다. 분주했습니다. 부엌에서 맴맴 돌고 돌았습니다. 마음의 평화는 어디론지 가버리고, 근심 걱정만 태산 같았습니다. '평화의 왕'이 자기 집 안에 들어오셨는데도 불구하고, 더더욱 심란하고 불안하고 바빴습니다.

그렇습니다. 정신적으로 혼란스러운 사람들은 예수님의 발 앞에 자리를 잡아야 합니다. 옷매무새를 고치고, 마음의 옷깃을 여미고, 온전한 마음과 정신으로 예수님의 발 앞에 앉아야 합니다. 방석을 들고 가까이 다가가 앉으십시오.

경험 많은 어부들이 갈릴리 바다에서 풍랑을 만났을 때 어땠습니까? 그들은 혼비백산해서 예수님 주위에서 공황상태에 빠져 있었습니다. 그때 예수님이 파도를 향해 "잠잠하라, 고요하라"라고 하시자 '왕 잠잠', '왕 고요'가 있었습니다.

사람의 증오가 가장 거칠게 요동치고 있을 때조차도, 마귀의

저항이 심해질 때라도, 예수님의 고요와 정적(靜寂)과 정지(靜止)
는 그대로 있습니다. 그분은 고정점에, 구심점에, 중앙본부에 그
대로 계신 분입니다. 간악한 대제사장 앞에서도, 서슬 퍼런 빌라
도 앞에서도, 잔혹한 십자가 위에서도 그분은 흔들림 없이 그대
로 계십니다.

그분은 바로 이 고정점으로부터, 즉 우리의 영원한 구심점으
로부터 그분을 믿고 신뢰하는 모든 이들에게 용서와 평화와 능
력을 발산하십니다.

- 중앙부에 가까울수록
- 바퀴 중심에 가까울수록
- 고정점에 가까울수록
- 그리스도께 가까울수록
  우리는 그리스도의 말씀을 좀더 분명하고 명확하게 듣게
  됩니다.

평안을 너희에게 끼치노니 곧 나의 평안을 너희에게 주노라. 내가
너희에게 주는 것은 세상이 주는 것과 같지 아니하니라. 너희는 마
음에 근심하지도 말고 두려워하지도 말라(요 14:27).

아멘.

2 〔선택〕 저주인가 축복인가

3 찬송하리로다 하나님 곧 우리 주 예수 그리스도의 아버지께서 그리스도 안에서 하늘에 속한 모든 신령한 복을 우리에게 주시되 4 곧 창세 전에 그리스도 안에서 우리를 택하사 우리로 사랑 안에서 그 앞에 거룩하고 흠이 없게 하시려고 5 그 기쁘신 뜻대로 우리를 예정하사 예수 그리스도로 말미암아 자기의 아들들이 되게 하셨으니 6 이는 그가 사랑하시는 자 안에서 우리에게 거저 주시는 바 그의 은혜의 영광을 찬송하게 하려는 것z이라 7 우리는 그리스도 안에서 그의 은혜의 풍성함을 따라 그의 피로 말미암아 속량 곧 죄 사함을 받았느니라 8 이는 그가 모든 지혜와 총명을 우리에게 넘치게 하사 9 그 뜻의 비밀을 우리에게 알리신 것이요 그의 기뻐하심을 따라 그리스도 안에서 때가 찬 경륜을 위하여 예정하신 것이니 10 하늘에 있는 것이나 땅에 있는 것이 다 그리스도 안에서 통일되게 하려 하심이라 11 모든 일을 그의 뜻의 결정대로 일하시는 이의 계획을 따라 우리가 예정을 입어 그 안에서 기업이 되었으니 12 이는 우리가 그리스도 안에서 전부터 바라던 그의 영광의 찬송이 되게 하려 하심이라 13 그 안에서 너희도 진리의 말씀 곧 너희의 구원의 복음을 듣고 그 안에서 또한 믿어 약속의 성령으로 인치심을 받았으니 14 이는 우리 기업의 보증이 되사 그 얻으신 것을 속량하시고 그의 영광을 찬송하게 하려 하심이라

예정론과 선택론

대중이 갖고 있는 오해가 있습니다. 하나님은 상당히 합리적이고 가까이 하기에 편한 신이었는데, 장 칼뱅(1509-1564)이라는 사람이 나타나면서 사정이 달라졌다는 것입니다. 달리 말해, 선택과 예정설을 주장하는 칼뱅 때문에 부드럽고 친절한 하나님이 혹독하고 매몰찬 하나님으로 탈바꿈하게 되었다는 것입니다.[1]

수많은 사람들이 실제로 이렇게 믿고 있습니다. 그들은 선택이라는 개념이 장 칼뱅으로부터 유래했다고 믿고 있습니다. 그런데 그들이 알지 못하는 것이 있습니다. 선택론을 아주 강조했던 사람은 사실 장 칼뱅이 아니라 마르틴 루터였다는 사실입니다! 게다가 그들이 더 몰랐던 것은, 칼뱅보다 300년 전 사람이며 수 세기 동안 가장 영향력 있는 로마 가톨릭 신학자인 토마스 아퀴나스(1225-1274)도 역시 선택론에 관해 칼뱅과 같은 어조로 말했다는 사실입니다. 그런데 그 사람들이 더더욱 몰랐던 것은, 칼뱅보다 거의 천 년 전에 아우구스티누스(354-430)가 「성도들의 예정에 관하여」(*De praedestinatione sanctorum* = On the Predestination of the Saints)라는 논문을 썼다는 사실입니다.

이런 저런 형태로 기독교회는 항상 하나님의 선택을 믿어왔습니다. 교회가 이렇게 선택을 믿었던 이유는 성경 자체가 선택에 관해 상당히 많이 말하기 때문입니다. 성경의 하나님은 선택하시는 하나님입니다. 하나님이 누구를 어떻게 선택하시는지에 관한 것이 성경 전체를 구성하고 있습니다.

그러나 또 다른 문제가 있습니다. 성경이 선택에 대해 말하는 방식과 신학자들이 일반적으로 선택에 관해 말하는 방식이 서로 상당히 다르다는 것입니다. 신학자들은 매우 추상적이고, 무역사적이고, 교리적인 언어로 예정과 선택에 대해 말합니다. 예를 들어, 그들은 선택이란 하나님이 자기의 영원한 작정을 통해 얼마간의 사람은 구원하고 나머지는 구원하지 않으리라고 결

통일의 복음

정했다는 것이라고 말합니다. 문득 찰스 윌리엄스(Charles Williams)가 쓴 『비둘기의 하강』(The Decent of the Dove)이라는 책의 글이 떠오릅니다.[2]

> 새로운 통찰력이 탁월한 장인의 손에서 사용될 때는 상당히 건전하다. 그러나 그것이 대중적이 될 때 볼품없는 싸구려가 된다. 그러다가 그것이 일시적인 유행이 되면 견딜 수 없이 천박해진다. 이처럼 아우구스티누스의 손에 있었던 예정론은 안전했고, 칼뱅의 예정론은 이해할 만했지만, 예정론이 영국 청교도들에게 넘어가더니 지루하기 그지없게 되었고, 스코틀랜드 장로교인들 손에서 끔찍한 교리가 되었다.

성경은 지루하거나 끔찍한 언어로 예정론에 대해 말한 적이 없습니다. 성경은 언제나 이야기의 언어로 예정에 관해 말합니다. 예정이나 선택을 잘못 사용하면 흥미진진한 이야기들을 지루하고 답답한 교리들로 변환시키는 죄를 범하는 것이 됩니다.

여러분이 지금 사하라 사막에서 목이 말라 탈진해서 죽어가고 있다고 상상해보십시오. 그런데 여러분 옆에 물병을 들고 있는 어떤 사람이 "친구여, 물의 분자에 대해 생각해봅시다. 물은 무색의 액체로서 100도가 되면 증기가 됩니다. 물 온도를 0도에 놓으면 얼음이 된답니다. 그리고 물은 수소와 산소가 2:1의 비율로 구성되었습니다. 이렇게 해서 H_2O라는 이름이 나온 것입니다"라고 말했다고 합시다. 어떻게 반응하시겠습니까? 좋게 이야기해서 "나 원 참, 세상에! 여보세요, 강의 그만하고 물이나 주시구려!"라고 하지 않겠습니까?

선택에 관해 말할 때 많은 신학자들이 이런 식입니다. 사하라 사막 한복판에서 죽어가는 사람에게 물에 관해 말하듯이 말입니다. 그러므로 선택에 관해 생각할 때 반드시 이 사실을 기억하십시오. 선택과 예정은 교리나 신조이기 전에 이야기라는 사실 말입니다. 달리 말해, 여러분이 예정이나 선택에 대해 말하려면 먼저 '선택 이야기'를 해야 한다는 것입니다. 성경이 선택을 이야기 형식으로 우리에게 가르쳐주고 있기 때문입니다. 이야기를 제거하고 선택에 대해 말하는 순간, 여러분은 성경 역사의 영역에서 벗어나 교리의 역사 속으로 들어가는 것입니다. 그리고 그런 방향 전환은 언제나 위험천만한 길로 인도합니다. 기독교 신앙은 처음에 교리로 우리에게 전해진 것이 아니라, 이야기로 우리에게 온 것입니다.

누군가 여러분에게 "선택에 대해 말해주세요", "예정론에 관해 말해주세요"라고 부탁할지 모릅니다. 그때마다 이렇게 시작하십시오.

선택은 이야기

옛날 옛적 아주 먼 옛날에, 하나님이 이 지구 상의 모든 언어를 혼란스럽게 하셨을 때, 하나님이 사람들을 땅끝 사방으로 흩으셨을 때, 인류가 수천 가지로 산산조각들이 났을 때, 그때 떠오르는 질문이 있었습니다. "하나님이 인류를 어떻게 하시려는 것일까?" "하나님이 인류를 영원히 버리셨다는 것일까?"

바로 이 순간, 즉 인류의 영적 죽음의 순간에 하나님은 한 사람을 인류의 무덤 앞에 세워놓으시고, 그를 향해 큰 소리로 외치셨습니다. "아브라함아, 나오라!" 그러자 죽었던 그가 앞으로 걸어 나오는 것이었습니다! 야웨 하나님이 아브라함을 죽은 자들 가운데서 일으켜 세우신 것입니다. 이처럼 선택은 부활입니다. 누군가를 선택하셨다는 것은 그를 죽은 자들 가운데서 불러일으켜 부활시켰다는 뜻입니다.

야웨께서 아브라함을 선택하셨습니다. 그리고 그를 통해 이 지구 상의 모든 민족들과 족속들을 축복하실 것이라고 그에게 약속하셨습니다. "땅의 모든 족속이 너로 말미암아 복을 얻을 것이라"(창 12:3).

선택 이야기는 아브라함으로부터 시작됩니다. 아브라함은 하나님이 최초로 선택한 사람입니다. 그는 새로운 인류, 새로운 인종의 조상입니다. 그는 모든 믿는 자들의 모델입니다. 그는 모든 신자들의 아버지입니다. 하나님이 아브라함을 한 개인으로 선택하지 않으셨기 때문입니다. 이와 마찬가지로 하나님은 아무도 개인으로 선택하지 않으십니다.

• 아브라함 안에서, 하나님은 아브라함의 후손 전체를 선택

하신 것입니다.

- 아브라함 안에서, 하나님은 이스라엘 백성을 선택하신 것입니다.

선택의 목적: 복덩어리

그렇다면 왜 그러셨을까요? 왜 하나님은 아브라함을 선택하셨을까요? 무슨 목적이 있기에, 어떤 목적을 이루려고 아브라함을 선택하셨을까요? 하나님이 아브라함을 선택하신 것은, 이사야 49장의 말을 빌리자면, 하나님의 구원이 땅끝까지 이르게 하기 위함입니다.

선택을 다른 말로 표현하면 사명위임입니다. 특별한 사명을 맡겼다는 뜻입니다. 하나님의 선택을 받은 사람은 그들이 해야 할 숙제를 하나님으로부터 받았다는 것입니다. 하나님이 여러분을 선택하신 것은 해야 할 일을 여러분에게 맡기신 것입니다.

- 아브라함이 선택을 받은 것은 땅의 모든 족속을 축복하기 위해서였습니다.
- 아브라함은 '복' 자체로 선택받은 것입니다.
  그는 복덩어리입니다.

그가 복덩어리로 선택받은 것은 결코 자신을 위해서가 아닙니다. 그는 낙원 바깥에서 살고 있는 사람들에게, 저주 아래 살고 있는 사람들에게, 죽음의 위협 아래에서 살고 있는 사람들에게, 소돔과 고모라의 사람들에게 복이 되라고 선택받은 것입니다.

소돔의 경우를 생각해봅시다. 하나님의 선택을 받은 아브라함이 소돔에 대해 어떻게 복 노릇을 하게 되었습니까? 그는 먼저 하나님께 소돔의 구원을 위해 물었습니다. "주님이 의인을 악인과 함께 멸하려고 하십니까? 주님이 이같이 의인을 악인과 함께 죽이심은 부당하며, 의인과 악인을 같이 하심도 부당합니다. 세상을 심판하시는 분이 정의를 행하셔야 할 것이 아닙니까? 죄 없는 무고한 사람들을 악인들과 함께 멸망시킨다는 것은 정의롭고 동시에 긍휼이 많으신 하나님께 맞지 않는 이야기입니다."

하나님의 선택을 받은 아브라함의 선택윤리가 어떻게 행동으로 이어지는지 보십시오. 그는 소돔 사람들을 위해 중보하기 시작했고, 이렇게 그들을 축복했습니다. "하나님, 소돔 성에 의로운 사람 50명이 있다면 어떻게 하시겠습니까? 45명이 있다면? 40명이? 30명이? 20명이? 10명이?" 하나님과 협상 테이블에 앉아 있는 아브라함의 얼굴을 상상해보십시오. 그는 왜 이리 열정을 다해 소돔 성을 구하려고 애쓰고 있습니까? 이것이 하나님의 선택을 받았다는 뜻이 아니겠습니까? 세상의 모든 민족에게 복이 되라고 선택을 받은 것이 아닙니까?

협상의 숫자가 점점 줄어들면서 한 가지 사실이 점점 분명해졌습니다. 소돔 사람들을 구원하기 위해서 많은 사람이 필요한 것이 아니라는 사실, 즉 아주 적은 숫자의 사람들만 필요하다는 사실이었습니다. 하나님이 자신의 심판 의지를 꺾는 데 오직 소수의 사람만 필요하다는 사실은 그만큼 모든 백성과 민족에게 복 주시려는 하나님의 결심이 강력하고 굳세다는 것을 가리킵니다. 아브라함은 소돔의 백성을 위한 중보가 자신의 선택과 관련이 있다는 것을 알고 있었습니다.

아브라함의 경우에서 선택과 사명위임이 어떤 관계가 있는지 한 가지 사건을 더 들어보겠습니다. 아브라함이 아들 이삭을 희생 제물로 바치려던 사건 말입니다. 그때 하나님이 이렇게 말씀하셨습니다. "네가 내 말을 순종하여 네 아들 네 독자도 아끼지 아니하였은즉 내가 네게 큰 복을 주고 네 씨가 크게 번성하리라. 또 네 씨로 말미암아 천하 만민이 복을 받으리라"(창 22장).

하나님은 아브라함을 선택하셨습니다. 그리고 아브라함 안에서 하나님은 이스라엘과 교회를 선택하신 것입니다. 하나님이 선택하신 것은 아브라함과 이스라엘과 교회를 통해서 세상의 모든 족속과 나라들과 민족들이 복을 얻게 하기 위해서입니다. 다른 말로 하면, 선택을 받았다는 것은 여러분이 여러분의 주위 사람들에게 고통이나 문젯거리나 골칫거리가 되어서는 안 되고, 그들에게 '복'이 되라고 부르심을 받았다는 뜻입니다.

이런 이유 때문에 창세기는 총 50장 중 열네 장을 요셉 이야기에 할애하고 있는 것입니다! 왜냐하면 요셉 이야기는 어떻게 축복이 아브라함의 후손 중 한 사람인 요셉의 지혜를 통해 심지어 사악한 이집트 왕국에까지 오게 되는지를 보여주고 있기 때

통일의 복음

문입니다. 야웨 하나님은 요셉을 통해 이집트 사람들이 기아와 굶주림에서 벗어날 수 있도록 복 주신 것입니다.

이처럼 선택은 이야기입니다. 부정적인 이야기가 아니라, 매우 긍정적이고 적극적인 이야기입니다. 선택 이야기는 우리에게 하나님이 의도적으로 대부분의 사람들은 버리시고(유기) 매우 적은 수의 사람들만 택하신다고 말하지 않습니다. 하나님이 선택한 사람들이 그들만의 리그를 결성한다고 말하지도 않습니다. 오히려 이와는 반대로, 선택은 하나님이 어떻게 어떤 특정한 사람들을 선택하여 저주 아래 살고 있는 사람들을 축복하게 하시는가에 대한 이야기입니다. 하나님이 어떻게 그분이 선택하신 사람들을 통해 모든 민족들과 나라들을 향해 자신의 넉넉한 손과 팔을 펼치고 계신지를 들려주는 이야기입니다.

그리스도 안에서

이렇게 해서 우리는 두 번째 중요한 요점에 이르렀습니다. 선택은 "그리스도 안에서"라는 말입니다. 대부분의 사람들이 이 사실을 잊고 있습니다. 그리스도에 대해 말하지 않은 채로 선택만을 이야기하는 사람들이 있습니다. "그리스도 안에서 선택"이라는 말입니다. 그럼에도 대부분의 사람은 선택을 컴퓨터 안에 프로그램화된 일종의 어플리케이션으로 알고 있습니다. 즉 하나님이 모든 것을 다 프로그램화해서 미리 정해놓으셨다는 것입니다.

어떤 사람이 하늘에 가야 하는지 어떤 사람이 하늘에 가지 못하게 되었는지를 사전에 프로그램화해놓으셨다는 것입니다. 하나님은 사람이 태어날 때 이미 그 몸속에 컴퓨터 칩을 집어넣은 것처럼 그의 운명을 이미 결정해놓으셨다는 말입니다.

그러나 이것은 이교도적 선택 개념입니다. 운명론적이고 숙명론적인 사고입니다. 우리말에 팔자(八字)라고 하는 것이 바로 이것입니다. "아이고 내 팔자야!" 할 때 그 팔자 말입니다. 타고난 운수(運數)라는 말입니다.[3] 아들이 수학에서는 D학점을 영어에서는 F학점을 받아오면, "아이고 안됐구나. 그건 네 잘못이 아니야. 너 자신을 원망하지 마라. 하나님이 다 그렇게 예정해놓으셨다"라고 말하는 부모가 있습니까? 이 얼마나 숙명론적인 생각입니까? 저는 선택과 예정을 피할 수 없는 운명으로 이해하는 사람들이 의외로 많다는 사실에 종종 놀라게 됩니다. 여러분이 선택과 예정을 이야기하면서 그리스도를 함께 말하지 않으면 이런 오류에 빠지게 됩니다.

그러므로 우리 자신에게 끊임없이 물어볼 질문은 "내가 선택받았다는 것이 예수 그리스도와 어떤 관련이 있는가?"입니다. 달리 말해 "선택과 예정이 나를 제자도의 삶으로 부르시는 예수 그리스도와 무슨 상관이 있는가?"라는 질문을 해야 한다는 것입니다.

바울은 에베소서 1장에서 우리가 "그리스도 안에서" 선택(택정)을 받았다고 말합니다.

통일의 복음

- 하나님이 "창세 전 곧 세상의 기초를 놓으시기 전에 **그리스도** 안에서 우리를 선택하사 우리로 사랑 안에서 그 앞에 거룩하고 흠이 없게 하려고 하셨습니다"(4절).
- 하나님이 우리를 선택하신 것은 "우리가 **그리스도** 안에서 전부터 바라던 하나님의 영광을 찬송하며 살게 하려 하심입니다"(12절).
- **그리스도** 안에서 우리가 "하나님이 약속하신 성령으로 인치심을 받았습니다"(13절).

선택과 예정에 관해 이보다 더 멋지게 말할 수 있을까요? 정말 아름답고 감동적인 표현입니다.

칼뱅은 그리스도를 가리켜 우리의 예정과 택정함을 반영하는 거울이라고 한 적이 있습니다. 달리 말해, 예수님을 보면 우리가 어떻게 하나님의 선택을 받았는지 알게 된다는 말입니다. 여러분이 하나님의 선택을 받았는지 받지 못했는지를 알고 싶다면, 그리스도라는 거울을 들여다보라는 것입니다. 그리스도는 거울입니다. 이 거울로 여러분의 선택과 예정을 생각하고 명상해야 합니다. 그래야 여러분이 선택받았다는 사실이 분명해질 것입니다.

적어도 제게는 이것이 예정론에 관해 칼뱅이 말한 것들 중에 가장 목회적이고 감동적인 말입니다. 한번 스스로에게 물어보십시오. "나는 선택받은 자인가?" 사실 이 질문은 "나는 그리스도인

인가?”, “나는 그리스도의 제자인가?”, “나는 그리스도의 편지인
가?”, “사람들은 내 몸과 삶 위에 쓰여 있는 그리스도의 친필 글
씨를 알아볼 수 있을 것인가?”, “나는 신자들이나 불신자들 모두
에게 구별 없이 퍼져가는 그리스도의 향기인가?”라고 묻는 것과
동일한 질문입니다.

　　그러나 그리스도 안에서 선택을 받았다는 것은 그 이상의 더
넓은 의미가 있습니다. 다시 말해, 우리 개인이 가진 구원의 확신
을 넘어서는 포괄적이고 광대한 의미를 담고 있다는 것입니다.
다시 우리의 본문을 기억해보십시오. 하나님이 아브라함을 택하
신 것은 땅의 모든 족속과 민족들이 복을 받게 하기 위해서였다
는 사실을 기억해보십시오. 무엇보다도 하나님의 선택은 선택받
은 자에게 초점을 맞추지 않았습니다. 선택은 저주 아래 살고 있
는 자들에게 초점을 맞추고 있습니다. 이런 사람들을 풀어주어
복 아래로 데려오려는 목적 때문에 하나님이 누군가를 선택하시
는 것입니다. 그리고 이런 해방의 사역을 위해 오신 분이 예수 그
리스도입니다. 그리스도가 오신 것은 이런 일을 하시기 위해서입
니다. 하나님이 예수 그리스도를 선택하신 것은 그분이 저주 아
래 놓인 사람들을 구출해 ‘복 집’으로 데려오게 하시기 위해서입
니다. 하나님이 저주 아래 있는 사람들을 사랑하셨기 때문에 자
기의 외아들을 내어주신 것이고, 누구든지 그분을 믿는 자마다
저주 아래 멸망치 않고 영원한 생명으로 복을 받게 하시려는 것
이었습니다. 하나님이 자기 아들을 세상으로 보내신 것은 세상을

166　　　　　　　　　　　　　　　　　　　　　　　　통일의 복음

정죄하고 형벌을 내리시기 위함이 아니라, 사람들이 그분을 통해 구원을 받게 하려 하심입니다.

바울은 고린도후서 5장에서 하나님이 그리스도를 통해 우리를 자기와 화해시키셨다고 말합니다. 그런 다음 바울은 다음과 같은 중요한 말을 덧붙였습니다. "하나님은 우리에게 화목(화해)하게 하는 사역을 주셨습니다." 하나님이 바울뿐 아니라 우리도 전 세계적으로 펼쳐져야 할 화해(화목)의 사역에 등록시키셨다는 것입니다. 선택을 받았다는 것은 하나님의 화해사역의 파트너가 된다는 뜻입니다. 세상을 향한 그리스도의 사역과 사명에 우리도 동참하는 자가 된다는 의미입니다. 이 사명과 사역은 모든 것들(萬有), 즉 하늘에 있는 것들이나 땅에 있는 것들 모두를 하나로 묶는 일입니다. 그리스도가 온 만유의 중심이 되는 사역입니다. 만물이 그 발 앞에 꿇어 엎드려 "당신만이 만왕의 왕이시며 만주의 주님"이라고 고백하는 날이 도래하기를 기다리는 것입니다.

그리스도 안에서 천하통일

바울은 에베소서 1:9-10에서 이 사실에 대해 쓰고 있는 것입니다. 그는 세상을 향한 하나님의 최종적 계획이 세상을 멸망시키거나 다 없애버리고 지워버리는 것이 아니라, 세상을 하나로 통일시키고 하나로 묶는 것이라고 말합니다. 그리스도는 이 계획의 중심부이십니다. 그리스도는 자기의 죽음과 부활을 통해 이 계획을 실행하는 분입니다.

자, 이제 에베소서 1:9-10을 읽어보십시오. "하나님이 그의 뜻의 비밀을 우리에게 알리신 것이요." 무엇이 그분의 뜻입니까? 이어서 대답이 나옵니다. "그리스도 안에서 때가 찬 경륜(계획)을 위하여 예정하신 것이니 하늘에 있는 것이나 땅에 있는 것이 다 그리스도 안에서 통일되게 하려 하는 것이라."

바로 이 경륜(계획)과 관련해 바울이 선택을 말하고 있는 것입니다. 즉 하나님이 우리를 그리스도 안에서 택하셨습니다. 무슨 목적을 위해서입니까? 모든 것을 하나로 묶으려는 하나님의 계획(경륜)에 도움이 되기 위한 목적입니다. 달리 말해, 우리가 선택받은 것은 궁극적 목적을 위한 도구이며 수단이라는 말입니다. 그 궁극적 목적은 모든 민족과 모든 것들을 통일하는 것입니다. 바울은 에베소서 1:12에서 말하기를, 우리가 선택받은 것은 이런 통일 계획을 증거하고 선전하는 살아 있는 증인이 되기 위해서라고 합니다. 우리의 상상력과 표현력이 닿을 수 없는 세상, 즉 그리스도가 모든 것의 모든 것이 되시는 세상을 멀리서 바라보며, 그 세상을 계획하고 만들어가시는 하나님을 찬양하기 위해서 우리가 선택을 받은 것이라는 말입니다.

주님, 귀로 듣지 못했고 눈으로 보지 못한 것을 당신이 말씀을 통해 우리에게 전파하심은, 이 세상 속에서 우리가 희망을 갖게 하려 하

 통일의 복음

심입니다. 당신의 아들, 우리의 주님, 예수 그리스도의 이름으로 기
도합니다. 아멘.

3 〔송영〕 노래하는 진리

15 이로 말미암아 주 예수 안에서 너희 믿음과 모든 성도를 향한 사랑을 나도 듣고 16 내가 기도할 때에 너희를 기억하며 너희로 말미암아 감사하기를 그치지 아니하고 17 우리 주 예수 그리스도의 하나님, 영광의 아버지께서 지혜와 계시의 영을 너희에게 주사 하나님을 알게 하시고 18 너희 마음의 눈을 밝히사 그의 부르심의 소망이 무엇이며 성도 안에서 그 기업의 영광의 풍성함이 무엇이며 19 그의 힘의 위력으로 역사하심을 따라 믿는 우리에게 베푸신 능력의 지극히 크심이 어떠한 것을 너희로 알게 하시기를 구하노라 20 그의 능력이 그리스도 안에서 역사하사 죽은 자들 가운데서 다시 살리시고 하늘에서 자기의 오른 편에 앉히사 21 모든 통치와 권세와 능력과 주권과 이 세상뿐 아니라 오는 세상에 일컫는 모든 이름 위에 뛰어나게 하시고 22 또 만물을 그의 발 아래에 복종하게 하시고 그를 만물 위에 교회의 머리로 삼으셨느니라 23 교회는 그의 몸이니 만물 안에서 만물을 충만하게 하시는 자의 충만함이니라

바울과 기독교

인간 바울은 매우 극단적인 사람입니다.

- 분노할 때 그보다 더 맹렬하고 무서운 사람은 없습니다.

- 긍지를 갖는 일에 대해 그보다 더 긍지를 가진 사람을 찾아보기 어려울 것입니다.

- 겸손할 때 그보다 겸손한 사람은 이 세상에 없을 것입니다.

- 강할 때 그보다 더 강인한 사람은 없을 것입니다.

- 연약할 때 그보다 약해 보이는 사람은 없을 것입니다.

신학자로서 바울은 매우 위대한 사람입니다. 그보다 더 위대한 신학자는 이 세상에 없을 것입니다. 사상의 심오함이나 그가 제시하는 비전의 담대함을 놓고 볼 때 그보다 더 위대한 신학자는 없습니다.

선교사로서 바울은 큰 인물입니다. 그보다 더 열정적인 선교사가 없었습니다. 선교를 향한 그의 열정이 그의 온 생애를 불타오르게 했기 때문입니다.

기독교 신앙을 팔레스타인이라는 지역적 기반과 유대인의 인종적 기반을 넘어서 세계적 신앙체계로 만든 장본인을 들라면, 우리는 주저 없이 바울을 들 것입니다. 그 외에 누가 있겠습니까?

이처럼 바울은 매사에 양극단을 오가는 사람이었습니다. 알다시피 극단적인 사람들에게는 언제나 원수들이 있기 마련입니다. 바울도 이 점에서는 예외가 아니었습니다. 바울에게는 원수와 적대자들이 많았습니다. 그가 살던 시대에도 그랬지만, 우리 시대에도 그를 싫어하거나 대적하는 사람들이 많이 있습니다.

그를 싫어하는 사람들은 종종 말하기를, 바울이 예수의 단순한 복음을 매우 어렵고 복잡하게 만들었다고 비난합니다. 예를 들어, 그들은 말하기를, "예수님의 산상설교를 읽어보라. 얼마나 간단명료하고 분명한 가르침인가! 그러나 바울의 로마서를 읽어보라. 왜 그리 복잡하고 어려운가? 그는 예수님의 산상설교 내용을 로마서를 통해 매우 복잡하고 어렵게 만들었다"고 비난합니다. 그의 적대자들은 종종 "예수님의 순수한 복음을 훼손시키고

망가뜨린 최초의 인물이 바울"이라고 비난합니다.

그러나 바울에 대한 이런 공격들은 사실상 예수님에 대한 공격입니다. 이 사실을 명심할 필요가 있습니다. 사람들은 예수님에 대해 공격하고 비난하기를 두려워하기 때문에 바울을 공격하는 것입니다. 그들은 "예수님의 말씀은 맞지만 바울의 말은 틀리다"라고 합니다. 그들의 주장은 이렇습니다. "바울은 예수님을 잘못 대변하고 있다." "그는 예수님을 오해하고 있다." "그는 예수님의 가르침을 왜곡시키고 있다." "바울을 조심해야 한다! 바울의 목을 쳐야 한다!" 그러나 그런 사람들은 결국 예수님의 목도 날려버립니다.

신(神)들린 바울의 송영

그러나 교회는 예수님과 바울이 언제나 함께 서고 함께 넘어진다고 고백해왔습니다. 교회는 고백하기를, 예수님의 정신과 가르침을 바울처럼 그렇게 장엄하게 이해하고 전한 사람은 없었다고 말해왔습니다. 그렇습니다. 바울은 그리스도에 취한 사람입니다. 바울에게 기독교는 일련의 교리들이나 가르침들이 아닙니다. 바울에게 기독교는

- '그리스도'에 기초합니다.
- 그리스도에 대한 '헌신'입니다.
- 그리스도 안에 사는 '새로운 삶'입니다.

• 그리스도와 사귀는 '교제'입니다.

바울이 이렇게 말합니다. "내가 원하는 것은 오직 한 가지입니다. 내 평생의 소원은 오직 그리스도의 사랑을 '아는 것'입니다. 그리스도의 사랑의 넓이와 길이와 높이와 깊이를 '아는 것'이 나의 소원 전부입니다"(참고. 엡 3:18-19). 이런 의미에서 바울은 그리스도로 흠뻑 취한 사람입니다. 그리고 바로 이런 취함 때문에 그의 언어는 매우 송영(誦詠)적이고 황홀하기까지 합니다. 무엇에 취하면 노래가 흥얼흥얼 흘러나오는 것과 같습니다. 오늘 우리가 읽은 본문이 바로 그렇습니다.

여기서 바울은 매우 황홀한 환상에 대해 말하고 있습니다. 아니, 상상을 초월하는 황홀경의 세계에 대해 말하고 있습니다. 그의 언어를 음미해보십시오. 마치 독수리처럼 날개를 달고 어디론가 높이 올라가는 듯한 기분이 듭니다. 그의 언어에는 도저히 말로는 묘사할 수 없는 것을 묘사하려고 애쓰는 모습이 역력합니다. 표현의 한계성 밑바닥에 걸려 있다는 느낌을 받을 정도입니다.

사도 요한도 이와 비슷한 경험을 한 적이 있었습니다. 그는 환상 중에 예수님을 보았습니다. 그리고 그분의 영광에 압도됨을 느꼈습니다. 그러나 그는 그분을 어떻게 묘사해야 할지 몰랐습니다. 도무지 불가능한 것에 도전한다는 '거룩한 무력감'을 느꼈습니다. 그래서 그는 가장 간결하고도 황홀한 언어로 예수님을 묘사했습니다. "예수님은 육체를 입으신 하나님의 말씀입니다. 은혜와 진리가 충만하신 분입니다. 우리가 그분의 영광을 보았습니다"라고 요한은 그의 복음서 서두에 쓰고 있습니다. 그리고 21장에 가서, 이런 신적 영광을 인간의 언어 속에 전부 담아보려고 무던히 애썼지만 불가능하다는 것을 알게 되었다고 요한은 고백합니다. 글로 써도 항상 쓸 것이 더 있다는 것, 언어로는 그리스도의 영광을 다 표현하기에 충분하지 않다는 것을 알게 됩니다. 그래서 그는 복음서 마지막 부분에 가서 이렇게 적습니다. "예수님의 행하신 일이 이 외에도 많으니 만일 낱낱이 기록된다면 이 세상이라도 이 기록된 책을 두기에 부족할 줄 아노라"(21:25).

이것은 놀라움과 경이 속에서만 경험되는 일입니다. 바로 이와 동일한 종류의 경험을 오늘 본문에서 바울이 말하고 있는 것입니다. 그는 매우 황홀한 사건을 언어로 담아내려고 무던히 애쓰고 있습니다. 그의 언어는 가슴이 터질 것 같을 때나 나옴직한 황홀경의 언어입니다.

예를 들어, 골로새서 첫 장에서 그리스도를 묘사할 때 바울의 언어가 어땠는지 생각해보십시오. 장엄한 그리스도를 어떻게 언어로 표현할 수 있겠습니까? 그래서 바울은 담담한 심정으로 그리스도에 대한 찬양과 찬미의 언어를 하나씩 차곡차곡 쌓아나갈 뿐이었습니다(참조. 골 1:15-20).[4]

- 그리스도는 보이지 않는 하나님의 형상입니다.
- 그는 모든 피조물보다 먼저 나신 분입니다.

통일의 복음

- 그는 만유보다 먼저 계시고, 자기 안에서 만유를 하나로 붙잡고 계십니다.
- 그는 몸의 머리시니 곧 교회의 머리십니다.
- 그는 시작이요, 죽은 자들로부터 먼저 나신 자이십니다.
- 하나님의 모든 충만하심이 그 안에 거하기를 기뻐하셨습니다.

이것이 그리스도에 도취된 언어입니다. 그리스도로 흠뻑 물먹은 언어입니다. 성경 어느 곳도 에베소서처럼 이런 언어로 가득한 곳이 없습니다.

영원에서 영원까지

에베소서에서 바울의 비전은 영원에서부터 영원까지 달립니다. 세상의 창조 이전부터 시작해 종말까지를 포함하고 있습니다. 바울의 환상은 창세 전부터 시작해 하나님이 그리스도 안에서 모든 것들, 즉 하늘에 있는 것들과 땅에 있는 것들을 모두 끌어모아 하나로 통일시키실 때까지 포괄합니다. 바울이 보여주는 우주적 환상은 끝없는 지평선을 펼치고 있습니다.

하나님이 그리스도를 통해, 그리스도 안에 창조하시는 궁극적인 통일성, 최종적인 하나 됨은 너무도 장엄하고 풍성합니다. 모든 것을 감싸안는 넓은 가슴 안에서 모든 불협화음들이 최종적인 화음과 조화로 녹아들어 간다는 환상이며, 지금은 나뉘어 있는 모든 것들과 갈라져 있는 모든 사람들이 함께 손에 손을 잡고 하나가 될 것이라는 환상입니다. 하나님이 현세의 수많은 다양성 한가운데에 그리스도를 놓으실 것이고, 그 다양성으로부터 '새로운 인류'(new humanity)를 창조하실 것이라는 환상입니다.

그렇습니다. 하나님은 온 세상과 교회의 중심부에 그리스도를 왕으로 세우시고, 그분을 통해 모든 것을 하나로 통일하실 것입니다. 이것이 바울이 우리에게 힘들여 보여주려는 우주적 환상이며 장엄한 꿈입니다. 그리고 이런 환상과 꿈을 이해하고 그 속에 참여하라고 호소하고 있는 것입니다.

"노래하는 진리"

이런 장엄한 환상을 제시하려면, 그것을 그려주는 언어가 그 환상을 따라줘야 할 것입니다. 적절한 언어를 통해 하나님이 약속하신 미래의 광활한 높이에 우리의 기상과 영을 끌어올려야 할 것입니다.

이런 이유 때문에 바울의 언어는 처음부터 끝까지 '송영'(doxology)입니다. 찬양과 노래가 아니면 이 환상을 담을 수 없기 때문입니다. 이런 의미에서 에베소서는 '순수 음악'입니다. 한 점의 흠도 티도 없이 영원에 잇대어 노래하는 음악입니다. 존 맥케이(John McKay)의 말로 표현하면, "노래하는 진리"인 것입니다.

 통일의 복음

물론 바울이 그런 장엄한 환상을 노래한 최초의 사람은 아니었습니다. 그는 구약의 선지자들이 그러한 진리를 노래(詩)에 담아 표현하는 것을 듣고 자랐습니다. 그는 구약의 예언자들이 이렇게 노래하는 것을 들었습니다.

- 모든 민족들이 예루살렘의 야웨의 집을 향하여 줄지어 올 것입니다.
- 모든 나라들이 그들의 창을 쳐서 낫을 만들고 칼을 녹여 쟁기를 만들 것입니다.
- 모든 족속들이 영원히 전쟁을 물리치고 야웨의 빛 가운데로 걸을 것입니다(참조. 사 2:1-5).

이런 예언자적 음악은 자연 세계의 온전한 회복도 노래했습니다.

- 새 땅과 새 하늘이 있을 것입니다.
- 늑대와 어린양이 함께 눕고,
- 표범과 어린아이가 함께 지내고,
- 송아지와 젊은 사자가 함께 풀을 뜯으며,
- 갓난아기와 독사가 함께 놀 것입니다(참조. 사 11:6-8).

이런 구약의 예언자들이 바울의 선생님들이었습니다. 그들처럼, 바울도 인류가 하나 되는 것을 보고 있습니다. 그들처럼, 바울도 하나가 된 인류가 자연 세계와 조화를 이루며 사는 것을 보고 있습니다.

그러나 바울은 이런 예언자들의 어깨 위에 서 있습니다. 그들보다 더 높은 곳에 서 있기 때문에, 그는 그 이상의 것을 바라보고 있습니다. 예언자들이 보지 못한 것을 바울은 바라보고 있습니다. 그는 우주적 환상을 보고 있습니다. 그것이 무엇입니까?

- 하나가 된 인류, 통일을 이룬 인류가 그리스도 안에서 지금 현실이 되고 있다는 환상입니다.

- 그는 그리스도를 통해 하나가 된 '새로운 인류'를 바라보고 있는 것입니다.

- 그리스도의 깃발 아래 온 세상에서 모든 사람들이 무리를 지어 모이고 있는 환상을 보고 있는 것입니다.

- 그리스도와 함께 죽고 그리스도와 함께 새롭게 살아난 '동질의 인류'가 부상하고 있는 광경을 그는 믿음의 눈으로 바라보고 있는 것입니다.

바울은 그리스도가 예언자들의 꿈을 현실화시키는 하나님의 '대행자'(agent)라는 사실을 바라봅니다. 바울은 때가 무르익어 모든 것, 즉 하늘에 있는 것들이나 땅에 있는 것들 모두를 '그리스도 안에서', '그리스도를 통하여' 하나가 되게 하시는 것이 하나님의 마스터플랜(master plan)이라는 사실을 바라봅니다.

그런데 바울은 오늘의 본문에서 지금 하나님이 그리스도를 통해서, 그리스도 안에서 행하고 계신 이 놀라운 일들을 이해할 수 있는 능력이 우리에게 없다고 말합니다. 하나님이 그리스도를

 통일의 복음

통해 이루고 계신 환상은 아직까지 우리의 이해와 포용 능력 너머에 있다는 것입니다. 그렇다면 우리는 그런 환상을 영원히 이해할 수 없다는 말입니까? 아닙니다. 이해할 수 있습니다. 언제? 하나님이 지혜의 영을 우리에게 주실 때 가능합니다. 하나님이 우리 마음의 눈을 열어주시기 전까지는, 그런 환상을 깨닫지 못할 것입니다.

하나님은 우리에게 환상을 주셨습니다. 모든 것이 그리스도를 통해 하나가 되는 세상에 대한 비전을 주셨고, 그런 환상을 희망하라고 우리를 부르셨습니다. 그러나 하나님이 우리 마음의 눈을 열어주셔야만 우리는 그런 희망이 무엇인지를 알게 될 것입니다. 18절은 바로 이것을 말하고 있는 것입니다. "나는 여러분의 마음의 눈들이 밝아져 하나님이 여러분을 부르신 그 희망에 대해 잘 알게 되기를 간절히 기도합니다."

저도 여러분에게 권고합니다.

- 그 희망과 환상을 결코 작게 축소시키지 마십시오.
- 그 희망을 결코 개인적인 차원의 구원으로 왜소하게 만들지 마십시오.
- 많은 그리스도인들이 우주적인 환상, 모든 것이 그리스도 안에서 통일될 날이 도래한다는 하나님의 우주적 경륜을 단순히 개인적인 구원으로 축소시키려 하기 때문입니다.
- 하나님의 장엄한 계획을 "나만 구원받고 나만 천국에 가겠다"는 자기중심적인 꿈으로 축소시키는 좁은 가슴의 그

리스도인이 되지 마십시오.

- 하나님의 우주적 구원 계획을 당신의 영혼만을 위한 구원으로 작게 만들지 마십시오.

우주의 통일, 하나님의 마스터플랜

하나님의 구원 계획은 인류 전체를 그 속에 그리고 있습니다. 그렇게 크고 광대한 하나님의 프로젝트이기 때문입니다. 하나님의 구원 계획은 우주 전체를 포함합니다. 구원은 모든 것들(萬有)을 상상하고 꿈꾸고 포함합니다. 구원은 하늘에 있는 것들이나 땅에 있는 것들을 모두 포함합니다.

이런 우주적 환상이 여러분의 마음을 흔들어 놓지 않는다면, 무엇이 여러분의 마음을 흔들어 놓을지 저는 모르겠습니다. 이런 이유 때문에 바울은 하나님이 우리의 마음의 눈을 열어주시라고 기도하고 있는 것입니다. 그렇습니다. 하나님이 우리 마음의 눈을 열어주시면, 우리는 우리를 부르신 하나님의 '희망'의 실체를 알게 될 것입니다. 우리를 기다리는 '미래'를 알게 될 것입니다.

바울은 20절에서 이렇게 쓰고 있습니다. "하나님이 그리스도를 죽은 자들 가운데서 일으켜 자기의 오른편에 앉게 하셨습니다. 이것은 이 세상이나 장차 올 세상에서 모든 정권과 권세와 능력과 통치 위로 그리스도가 즉위(卽位)하신 것입니다. 그러므로 모든 것을 그 발아래 두셨으니, 이는 하나님이 교회를 위하여 그리스도를 모든 것들 위해 머리가 되게 하신 것입니다."

쉬운 말로 번역하여 해설하자면 이렇습니다. "그리스도의 부활과 승천으로 인해 새로운 우주적 원년(元年)이 도래한 것입니다. 그분이 천상의 왕위로 등극하심으로써 우주의 새로운 시대, 새로운 원년이 시작된 것입니다. 이제 역사는 마지막 절정을 향해 움직이기 시작한 것입니다. 그리스도는 지금 만유의 통치자요, 임금이시요, 왕이시며, 주님(Lord)이십니다. 하나님이 모든 것을 그에게 복종시키셨습니다. 하나님이 이렇게 행하신 것은 교회를 위함입니다. 하나님이 교회를 위하여 그리스도를 모든 만유 위에 머리가 되게 하신 것입니다."

그리스도의 '주님되심'(Lordship)을 다른 말로 하자면,

- 그리스도는 '세상의 주님'이신 동시에 '교회의 주님'이시기도 합니다.
- 그러나 그리스도는 먼저 세상의 주님이시고, 그 다음에 교회의 주님이십니다.
- 그리스도는 교회를 위해 만유(모든 것)의 주님이십니다.

이런 그리스도의 이중적 '주님 되심'(Lordship), 즉 세상의 주님이시며 교회의 주님이시라는 것이 무엇을 의미합니까? 그리스도의 이중적 주님 되심의 의미는 이렇습니다.

- 세상에 대한 그리스도의 주님 되심은 아직 숨겨져 있고 아직 고백되지 않고 있는 주님 되심입니다.

- 이 세상을 향한 그리스도의 주님 되심은 아직 충분히 효력을 발휘하고 있지 않는 듯한 누룩과 같습니다. 다시 말해, 어떤 여인이 서너 말이나 되는 떡 반죽 그릇에 집어넣은 누룩과 같습니다. 아직은 그 떡 반죽이 발효되지 않은 상태에 있는 것과 같은 주님 되심입니다.

- 그러나 세상을 향한 그리스도의 주님 되심은 지금 비밀리에 진행되고 있는 주님 되심입니다. 마치 누룩처럼 조용하고 은밀한 상태에서 작동하는 것과 같습니다.

- 세상을 향한 그리스도의 주님 되심은 우리가 알아볼 수 없는 느린 속도로 비밀스럽게 진행됩니다.

- 효소가 반죽을 부풀리게 하는 것을 눈으로 볼 수 없는 것처럼, 이 세상에 대한 그리스도의 주님 되심도 그렇게 비밀스럽고 신비스럽게 진행되고 있습니다.

그러나 지금 이 순간, 이 세상 어디에서, 그리스도의 '주님 되심'(Lordship)이 '가시적'(可視的)으로 드러나고 있으며, 동시에 '고백되고' 있습니다. 그곳이 어디입니까? 어디에서 우리는 그리스도의 주님 되심을 '볼 수' 있단 말입니까? 어디에서 그리스도의 주님 되심이 '고백되고 있다'는 말입니까? 그곳이 어디입니까? 교회가 바로 그곳입니다. 교회에서, 만유(萬有, '모든 것들')를 다스리시는 그리스도의 주님 되심이 눈에 보여지고, 공개적으로 고백됩니다.

　　　　　　　　　　　　　　　　　　　통일의 복음

그러므로

- 교회를 다스리시는 그리스도의 통치는 장차 올 일들에 대한 시사회(試寫會)입니다.
- 교회를 다스리시는 그리스도의 통치는 세상을 다스리시는 그리스도의 주권과 통치를 미리 보여줍니다.
- 교회는 장차 오는 세상을 미리 보여주는 전시관(showcase)으로 부름을 받은 것입니다.
- 지상 교회는 "앞으로 도래할 세상이 이런 세상입니다"라고 미리 보여주는 모델하우스입니다.
- 눈 녹는 소리가 봄의 도래를 알리는 신호인 것처럼, 교회는 새 창조 세계가 오고 있다는 것을 선언하는 나팔수입니다.

교회가 불러야 할 송영

교회로부터 이미 찬양이 들려옵니다. 어떤 찬양입니까? 장차 어느 날 하늘 아래 있는 '모든 것들'(萬有), 그 안에 거하는 모든 사람들, 각종 생명체들, 피조세계 전체의 입에서 나올 찬양들이 이미 교회에서 여러분의 입을 통해 들려지고 있는 것입니다. 여러분은 창조세계의 대합창단의 일원이 된 것입니다. 우리의 찬양은 이렇게 우주적인 의미를 담고 있는 환상적인 행위입니다.

이미 찬양들이 교회로부터 하늘 위로 솟구쳐 올라가고 있습니다. 어떤 찬양입니까? 장차 어느 날 온 지구로부터 올라갈 찬양들입니다.

- 무시무시한 바다괴물들과 오대양의 심연(深淵)들로부터 올라갈 찬양입니다.
- 번개와 해일과 큰 파도와 눈과 구름들로부터 올라갈 찬양입니다.
- 높은 산들과 언덕들로부터 올라갈 찬양입니다.
- 온갖 열매를 맺는 과수원들과 광활한 삼림에서 올라갈 찬양입니다.
- 들짐승들과 수많은 가축들이 올리는 찬양입니다.
- 광야의 뱀과 공중의 새들이 올리는 찬양입니다.
- 땅의 왕들과 모든 인종이 함께 올려드리는 찬양입니다.
- 지도자들과 유명한 사람들로부터 올라가는 찬양입니다.
- 건각(健脚)의 젊은 남녀들이 우렁차게 올리는 찬양입니다.
- 이 '모든 것들'(萬有)로부터 올라갈 찬양입니다.
- 그렇습니다! 흰 머리카락의 노인으로부터 어린아이에 이르기까지, 모두가 드릴 찬양입니다.

이런 찬양들이 지금 교회로부터 하늘로 올라가는 것입니다.

그렇습니다. 교회가 이 세상에 존재하는 이유는 단 하나입니다. 장차 도래할 세상에 대한 시사회(試寫會, preview)를 이 세상에 보여주기 위해서입니다. 장차 어느 날 온 창조세계가 하나님께 돌려드릴 찬양을 지금 하나님께 드리기 위해서입니다.

여기에 우리 지상 교회들의 책임과 사명이 있는 것입니다. 우주적 환상을 이해하고 그 환상이 우리를 부르고 있는 그 희망의 세계, 새로운 인종으로 뭉쳐진 하나님의 나라를 지금 여기서 보여주는 교회가 되도록 애쓰는 사역자들이 되어야 할 것입니다. 우리는 천국 프로젝트를 이루기 위한 일꾼(Kingdom worker)들로 부르심을 받았기 때문입니다. 이 환상에 푹 취해 흥얼거리며 하나님을 찬양하십시오! 아멘.

4 (부활) 그러나 하나님은…

에베소서 2:1-10

1 그는 허물과 죄로 죽었던 너희를 살리셨도다 2 그 때에 너희가 그 가운데서 행하여 이 세상 풍조를 따르고 공중의 권세 잡은 자를 따랐으니 곧 지금 불순종의 아들들 가운데서 역사하는 영이라 3 전에는 우리도 다 그 가운데서 우리 육체의 욕심을 따라 지내며 육체와 마음의 원하는 것을 하여 다른 이들과 같이 본질상 진노의 자녀이었더니 4 긍휼이 풍성하신 하나님이 우리를 사랑하신 그 큰 사랑을 인하여 5 허물로 죽은 우리를 그리스도와 함께 살리셨고 (너희가 은혜로 구원을 받은 것이라) 6 또 함께 일으키사 그리스도 예수 안에서 함께 하늘에 앉히시니 7 이는 그리스도 예수 안에서 우리에게 자비하심으로써 그 은혜의 지극히 풍성함을 오는 여러 세대에 나타내려 하심이라 8 너희는 그 은혜에 의하여 믿음으로 말미암아 구원을 받았으니 이것은 너희에게서 난 것이 아니요 하나님의 선물이라 9 행위에서 난 것이 아니니 이는 누구든지 자랑하지 못하게 함이라 10 우리는 그가 만드신 바라 그리스도 예수 안에서 선한 일을 위하여 지으심을 받은 자니 이 일은 하나님이 전에 예비하사 우리로 그 가운데서 행하게 하려 하심이니라

성공 속의 좌절

우리는 좌절과 성공의 시대를 동시에 살아온 사람들입니다. 아마 여러분 가운데 많은 분이 그런 생각을 할 것입니다. 비행기를 타는 것은 꿈도 꾸지 못했고, 컴퓨터와 인터넷, 휴대전화와 자동차를 소유한다는 것은 도무지 상상할 수도 없었던 그런 '원시시대'를 살았던 사람들입니다. 이곳에 앉아 계신 분들 가운데는 일제 강점기를 지나오면서 압제와 핍박을, 자유에 대한 열망을 온

 통일의 복음

몸으로 경험했던 어른들이 계실 것입니다. 해방 이후의 사회적 무질서와 난무하는 폭력과 부패, 그리고 곧이어 터진 민족상잔인 6·25전쟁의 악몽과 참상을 겪으면서 인간의 죄악성과 잔혹성을 피부로 느꼈던 인생 선배들도 계실 것입니다. 그리고 전쟁 직후의 가난과 헐벗음을 지나면서 강냉이 죽과 밀가루 반죽으로 배고픔을 이겨냈던 동시대의 동료도 있습니다. 보릿고개라고 불리는 춘곤기(春困期)를 넘어 좀더 나은 삶을 위해 공장에서, 논에서, 밭에서 땀 흘리며 오로지 앞을 향해서만 달려왔던 사람들도 여기에 있습니다. 그리고 어느 순간 우리는 아무런 사전 준비 없이 전혀 다른 새 시대의 출현을 맞이하게 된 것입니다. 낙원의 도래(到來)입니다. 성경의 낙원도 이보다 더 나을까 하고 반문할 정도의 좋은 시대를 우리는 누리고 있습니다. 대부분의 사람이 온갖 종류의 문명의 이기를 향유하고 있습니다. 자동차, 텔레비전, 휴대전화, 에어컨, 냉장고, MP3, 아이패드, 전기밥솥, 커피메이커, 컴퓨터, 인터넷, 이메일, 초고속 열차, 비행기 여행 등.

그러나 나무가 클수록 그림자 역시 길게 드리웁니다. 모든 문명의 편의와 이기에도 삶은 각박해지고 이기적이 되고 예상치 못한 불행들이 동반하고 있습니다. 치솟는 실업률, 목숨마저 앗아가는 치열한 경쟁 사회, 이혼과 자살의 급증, 전통적인 가족의 붕괴, 꺼지지 않는 지역주의, 성공지상주의, 도덕과 윤리의 몰락과 부재 등은 이 세상에 진정한 낙원이 도래하지 않았다는 것을 보여주는 동시에, 오히려 악한 영들이 활개를 치는 무서운 암흑의 세상이 되어가고 있다는 것을 소름 끼치게 상기시켜줍니다. 악한 영들, 공중의 권세 잡은 세력의 활동이 더욱 극심해지고 있다는 생각이 듭니다.

공중의 악한 영들

전 세계로 시야를 넓혀봐도 거의 같은 패턴을 볼 수 있을 것입니다. 우리 시대는 좌절과 성공을 동시에 경험했습니다. 20세기 중엽에 인류는 전무후무한 제2차 세계대전을 경험했습니다. 비록 우리와는 지리적으로 멀리 떨어졌지만, 인류 정신사에 지울 수 없는 가장 흉악한 범죄행위가 그때 발생했습니다. 유대인 6백만 명이 히틀러의 나치 정권 아래 유럽의 여러 나라에 설치되어 있던 포로수용소에서, 가스실에서 죽어간 것입니다. 나치주의는 악마의 침공이었습니다. 우리 한반도 주변의 상황도 별반 다르지 않았습니다. 일본제국은 천황숭배사상을 깃발로 세우고 한국과 중국, 동남아시아에서 수많은 잔행을 서슴없이 저질렀습니다. 수십만 명을 학살한 '남경대학살' 사건을 비롯해, 종군위안부나 공출과 착취 등의 전쟁범죄를 저질렀습니다. 인간이 인간을 향해 벌인 범죄였습니다.

그러나 우리는 마침내 세계대전의 종말을 보았습니다. 우리는 그 끝을 악에 대한 선의 승리로, 거짓에 대한 진실의 승리로, 지옥에 대한 하늘의 승리로 바라보았습니다. 마귀를 축출한 것

통일의 복음

입니다. 악의 세력을 몰아낸 것입니다. 지옥은 사라지게 된 것입니다. 새로운 세계의 출현을 보는 듯했습니다. 그러나 이런 희망들은 그리 오래 가지 못했습니다. 냉전의 시작, 군비경쟁, 한국전쟁, 베트남전쟁, 남아프리카공화국의 인종차별, 갈수록 심화하는 빈부 격차, 기아, 마약과 관련된 범죄 등, 이 모든 것들이 의사나 환자 모두에게 지대한 영향을 주는 전염병과 같은 질병이라는 것을 보여주었을 뿐입니다.

그렇습니다. 죽음의 포로수용소 위를 맴돌던 악한 영들이 다 축출되지는 않았습니다. 그 영들은 아직도 우리의 공간 안에 떠돌고 있으며, 우리의 시간 안에 출몰하고 있습니다.

우리는 누가복음 11:24-26에 기록된 예수님의 말씀이 진실이라는 것을 경험했습니다.

더러운 귀신이 사람에게서 나갔을 때에 물 없는 곳으로 다니며 쉬기를 구하되 얻지 못하고 이에 이르되 내가 나온 내 집으로 돌아가리라 하고 가서 보니 그 집이 청소되고 수리되었거늘 이에 가서 저보다 더 악한 귀신 일곱을 데리고 들어가서 거하니 그 사람의 나중 형편이 전보다 더 심하게 되느니라.

이 말씀을 들으면 마르틴 루터가 쓴 찬송가의 가사 한 구절이 생각납니다. "이 땅에 마귀들이 들끓어 우리를 삼키려하나…"(새찬송가 585장). 이제 우리는 루터가 말한 것의 의미를 압니다. 오십 년 전만 해도 루터의 말은 낡아빠진 것처럼 보였습니다. 오십 년 전에 우리는 이렇게 말했습니다. "루터의 세상은 마귀들로 들끓었겠지만, 우리가 사는 세상은 그렇지 않아"라고 말입니다.

이제야 우리는 루터가 말한 의미를 좀더 피부로 느끼고 있습니다. 하나님의 영광을 선포하기 위해 창조된 이 세상이 악마의 수중에 들어간 타락한 세상이 되었다고 성경은 증언합니다.

구출 받아야 할 세상

바울은 에베소서의 마지막 장에서 우리에게 경고하며 "우리의 싸움은 육체의 두 눈으로 볼 수 있는 물리적 원수에 대항하는 싸움이 아니다. 이 싸움은 영적인 싸움이다"라고 말합니다. 그렇습니다.

- 우리는 이 세상을 통제하고 지배하고 있는 보이지 않는 세력에 대항해 싸우고 있습니다.
- 우리는 악의 본부에서 파송된 영적 세력들과 싸우는 것입니다.
- 그러므로 우리는 구원이 필요합니다.
- 그러므로 우리는 온갖 형태의 악으로부터 구출 받아야 합니다.
- 그러므로 우리는 개인적인 악으로부터, 사회적인 악으로부터, 전 세계적인 악으로부터 구출 받아야 합니다.

우리가 본성적인 자아의 상태로 그대로 있는 한,

- 우리는 그리스도의 영광을 볼 수 없는 소경입니다.

- 우리는 성령의 목소리를 들을 수 없는 귀머거리입니다.

- 우리는 하나님께 반응할 수 없는 시체들입니다.

- 우리는 걸어다니는 시체들입니다.

- 우리는 살아 있다고 하지만 실제적으로는 죽은 자들입니다.

우리가 본성적인 자아의 상태로 그대로 있는 한,

- 우리는 이 세상의 길들과 방식들을 따라갑니다.

- 우리는 이 세상 가치들의 물줄기를 따라 떠내려가는 나무 조각입니다.

- 우리는 우리의 자연적 자아의 열망과 욕정들을 탐닉합니다.

- 우리는 악마의 포로입니다.

- 우리는 불순종의 영에 의해 통제됩니다.

- 우리는 공중의 나라를 다스리는 지배자에 의해 조작되는 꼭두각시입니다.

예수 그리스도가 우리를 해방시키시지 않는 한, 그분이 우리를 풀어 자유롭게 하시지 않는 한, 우리는 우리 안과 밖에서 작동하는 압제적인 영향력에 굴복하지 않을 수 없습니다. 바깥으로는 '이 세상'이 있습니다. 지극히 중독성이 강하고 매우 강력한 힘을 갖고 있는 세속적인 문화가 있습니다. 안으로는 '육체'가 있습니다. 하나님을 거역하려는 자아중심적 본성이 있습니다. 그리고 이 두 가지 너머에는 악한 영이 있습니다. 악마이며, 마귀이며, 어둠의 왕국을 지배하는 자이며, 우리를 포로로 잡고 있는 악한 세력입니다. 우리는 바로 이 세 가지 모두로부터 구원받아야 합니다. 우리가 "악에서 구원해주옵소서"라고 기도할 때 우리는 바로 이 세 가지 모두로부터 구출해달라고 기도하는 것입니다.

- 악에서 구원해주옵소서.

- 저 바깥세상에서 활동하고 있는 악마로부터 우리를 구원해주옵소서.

- 우리 안에 있는 악마로부터 우리를 구원해주옵소서.

- 우리 주변의 모든 악마적 계략들과 위험으로부터 구원해주옵소서.

이 세 가지 모두로부터 구출 받은 경험이 있기 때문에 루터는 노래할 수 있었던 것입니다. "이 땅에 마귀들 들끓어 우리를 삼키려 하나 겁내지 말고 서 있으라. 하나님이 우리를 통해 진리가 승리하게 하시기 때문이다."

루터는 성경에 선포된 구원과 구출의 목소리를 들었습니다. 그리고 그 구원과 구출의 약속은 지금도 우리의 귀에 들려지고 있습니다.

통일의 복음

구원 송영

성경 어느 곳에도 오늘의 말씀처럼 구원에 대해 분명하게 표현하고 있는 곳은 없습니다. 이 부분의 말씀을 유진 피터슨이 『메시지』에서 제시한 번역으로 다시 읽어보겠습니다.

> 얼마 전까지만 해도 여러분은 죄로 인해 낡고 정체된 삶에 빠져 있었습니다. 그때 여러분은, 참된 삶에 대해서는 아무것도 모르고, 이 세상이 가르쳐 주는 대로 살았습니다. 여러분은 더러운 불신을 폐에 가득 채우고서 불순종의 기운을 내뿜었습니다. 우리는 너나없이 자기가 하고 싶은 것을 마음대로 하며 그렇게 살았습니다. 우리 모두가 같은 배를 타고 있었던 것입니다. 하나님께서 평정심을 잃고 우리 모두를 쓸어버리지 않으신 것은, 정말로 놀라운 일입니다. 오히려 하나님은, 한없는 자비와 믿을 수 없을 만큼 엄청난 사랑으로 우리를 품어 주셨습니다. 하나님은 죄로 죽은 우리 생명을 떠맡으시고 그리스도 안에서 우리를 살리셨습니다. 하나님은 그 모든 일을 우리의 도움 없이, 혼자서 이루셨습니다!

이 말씀을 읽으니, 나사로를 죽은 자 가운데서 살리셨던 요한복음 11장의 이야기가 제 마음속에 떠오릅니다. 그 이야기는 단지 나사로에 대한 이야기만이 아니기 때문입니다. 그 이야기는 2천 년 전에 나사로라는 사람에게 일어났던 일에 관한 이야기만이 아닙니다. 그 이야기는 여러분과 저에 관한 것입니다.

- 우리는 나사로입니다.
- 우리는 죽었습니다. 우리의 죄들 안에서 죽었습니다.
- 우리는 수의에 묶여 차디찬 석판 무덤 위에 누워 있었습니다.
- 우리는 돌로 입구를 막은 무덤 속에 있던 시체였습니다.

그런 어느 날이었습니다. 예수님이 우리의 무덤으로 걸어오셨습니다. 깊이 슬퍼하시며 입구를 막은 돌을 치우라고 명하셨습니다. 돌을 치우자 예수님은 우리를 대신해 기도를 드리셨습니다. 그리고 큰 소리로 "나사로야 나오라!"고 외치셨습니다. 그러자 죽었던 우리가 나온 것입니다. 햇빛으로 걸어나온 것입니다. 우리가 한 일은 아무것도 없습니다. 예수님이 다 하셨습니다. 우리는 죽었습니다. 그분이 우리를 살리셨습니다.

- 우리는 우리의 범죄와 죄악들 때문에 죽었던 자들입니다.
- 우리는 이 세상의 삶의 방식을 따라 살았고, 영적 영역을 지배하던 악한 지배자의 명령에 복종하며 살았던 자들입니다.

그러나 하나님은!

- 우리를 향한 자신의 큰 자비와 긍휼 때문에 그리스도와

함께 우리를 살리셨습니다.

- 우리가 죄 가운데 죽었을 때 그리스도와 함께 우리를 살
  리셨습니다.
- 우리가 구원받은 것은 은혜입니다. 은혜로 우리가 구원을
  받은 것입니다. 할렐루야!

렘브란트적 구원

바울의 어조는 매우 렘브란트적입니다. 그는 주제를 밝은 빛 아
래 조명하기 위해서 배경을 어둡게 칠합니다. '그리스도 안의 삶'
이 무엇인지 설명하기 위해서 '그리스도 밖의 삶'이 무엇인지 우
리에게 상기시켜줍니다.

여러분이 개종하기 전의 날들, 하나님께로 돌아오기 전의 삶
을 기억해보라고 바울이 권고하고 있습니다.

- 이 세상의 삶의 방식이라는 조류에 휩쓸려 떠내려갔던 때
- 여러분의 육체의 열정에 따라 살았던 때
- 거친 야생마와 같은 본능에 따라 이리 뛰고 저리 뛰고 했
  던 때
- 자연적 본능들에 고삐를 맡겨놓고 살았던 때
- 자연스러운 것이 좋은 것이고 본능에 거슬러 행동하는 것
  은 나쁜 것으로 생각하고 살았던 때

그런데 여러분이 그리스도를 믿게 되었을 때, 여러분은 여러분의 본성들과 본능들을 죽음에 내맡겼습니다. 여러분은 그때 여러분의 악한 본능들을 통제하는 것을 배운 것이 아니었습니다. 여러분이 배운 것은 그 본성들을 죽는 데까지 내어놓아 복종시키는 것이었습니다.

저명한 스위스의 정신과 의사였던 칼 구스타프 융(Carl Gustav Jung)은 이렇게 말한 적이 있습니다. "이교의 악마들이 우리 모두 안에, 우리 마음의 어두운 이면 속에 무섭고 추한 모습으로 웅크리고 살고 있다.… 문명이라는 얄팍한 합판 아래 웅크리고 살고 있는 것이다."

융은 "오직 기독교만이 그 악마들을 점검할 수 있다. 만일 기독교를 버린다면 공포와 끔찍한 일들이 넘실대는 무서운 대홍수처럼 다시 휩쓸어갈 것이다"라고 말했습니다. 겉으로 보면 이 말은 기독교가 매우 좋은 봉사를 하는 것처럼 들릴 것입니다. 기독교가 악한 본성들을 통제한다고 말입니다. 그러나 이것은 기독교가 무엇인지, 그 본질이 무엇인지, 기독교 신앙이 하는 일이 무엇인지를 잘못 이해한 것입니다. 기독교 신앙은 우리의 야생적 본성들과 거친 열정들을 길들이는 것이 아닙니다. 기독교 신앙은 그것들을 죽이고 새로운 생명을 우리에게 부여합니다. 부활하신 그리스도의 새 생명을 말입니다.

오늘 읽은 말씀에서 바울은 우리 안에 있는 이교도의 죽음과 그리스도인의 탄생에 대해 말하고 있습니다. 한때 물 마시듯 행했던 범죄들과 허물들과 죄악들 안에서 죽었던 우리를 하나님이 살리셨다고 바울은 우렁차게 선언합니다. 어떤 삶이었습니까?

- 이 세상이 이끌어가는 과정을 따라가던 삶이 아니었습니까?
- 공중의 권세를 잡고 있는 통치자를 따라가던 삶이 아니었습니까?
- 육체와 감각의 열정과 욕망대로 살던 삶이 아니었습니까?

"그러나 하나님은!"이라고 바울은 새로운 문장을 시작합니다. 이 두 단어, 즉 "그러나 하나님은"이라는 이 두 단어는 그리스도인의 신앙이 무엇인지를 일목요연하게 요약해줍니다. "그러나 하나님은 은혜와 자비와 긍휼에 풍성하셔서 우리를 사랑하셨습니다. 우리가 죄와 허물로 인해 죽었지만, 우리를 그리스도와 함께 다시 살리셨습니다."

"여러분은 이전에 이교도적인 삶의 방식에 갇혀 있었습니다." 기독교 신앙은 여기서부터 출발합니다. 이 말은 이교적인 삶 속에서 소망 없이 살았던 우리 자신들의 과거를 정직하게 바라보게 합니다. 그리고 그 다음에 이렇게 말합니다. "그러나 하나님은…."

바울은 고린도 지역에 있었던 낮은 계층의 그리스도인들에게 이렇게 쓰고 있습니다. "인간적 기준으로 볼 때, 여러분 가운데 지혜롭거나 현명한 사람이 많지 않습니다. 권세 있는 자도 많지 않고 명문가문 출신도 많지 않습니다."

- '그러나 하나님은' 세상에서 어리석은 자들을 택하여 현명한 자들을 부끄럽게 하십니다.
- '그러나 하나님은' 세상에서 약한 자들을 택하여 강한 자들을 부끄럽게 하십니다.
- '그러나 하나님은' 세상에서 낮고 천하고 멸시를 받는 자들을 택하십니다.
- 아무도 하나님 앞에서 자랑하지 못하게 하려 하심입니다 (고전 1장).

바울은 로마에 있는 그리스도인들에게 이렇게 씁니다. "한때 우리 모두는 하나님의 원수들이었습니다. 그러나 우리가 아직 죄인들이었을 때 그리스도가 우리를 위해 죽으심으로 하나님은 우리를 향한 자신의 사랑을 증명하셨습니다"(롬 5장).

"그러나 하나님은…." 그리스도인의 삶은 바로 이 두 단어와 함께 시작합니다. "그러나 하나님은 긍휼에 풍성하셔서 죄로 인해 죽은 우리를 그리스도와 함께 살리시고, 또 그와 함께 일으키셨습니다." 이것이 우리가 우리의 삶을 예수 그리스도께 드릴 때 일어나는 일입니다.

날마다 부활을

하나님은 여러분을 그리스도와 함께 살리십니다. 하나님은 여러분을 그리스도와 함께 일으키십니다.

- 그리스도인이 된다는 것은 그리스도와 함께 죽고 그리스도와 함께 부활한다는 것을 의미합니다.
- 그리스도인이 된다는 것은 그리스도가 죽으신 것처럼 죽고, 그리스도가 일어나신 것처럼 일어난다는 것을 의미합니다.
- 그리스도인이 된다는 것은 그리스도의 삶의 리듬에 참여한다는 것을 의미합니다.
- 그리스도인이 된다는 것은 그리스도가 그랬던 것처럼 죽음 속으로 내려가는 것이고, 그리스도가 그랬던 것처럼 죽음에서 일어나는 것입니다.
- 그리스도인이 된다는 것은 그리스도의 경험을 재현하는 것입니다. 그리스도의 죽음과 부활을 다시 사는 것입니다.

이것은 여러분이 개종할 때 한 번 하고 마는 것이 아니라, 매일같이 새롭게 하는 것입니다.

어떤 기독교 전통에 속한 사람들은 아침에 일어나서 십자가 사인(sign)을 몸에 긋습니다.

- 그들은 매일 자신들을 십자가에 못 박는 것입니다.
- 그들은 그들의 자연인을 매일같이 십자가에 처형하는 것입니다.

- 그들은 날마다 그리스도께 말합니다.

  내 머리 안에 들어오소서.

  내 가슴 속에 들어와 계시옵소서.

  내 오른편에, 내 왼편에 계시옵소서.

그리스도인으로서 우리는 에베소서 2장에 묘사된 사람들과는 정반대의 사람들입니다.

- 우리는 이 세상의 길들을 따라가지 않습니다.
- 우리는 공중의 권력을 쥐고 있는 자들을 따라가지 않습니다.
- 우리는 육체의 갈망과 감각적인 욕구를 따라가지 않습니다.

그 대신 우리는 그리스도를 따릅니다. 그리스도와 함께, 우리의 자연적 삶의 본성들을 죽이기까지 그리스도와 함께 죽습니다. 우리는 그리스도를 따릅니다. 그와 함께 살아나되, 하나님이 우리에게 하라고 미리 맡겨두신 선한 일들을 하는 새로운 삶으로 다시 부활하는 것입니다. 아멘.

5 (은혜) 빈손으로 왔지만

에베소서 2:1-10

1 그는 허물과 죄로 죽었던 너희를 살리셨도다 2 그 때에 너희가 그 가운데서 행하여 이 세상 풍조를 따르고 공중의 권세 잡은 자를 따랐으니 곧 지금 불순종의 아들들 가운데서 역사하는 영이라 3 전에는 우리도 다 그 가운데서 우리 육체의 욕심을 따라 지내며 육체와 마음의 원하는 것을 하여 다른 이들과 같이 본질상 진노의 자녀이었더니 4 긍휼이 풍성하신 하나님이 우리를 사랑하신 그 큰 사랑을 인하여 5 허물로 죽은 우리를 그리스도와 함께 살리셨고 (너희가 은혜로 구원을 받은 것이라) 6 또 함께 일으키사 그리스도 예수 안에서 함께 하늘에 앉히시니 7 이는 그리스도 예수 안에서 우리에게 자비하심으로써 그 은혜의 지극히 풍성함을 오는 여러 세대에 나타내려 하심이라 8 너희는 그 은혜에 의하여 믿음으로 말미암아 구원을 받았으니 이것은 너희에게서 난 것이 아니요 하나님의 선물이라 9 행위에서 난 것이 아니니 이는 누구든지 자랑하지 못하게 함이라 10 우리는 그가 만드신 바라 그리스도 예수 안에서 선한 일을 위하여 지으심을 받은 자니 이 일은 하나님이 전에 예비하사 우리로 그 가운데서 행하게 하려 하심이니라

오늘의 본문은 종교개혁주일에 꼭 들어맞는 구절입니다. 종교개혁 기념주일이 어떤 날입니까? 1517년 10월 31일을 기념하는 날입니다. 오늘 우리는 다시금 우리 자신에게 묻습니다. "종교개혁이란 무엇인가?" "종교개혁의 핵심은 무엇인가?"

여러분이 이 질문에 대한 대답을 정말로 원한다면, 오늘 본문의 첫 절들을 자세히 읽고 생각해 보시기 바랍니다.

• 여러분은 한때 여러분들이 살았던 범죄들과 죄들을 통해

죽었습니다.

- 그러나 긍휼에 풍성하신 하나님이 우리를 그리스도와 함께 살리셨습니다.
- 여러분은 은혜로 구원을 받았습니다.

바울은 명암 대조법을 탁월하게 사용했던 렘브란트와 같습니다. 렘브란트는 자신이 그리려는 주제를 강하게 부각하기 위해 화면의 배경을 어둡게 칠합니다. 바울은 그리스도와 함께 사는 삶을 설명하기 위해 그리스도 없는 삶이 어땠는지를 우리에게 상기시키고 있는 것입니다.

바울이 쓰고 있습니다. 여러분이 그리스도인이 되기 전을 기억해보십시오.

- 그때 여러분은 세상이 여러분에게 명하는 대로 살지 않았습니까?
- 그때 여러분은 여러분의 폐를 온갖 오염된 불신앙으로 가득 채우지 않았습니까?
- 그때 여러분은 온갖 불순종을 들이마시지 않았습니까?
- 그때 여러분은 야생마 같은 본능들이 마음대로 날뛰게 내버려두지 않았습니까?
- 그때 여러분은 여러분이 느끼는 대로 행동하지 않았습니까?

그러나 하나님은! 자비와 긍휼에 풍성하신 하나님은 우리가 이 모든 일을 하고 있었음에도 우리를 끔찍이 사랑하셔서, 죄로 죽은 삶을 그리스도 안에서 다시 살리셨습니다.

"그러나 하나님은…"

복음의 비밀은 바로 이 두 단어 안에 들어 있는 것입니다.

- 우리는 이교도적 삶의 방식 안에 갇혀 있었습니다. "그러나 하나님은…"
- 우리는 우리가 느끼는 대로 행동하였습니다. "그러나 하나님은…"

그리스도인의 삶은 바로 이 두 단어와 함께 시작합니다.

- 그리스도인의 삶은 부활과 함께 시작합니다.
- 그리스도인의 삶은 신생(新生)과 함께 시작합니다.
- 그리스도인의 삶은 우리를 그리스도와 함께 살리시는 하나님으로 시작합니다.

루터는 그 당시 교회로부터 이렇게 배웠습니다. 만일 당신이 하나님의 선하신 은혜 안에 있기를 원한다면, 당신은 하나님께 도달해야만 한다. 하나님께로 가는 길을 당신이 찾아 나서야 하며 하나님의 마음에 들도록 행동해야 한다. 또 루터는 이렇게 배웠습니다. 만일 당신이 정말로 선하다면, 하나님이 당신을 받아주실 것이다. 그리고 만일 당신이 저지른 잘못에 대해 참으로 미안하게 생각하고 죄송스러워하면, 하나님이 당신을 받아주실 것이다.

루터는 하나님께 받아들여지기 위해 하나님이 기대하시는 일들만을 한 것이 아닙니다. 그 이상 더 많은 노력을 했습니다.

- 그러나 더 많이 노력하면 할수록, 좀더 많이 노력할 수 있었다는 생각이 들었습니다.

- 하나님이 받아들이실 만큼 마음에 들기 위해 노력하면 할수록, 자신이 좀더 많이 노력하지 못했다는 아쉬운 생각이 들었습니다.

- 아무리 노력하고 애써도, 더욱더 노력하지 못했다는 죄책감이 들었습니다.

- 아무리 많은 죄들을 고백해도, 루터는 더 많은 죄를 고백했어야 한다고 아쉬워했습니다.

그래서 루터는 그의 고해성사를 들어주는 스승이었던 신부 슈타우피츠(Staupitz)에게 계속해서 갔습니다. 그는 더 많은 죄들을 고백했습니다. 루터가 너무 많이 그리고 너무 자주 오자, 마침내 슈타우피츠 신부는 손을 내저으면서 루터에게 이렇게 말했습니다.

루터, 보게나. 하나님이 그대의 죄를 용서해주실 것이라고 기대한

통일의 복음

다면, 좀더 큰 죄들을 가지고 와서 고백하게. 예를 들어, 신성 모독이나 간음과 같은 중대한 죄들을 가지고 와서 고해성사하게. 그러니 더는 작은 감자 같은 소소한 죄들로 나를 성가시게 굴지 말게.

이 말에 루터는 절망했습니다. 루터는 나중에 이렇게 말했습니다. "이 시기에 내가 겪은 고통은 그 어떤 신체적인 고통보다 더 심했습니다."

바로 그때 하나님은 루터에게 번민에서 벗어나는 길을 보여주셨습니다. 하나님이 루터의 눈을 열어주신 것입니다. '복음'이 말하는 소리를 듣게 하셨습니다. 우리가 하나님께 다가가는 것이 아니라, 하나님이 우리에게 내려오셨다는 소리를 듣게 된 것입니다. 우리가 그리스도께 가는 길은 이렇게 고백하는 길이라는 것이었습니다.

내 손안에 있는 어느 것도 내가 가지고 온 것은 없습니다.
나는 오직 당신의 십자가만 붙들겠습니다.
벌거벗었지만, 옷을 입혀주실 것을 믿고 당신께 옵니다.
아무도 돕는 자가 없어, 은혜를 얻고자 당신을 바라봅니다.

루터 당시의 교회는 이것을 정반대로 뒤집어놓았습니다. 루터 당시의 교회는 복음을 일련의 "마땅히 행할 것들"로 덮어씌웠습니다. 그 당시 교회는 말했습니다.

- 당신은 먼저 이것을 해야만 한다.

- 당신은 먼저 도덕적으로 올바르게 살아야 한다.

- 당신은 먼저 깨끗이 씻고 와야 한다.

- 당신은 먼저 좀 성숙해야 한다.

  그러면 하나님이 당신에게로 내려오신다.

  그러면 하나님이 당신에게 자비를 베푸실 것이다.

  그러면 하나님이 당신을 받아주실 것이다.

루터의 위대한 발견은 이 순서가 뒤집어졌다는 사실을 알아차린 것이었습니다.

- 하나님이 우리를 받아주시는 것이 먼저다.

  그 후에 우리는 우리를 받아주신 하나님의 손길을 받아들이는 것이다.

- 하나님이 우리를 감싸 안아주시는 것이 먼저다.

  그 후에 우리가 하나님을 감싸 안는 것이다.

- 하나님이 우리를 사랑하시는 것이 먼저다.

  그 후에 우리가 하나님을 사랑하는 것이다.

이것이 복음의 핵심입니다. 이것이 종교개혁의 핵심입니다.

- 하나님을 앞에 놓는 것입니다.

- 그리스도를 앞에 놓는 것입니다.

- 이렇게 고백하는 일에 관한 것입니다.

나사로 이야기

죽은 나사로를 살리시는 예수님의 이야기보다 더 이 복음을 아름답게 묘사하는 것은 없을 것입니다.

- 사실상 이 이야기는 단순히 나사로에 관한 것이 아닙니다.
- 사실상 이 이야기는 단순히 2천 년 전에 일어났던 이야기만도 아닙니다.
- 사실상 이 이야기는 '여러분과 저에 관한 이야기'입니다.

우리는 나사로들입니다. 우리는 죽었습니다. 우리의 죄와 허물들 때문에 죽은 자들입니다. 우리는 모두 수의(壽衣)를 입은 채로 묶여서 누워 있는 시체들이요, 움직일 수 없는 큰 바위로 입구를 막은 무덤 속에 있는 시체들입니다.

그러나 그때 어느 날, 예수님이 우리의 무덤 앞에 오셔서 명령하셨습니다. "돌을 치워라!" 돌을 옮기자, 예수님이 기도를 드리셨습니다. 그리고 큰 소리로 외쳐 말씀하셨습니다. "나사로야,

나오라!" 그러자 죽은 우리가 걸어나왔습니다. 태양 빛을 향해 나왔습니다.

- 우리가 한 일은 아무것도 없습니다.
- 예수님이 모든 일을 하신 것입니다.
- 우리는 죽었습니다.
- 예수님이 우리를 살리셨습니다.

예수님이 "나사로야 나오라!"라고 하셨을 때, 그 나머지 이야기는 전혀 나사로에 의존하지 않았습니다. 나사로가 살아나온 것은 전적으로 예수님에 의해서였습니다. 나사로가 자신의 생명을 다시 살리기 위해 한 일은 아무것도 없었습니다. 우리도 이렇게 살아난 것입니다.

에스컬레이터와 은혜의 삶

로버트 캐폰(Robert Capon)은 이렇게 쓰고 있습니다.

이렇게 설교할 때, 나는 미소를 짓고 있는 회중을 봅니다. 이 복음을 듣는 그들의 얼굴이 기쁨으로 가득차 있기 때문입니다. 그러나 예배를 마친 후에, 점심을 먹기 위해 모두가 친교실에 있을 즈음이면 모든 미소는 눈살을 찌푸리는 표정으로 바뀌어 있습니다. 그리

　　　　　　　　　　　　　　　　　　　통일의 복음

고 교인들은 나에게 이렇게 질문합니다.

"그래도 우리의 행동이 중요하지 않습니까?"

"우리가 해야 할 일이 아무것도 없다는 말입니까?"

캐폰은 대답합니다.

사랑하는 교우들이여, 은혜의 삶은 마치 에스컬레이터를 타고 있는 지체장애인의 삶과 같습니다. 위층으로 올라가는 일에 관한 한 그 장애인은 실제로 죽은 자와 같습니다. 그가 해야 할 일은 아무것도 없습니다.

물론 에스컬레이터에 타고 위로 오르면서 그는 좋은 생각을 할 수도 있고, 추한 생각을 할 수도 있을 것입니다. 그가 도덕적이든 혹은 비도덕적이든, 그는 자기 마음대로 생각할 수 있을 것입니다. 그러나 그가 무슨 생각이나 무슨 일을 하든, 지금 에스컬레이터 위에 있다는 사실을 무효로 만들지는 못할 것입니다. 그 사람이 지금 에스컬레이터 위에 있기 때문입니다. 하나님이 그에게 바라시는 말이 있다면, "태워주셔서 감사합니다!"가 전부일 것입니다.

이것이 바울과 아우구스티누스와 루터가 우리에게 말하는 것입니다. 우리가 우리의 죄들로 인해 죽었을 때에라도 하나님이 우리를 그리스도와 함께 살리셨다고 그들 모두가 우리에게

말하고 있습니다. 여러분과 제가 이것으로부터 멀리 떨어져 나
갈 때, 우리는 복음으로부터 멀어지는 것이며, 하나님 자신으로
부터 멀어지는 것입니다. 이것이야말로 우리가 직면한 지속적인
유혹입니다.

은혜의 복음, 우리를 죽음에서 생명으로 옮겨놓는 하나님의
복음은 오늘날 두 가지 '주의'(ism)에 의해 점점 부식되어가고 있
습니다. 이 두 가지 '주의들'은 기독교 세계 위에 걸쳐 있는 독가
스 구름과도 같습니다.

자기연민주의

첫 번째는 자기연민주의(narcissism)입니다. '자기연민'이라는 말은
그리스 신화에 등장하는 나르시스에 유래합니다.

어느 날 나르시스는 목마름을 해소하기 위해 고요한 연못 위
로 고개를 내밀다가 갑자기 소스라치며 멈추어 섭니다. 연못에
비친 너무도 아름다운 얼굴을 보았기 때문입니다. 그는 그 얼굴
을 보는 순간 즉시 사랑에 빠집니다. 그리고 그 얼굴을 아름다운
요정(妖精)의 것으로 생각합니다.

갑작스러운 열정이 솟구치자 그는 그녀를 만지기 위해 손을
물에 댑니다. 그러나 물에 손을 대는 순간 그 요정은 사라집니다.
그래도 나르시스는 그 장소를 떠날 수가 없었습니다. 그래서 그
는 밤낮을 가리지 않고 그곳에 머무릅니다. 식음을 전폐하고 오

                                           통일의 복음

로지 그 요정을 만나기 위해서 말입니다. 마침내 그는 거기서 죽습니다. 그 요정이 깨끗한 물에 반사된 자신의 모습인 것을 전혀 모른 채로 말입니다.

여러분과 제가 살고 있는 문화는 나르시스적인 문화입니다. 이 문화에서 사람들은 자신들의 이미지에 홀립니다. 이 문화에서 사람들이 묻는 중요한 질문들은 "어떻게 하면 내가 행복할 수 있을 것인가?", "어떻게 내가 만족할 수 있을 것인가?"와 같은 것들입니다.

우리의 나르시스적인 문화는 교회의 삶에도 깊은 영향을 미쳤습니다. 그래서 그리스도인들이 묻는 중요한 질문은 이런 것들입니다.

- 예수님이 나를 위해 무엇을 해주실 수 있을 것인가?
- 예수님이 어떻게 나를 행복하게 해주실 수 있을 것인가?
- 예수님이 어떻게 나를 도와주실 것인가?

여러분은 지금 무슨 일이 일어나고 있는지 보십니까? 은혜의 복음이 우리의 나르시스적인 문화에 어울리게 변형되고 있습니다.

- 예수님은 우리가 하는 것들을 더 잘하도록 돕기 위해 계시다는 것입니다.
- 예수님이 우리를 그분의 삶 속으로 인도하시는 것이 아니라, 우리가 예수님을 우리의 삶 속으로 모셔 들인다는 것

입니다.

우리 문화에서 우리가 예배하는 이유는 하나님이 찬양을 받기에 합당하시기 때문이 아닙니다. 예배를 통해 우리가 영감 받기를 원하기 때문이며, 예배를 통해 우리가 일주일을 살아가는 원동력을 공급받기 때문입니다. 따라서 초점은 언제나 나에게, 나의 필요에, 나의 행복에 놓여 있습니다.

- 예배의 중심은 나입니다.
- 나를 위해 예배가 존재한다는 것입니다.

나를 위해 무엇인가를 줄 수 있는 잘 준비된 일련의 예전(禮典)적인 행위들이 모두 나에게 초점을 맞추고 있는 것입니다.

우리를 향한 자신의 사랑을 보여주신 하나님, 우리의 죄로 인해 죽었던 우리에게 그리스도를 보내셔서 우리를 죽음 가운데서 살려내신 하나님이 이제는 지금 여기에서 우리의 필요를 채우시는 하나님으로 바뀐 것입니다.

도덕주의

나르시시즘이 은혜의 복음을 침식시키는 첫 번째 '주의'라면, 도덕주의는 은혜의 복음을 침식시키는 두 번째 '주의'입니다.

통일의 복음

- 도덕주의는 우리에게 "옳게 살라", "옳게 생각하라", "올바르게 느끼라"라고 말합니다.
- 도덕주의는 기독교 신앙을 업적이나 성취로 생각하게 합니다.
- 도덕주의는 성경을 더 나은 삶을 위한 제안들로 가득 채워진 전서로 바꿉니다.
- 도덕주의는 성경을 우리가 반드시 따라가야 하는 고상한 사람들에 대한 위인전으로 바꿉니다.

도덕주의는 말합니다. "여러분! 성경에 있는 사람들 중의 하나처럼 되십시오."

도덕주의는 은혜의 복음을 부패시킵니다. 그러나 우리가 선하게 된 것은 우리가 마땅히 어떤 사람이 되어야 한다고 가르침을 받았기 때문이 아닙니다. 우리가 선하게 될 수 있었더라면 우리 모두는 이미 그렇게 되었을 것입니다. 그러나 우리는 우리의 죄와 허물로 죽었습니다. 우리에게 필요한 것이 있다면 '다시 사는 것', 곧 '부활'입니다.

강단에서 하는 도덕주의적 꾸짖음은 사람들의 상처에 소금을 뿌리는 것입니다. 마치 젊은 날의 루터처럼 좌절과 절망만 더욱 깊어질 것입니다. 도덕적 꾸짖음은 아무도 구원하지 못합니다.

도덕주의는 말합니다.

- 우리가 먼저 무엇인가를 해야 한다고.

- 우리가 먼저 우리의 최선을 다해야 한다고.
- 하나님이 우리에게 그분의 은혜를 주시기 전에, 먼저 우리가 선한 삶을 살아야 한다고.

그러나 복음은 말합니다.

- 하나님의 은혜가 언제나 먼저라고.

  "여러분이 구원을 받은 것은 은혜에 의해서입니다.

  여러분이 이룬 것에 의존하지 않습니다.

  여러분이 구원받은 것은 오직 하나님의 선물입니다."

도덕주의는 말합니다.

- 잘못했다고 느끼면, 하나님이 당신을 용서하실 것이다.
- 그리고 다시 일어나면 하나님이 당신을 용서하실 것이다.
- "하늘은 스스로 돕는 자를 돕는다!"

그러나 복음은 말합니다.

- 우리는 우리의 죄들로 인해 죽었습니다.
- 그러나 긍휼과 자비에 무한하신 하나님이 우리를 붙잡으시고, 지은 죄로 죽은 우리의 생명을 그리스도 안에서 새롭게 살리셨습니다.

하나님은 자신의 힘으로 이 모든 것을 하십니다. 우리로부터 아

통일의 복음

무런 도움을 필요로 하지 않으십니다. 우리를 구원하시는 것은 모두 그분의 계획이며 그분의 일입니다.

그렇습니다. 우리가 이 세상에 가져온 것은 아무것도 없습니다. 오직 은혜로, 오직 하나님의 은혜로 우리의 삶을 살게 되는 것입니다. 사도 바울은 "나의 나 된 것은 하나님의 은혜"라고 고백했습니다.

"하나님의 은혜!" 이것이 종교개혁의 정수이며, 복음의 핵심입니다. 아멘.

6 〔평등〕 벽은 부수고 성전은 세우고

11 그러므로 생각하라 너희는 그 때에 육체로는 이방인이요 손으로 육체에 행한 할례를 받은 무리라 칭하는 자들로부터 할례를 받지 않은 무리라 칭함을 받는 자들이라 12 그 때에 너희는 그리스도 밖에 있었고 이스라엘 나라 밖의 사람이라 약속의 언약들에 대하여는 외인이요 세상에서 소망이 없고 하나님도 없는 자이더니 13 이제는 전에 멀리 있던 너희가 그리스도 예수 안에서 그리스도의 피로 가까워졌느니라 14 그는 우리의 화평이신지라 둘로 하나를 만드사 원수 된 것 곧 중간에 막힌 담을 자기 육체로 허시고 15 법조문으로 된 계명의 율법을 폐하셨으니 이는 이 둘로 자기의 안에서 한 새 사람을 지어 화평하게 하시고 16 또 십자가로 이 둘을 한 몸으로 하나님과 화목하게 하려 하심이라 원수 된 것을 십자가로 소멸하시고 17 또 오셔서 먼 데 있는 너희에게 평안을 전하시고 가까운 데 있는 자들에게 평안을 전하셨으니 18 이는 그로 말미암아 우리 둘이 한 성령 안에서 아버지께 나아감을 얻게 하려 하심이라 19 그러므로 이제부터 너희가 외인도 아니요 나그네도 아니요 오직 성도들과 동일한 시민이요 하나님의 권속이라 20 너희는 사도들과 선지자들의 터 위에 세우심을 입은 자라 그리스도 예수께서 친히 모퉁잇돌이 되셨느니라 21 그의 안에서 건물마다 서로 연결하여 주 안에서 성전이 되어 가고 22 너희도 성령 안에서 하나님이 거하실 처소가 되기 위하여 그리스도 예수 안에서 함께 지어져 가느니라

"낯선 사람, 이방인, 외지인, 외국인"(엡 2:19). 이 단어들은 듣기에 좀 거북하고 부정적인 감정을 일으키는 단어들입니다. 우리가 보내는 의심의 눈빛에 고개를 숙이거나, 아니면 "우리 중의 하나가 아니야!"라는 냉대를 당하는 사람들을 가리키는 말입니다. '이방인', '낯선 사람'과 같은 단어들은 종종 적대감과 증오심을 가리키

는 용어들이기도 합니다. 외국 생활을 경험한 사람들은 '이방인'이나 '낯선 사람'이라는 단어가 무엇을 의미하는지 알 것입니다.

'타향인,' '외지인,' '이방인'은 자신의 고국(故國)이나 모국(母國)[5]으로부터 뿌리를 뽑혔다는 것을 의미합니다. 그런 사람들은 종종 고향에 대한 그리움을 느끼며 향수병으로 고생하기도 합니다. 그들은 흑인 영가에 나오는 다음과 같은 말에 고개를 끄떡입니다.

"나는 마치 어머니가 없는 자녀처럼 느낍니다.
고향 집에서 멀리 떠나 있다는 느낌 말입니다"
(Sometimes I feel like a motherless child, a long way from home).

이방인들과 외지인들은 한 사회의 중심부가 아니라 변두리에 걸쳐삽니다. 그 사회 안으로 깊숙이 들어오지 못하고 주변에서 맴돌기 일쑤입니다. 그들은 지속적으로 경찰의 집중적인 감시를 받습니다. 그들은 사람들의 농담거리에 불과할 때가 많습니다. 그들은 저임금을 받는 사람들입니다. 그들은 해고당할 때 제일 먼저 명단에 오르는 사람들입니다.

이방인과 외지인이 된다는 것은 그 땅과 그 지역의 언어를 잘 말하지 못한다는 의미입니다. 그 땅의 관습에 익숙하지 않다는 의미입니다. 어떤 법적 권리도 갖지 못한 채 살고 있다는 의미입니다.

이방인과 외지인은 본토인들이 말하고 행동하는 방식에 잘 어울리지 않습니다. 그들이 말하는 것을 보면 우습습니다. 그들은 웃기는 음식을 먹습니다. 그들이 입는 의상은 이상하고 웃깁니다. 심지어 그들이 웃는 모습도 웃깁니다.

신약시대에도 이방인들과 외지인들이 많았습니다.

- 로마인들은 유대인들에게 이방인이었고 객지 사람들이었습니다.

- 유대인들은 이방인들에게 이방인이었고 낯선 사람들이었습니다.

- 바리새인들은 사두개인들에게 이방인이었고 낯선 사람들이었습니다.

- 열심당원들은 그 당시의 군인들에게 이방인이었습니다.

- 가난한 사람들은 부자들에게 이방인이었습니다.

- 갈릴리 사람들은 예루살렘에 사는 사람들에게 낯선 사람들이며 이방인이었습니다.

팔레스타인 지역은 남한의 5분의 1정도로, 전라남북도를 합친 면적밖에 안 되는 작은 나라입니다. 이 작은 나라 안에서 이방인을 증오하는 일이 끊이지 않고 생겨서, 결국 전 세계에 독을 집어넣는 결과를 초래하게 된 것입니다. 예수님이 사셨던 세상이 바로 이런 세상이었습니다. 유대인은 이방인을 심하게 경멸했습니다. 그들은 이방인들을 사람 취급도 하지 않았습니다. 이방인에 대한 유대인의 경멸이 얼마나 심했던지, 유대인들은 종종 "하나님이 이방인들을 창조하신 유일한 이유는 그들을 지옥 불을 달구는 땔감으로 사용하기 위해서다"라고 말했습니다. 유대인들이 하나님에 대해 말할 때는, "하나님은 모든 나라들을 만드셨다. 그러나 하나님은 모든 나라들 중 오직 이스라엘만 사랑하신다"라고 했습니다.

그래서 유대인 청년이 이방인 처녀와 결혼하겠다고 하면, 그의 가족은 그를 죽은 자라고 선언하고 그의 장례식을 치르기까지 했습니다. 유대인과 이방인 사이의 장벽보다 더 높은 벽은 없었습니다.

이와 같은 장벽보다는 덜 위협적이었지만, 그래도 사람과 사람 사이를 갈라놓는 또 다른 장벽들이 있었습니다. 예를 들어, 유대인들 사이에도 서로를 갈라놓는 벽들이 있었습니다. 이른바 의로운 자들을 이른바 죄인들이라고 불리는 대중으로부터 분리하는 일이 그것이었습니다. 그러나 예수님은 사람을 이방인이나 외지인으로 취급하기를 거절하심으로써 이런 장벽들을 무너뜨리셨습니다. 누구든지 예수님과 접촉하기 시작하는 순간부터 더는 이방인도 외지인도 아니었습니다.

예수님이 말씀하십니다.

- 내가 대표하고 있는 세계에는 벽이 없다! 담장이 없다! 서로 다른 식탁이 있지 않다!

- 내가 대표하고 있는 세계에는 동쪽에서 온 사람, 서쪽에

서 온 사람, 남쪽에서 온 사람, 북쪽에서 온 사람, 모두가 한 식탁에서 먹고 마신다!

예수님이 말씀하신 염소와 양의 비유에서 천부(하늘 아버지)의 복을 받고 그분의 나라에 초청 받은 사람은 누구였습니까? 이방인들과 객들과 외지인들을 영접한 사람들이 아닙니까! 자신들과 외지인들 사이를 갈라놓았던 벽들을 허문 사람들이 아닙니까!

예수님이 영광 중에 오실 때 외지인들을 받아들이고 낯선 사람들을 영접했던 사람들에게 말씀하실 것입니다.

- 나는 이런 사람들 가운데 있었다.
- 내가 배고팠을 때 너희는 내게 음식을 주었다.
- 내가 목말랐을 때 너희는 내게 마실 것을 주었다.
- 내가 이방인이었을 때 너희는 나를 영접했다(마 25장).

예수님의 일생에 관한 이야기가 펼쳐져 나감에 따라, 우리는 예수님이 사람을 이방인 취급하기를 거절하셨을 뿐만 아니라 그 이상의 일을 하셨다는 것을 알게 될 것입니다.

예수님의 일생에 관한 이야기가 펼쳐져 나감에 따라, 우리는 예수님이 스스로 이방인의 역할을 점차 받아들이신 것을 봅니다.

예수님이 수난을 당하신 일 자체가 이방인이 되는 역할입니다. 예수님이 우리의 비탄을 담당하시고 우리의 슬픔을 짊어지셨다는 것은, 그분이 이방인으로 취급받는 고뇌를 기꺼이 자발적으로 겪으셨다는 것을 의미하는 것입니다. 그분이 누구에게 그런 이방인 취급을 받으셨다는 말입니까? 그분의 조국을 다스리고 있던 외국인들에게 이방인으로 취급받지 않으셨습니까? 그리고 그분의 조국을 이끄는 지도자들로부터 그런 취급을 받지 않으셨습니까? 그리고 마침내 그분은 자신의 가장 가까운 친구들로부터 그런 취급을 받지 않으셨습니까? 심지어 그분은 십자가에서 자신의 하늘 아버지로부터도 그런 취급을 받지 않으셨습니까?

십자가 위에서 죽으신 예수님은 이 세상에서 가장 철저한 이방인이었습니다. 수세기에 걸쳐 이방인들에게 쏟아졌던 배척과 경멸이 십자가 위의 그분께 떨어진 것입니다.

그분이 겪으신 고통이 어떤 것이었는지에 대해 우리는 알지도 못하고, 또한 말할 수도 없습니다. 그러나 우리는 그것이 '이방인'이라는 단어가 가리키는 것을 없애는 것이라고 믿습니다. 새로운 인종을 창조하는 것이라고 믿습니다. 그 누구도 이방인으로 배척받지 않는 사회, 모두가 하나님의 집의 지체들과 성도와 동료 시민인 사회를 이루는 새로운 인종을 창조하는 것이라고 믿습니다(2:19).

이것은 비현실적인 공상이 아닙니다. 이것은 매우 실제적인 꿈입니다. 오순절에 실질적으로 이루어진 꿈입니다. 오순절에 성령은 바벨탑에서 만들어진 분열들을 파괴하셨습니다. 오순절에 성령은 여러 세기 동안 사람들을 갈라놓았던 벽들을 허무셨습니다. 오순절에 교회는 그리스도의 영이 있는 곳마다 이방인이 있을 수 없다는 사실을 경험했습니다. 오순절에 교회는 그 문을 온 세상을 향해 활짝 열고, 온 세상 모든 남자와 여자가 교회 안에서 자신들의 고향을 찾고 그 안에서 따스하게 영접 받게 하기 위해 자신의 목숨을 바치신 '한 이방인'에 관한 이야기를 널리 선포하기 시작했습니다.

바로 여기 교회 안에서 이전에 원수들이었던 유대인들과 이방인들이 화해하고 악수하게 된 것입니다. 이것이야말로 위대한 기적입니다. 마치 세상의 창조가 기적이었던 것과 같이 위대한 기적입니다.

고대 세계에서 유대인과 이방인들 사이처럼 심한 원수지간도 없었습니다. 유대인과 이방인들이 함께 산다는 것은 상상도 할 수 없는 일이었으며, 한 걸음 더 나아가 그들이 같은 하나님을 같은 장소에서 함께 예배하는 것을 목격한다는 것도 불가능한 일이었습니다.

"그러나 기적이 일어났다"라고 바울이 에베소서 2:13-14에서 말합니다. "그러나 이제는 전에 멀리 있던 너희가 그리스도 예수 안에서 그리스도의 피로 가까워졌느니라." "그는 우리의 평화이시라. 둘(유대인들과 이방인들)로 하나를 만드시고 중간에 막힌 적대(敵對)의 담을 허셨느니라."

유대인과 이방인 사이를 갈라놓은 담을 그리스도가 허무셨다는 것입니다. 그러나 그뿐이 아닙니다.

• 그리스도는 자유민과 노예를 갈라놓은 담도 허무셨습니다.

　　　　　　　　　　　　　　통일의 복음

- 그리스도는 남자와 여자를 갈라놓은 담도 허무셨습니다.
- 그리스도는 나누는 벽들, 갈라놓는 모든 벽을 허무셨다는 것입니다.

바울은 골로새서 3:11에서 다음과 같이 강하게 말합니다.

교회 안에는 헬라인과 유대인이나, 할례파나 무할례파나, 야만인이나 스구디아인이나, 노예나 자유인이 차별이 있을 수 없나니 오직 그리스도는 모든 것이요, 모든 것 안에 계시니라.

바울은 갈라디아서 3:27-28에서도 이 사실을 다음과 같이 말합니다.

누구든지 그리스도와 합하여 세례를 받은 자는 그리스도로 옷을 입은 것입니다. 그리스도와 연합하여 세례를 받은 사람들에게는 유대인이나 헬라인이나 종이나 자유인이나 남자나 여자가 없습니다. 왜냐하면 여러분 모두는 다 그리스도 예수 안에서 하나이기 때문입니다.

물론 남자는 남자로 남아 있을 것이고, 여자는 여자로 남아 있을 것입니다. 유대인은 유대인으로, 이방인은 이방인으로 남아 있을 것입니다. 다시 말해서, 이런 인간적인 구별들은 모두 그대로 존속될 것입니다.

그러나 '불평등한 것들'이 모두 사라진다는 말입니다. 그렇게 됨으로써,

- 교회 안에 일류 교인과 이류 교인이 있을 수 없다는 것입니다.
- 교회 안에 남자는 접근할 수 있고, 여자는 접근할 수 없는 영역이 없다는 것입니다.
- 남자와 여자는 교회 안의 모든 기능과 직분들에서 하나님을 자유롭게 섬길 수 있다는 의미입니다.

교회는 옛 질서를 대체하는 새로운 창조입니다. 교회는 옛 인류를 대체하는 새로운 인류입니다.

바울은 하나님의 목적이 두 개의 인류를 하나로 묶어 하나의 인류를 창조하는 것이었다고 에베소서 2:19에서 말하고 있습니다. 유대인과 이방인을 하나의 인류로 만들어 평화를 이루게 하는 것이 하나님이 갖고 계신 목적이었다는 것입니다.

이런 새로운 인류(인종)가 가지는 특성이 있다면, 무엇보다도 통일성과 평등입니다. 즉 하나 됨과 평등함입니다. 그 안에는 일류와 이류가 없고, 특권계급과 비특권계급도 없습니다. 이런 상태에서, 이런 공동체에서, 이런 영토 안에서 모든 적대감이 극복됩니다. 모든 불평등과 차별이 무의미하게 됩니다.

이런 일은 설교를 통해 일어나지 않습니다. 이런 일은 오로지

통일의 복음

성령의 능력에 의해서만, 즉 교회의 구성원들이 성령으로 충만할 때만 이런 일이 일어납니다. 성령은 그 누구도 교회 안에서 소외되거나 외지인처럼 느끼지 않게 하라고 우리를 가르치십니다. 성령은 우리에게 "나는 이류 신자야!" "나는 이 사람들 속에 속할 수 없어!"라고 느끼는 사람이 없게 하라고 말씀하십니다.

그런데 이런 말씀을 드리면 여러분 중에 어떤 분들은 "잠깐만! 바울이 교회에 대해 말하고 있는 것은 이상적인 교회에 대한 것이지, 실제 현실에 대해 말하는 것은 아닙니다!", "그렇습니다. 이상은 아름답습니다. 그러나 현실은 전혀 그렇지 못합니다!"라고 반박하고 싶을지도 모르겠습니다. 물론 그렇습니다. 현실에는 많은 불일치와 불협화음, 불평등이 있습니다.

- 그리스도인들은 그리스도가 허무신 옛 담들 대신에 새로운 담들을 쌓아왔습니다. 이것이 현실입니다.
- 그리스도인들은 인종차별(racism)이라고 불리는 벽을 세워왔습니다. 이것이 현실입니다. 백인과 흑인을 가르고, 백인과 유색인종을 가르는 벽을 쌓아왔습니다.
- 그리스도인들은 성차별주의(sexism)라고 불리는 벽을 쌓아왔습니다. 이것이 현실입니다. 즉 남자들의 손안에 권력을 독점해온 현실 말입니다.
- 그리스도인들은 교단주의(denominationalism)라고 불리는 벽을 쌓아왔습니다. 이것이 현실입니다. 즉 교회들이 서로를

경쟁하는 교파로, 그것도 무한 경쟁의 상대로 인식하고 있습니다.

물론 여러분의 말이 맞습니다. 물론 이것이 현실입니다. 그러나 우리는 교회가 앞으로 나아가야 할 때 이런 현실로부터 전진명령을 받지 않는다는 사실을 기억할 필요가 있습니다. 교회는 항상 성경으로부터 전진명령을 받기 때문입니다. 교회는 현실이 어떻든 상관없이, 그 현실이 그대로 유지되는 것을 허락하지 않습니다. 교회는 성경에 순종하는 그리스도의 몸이기 때문입니다. 교회는 성경이 가르치는 방식으로 이 세상의 현실을 바라봅니다. 성경이 무엇이라고 말합니까? 성경은 우리에게 이 모든 벽들이 예수 그리스도에 대한 공격이며, 그분의 화해하시는 사역에 대한 공격이라고 말합니다.

성경은 우리를 향해 손가락으로 지적하고 비난하며 묻습니다.

- 그리스도가 모든 벽과 담들을 다 허무셨는데, 어찌하여 당신들은 하나의 공동체, 유일한 공동체 안에 감히 칸막이를 만들고 벽을 쌓는가?

- 그런 벽과 칸막이를 세우는 것은 그리스도가 십자가 위에서 이루신 화해의 일을 무시하는 행위가 아닌가?

- 그리고 그런 담들이 세워지도록 내버려두거나 방관하는 것은 그리스도가 이루신 화해의 사역을 무위(無爲)로 돌리는 것이 아닌가?

통일의 복음

그리스도가 이 모든 장벽들을 무너뜨리신 목적이 무엇입니까? 그분이 마음에 두신 목적은 사람들이 진정으로 서로를 사랑하고 받아들이는 공간을 만드는 것이었습니다.

사람이 서로를 진정으로 사랑할 때가 어느 때입니까? 언제 사람이 서로를 진정으로 사랑할 수 있습니까? 서로가 동등할 때입니다. 한 사람이 다른 사람보다 더 높이 있을 때가 아닙니다. 한 사람이 다른 사람보다 더 힘이 있을 때가 아닙니다. 남보다 더 높이 있거나, 남보다 더 힘이 있으면 '두려움'을 주기 마련입니다. 그러나 진정한 사랑은 두려움을 물리칩니다. 서로를 진정으로 사랑하면 두려움은 사라집니다. 진정한 사랑의 본질은 이것입니다. 즉 사랑은 평등을 간절히 열망한다는 것입니다.

만일 한 남자가 교회에서 장로로서 봉사할 수 있는데 다른 여자는 그런 위치에서 봉사할 수 없다면, 그 남자 그리스도인은 여자 그리스도인을 진정으로 사랑할 수 없을 것입니다. 왜냐하면 진정한 사랑은 평등을 열망하기 때문입니다.

그러므로 오늘날 교회가 직면한 가장 긴급한 도전이 있다면, 그것은 우리가 세워놓은 벽들을 허물어버리는 것입니다. 우리의 양심 속에 서 있는 이런 벽들과 담들을 부수는 것입니다. 이 벽들이 그리스도께 가하고 있는 공격을 절실하게 느끼는 것입니다. 이 벽들을 세운 우리 자신이 회개하는 것입니다.

우리가 이 모든 일을 해야 한다면, 그것은 오로지 그리스도의 명예를 위해서입니다. 새로운 인류를 창조하신 분, 형제와 자매로 구성된 새 가족을 만드신 분인 그리스도의 명예를 위해서 그렇게 해야 할 것입니다. 우리가 모두 하나님 앞에서 평등하기 때문에 우리는 서로를 진정으로 사랑할 수 있습니다. 아멘.

통일의 복음

7 [사랑] 그리스도의 사차원적 사랑

8 모든 성도 중에 지극히 작은 자보다 더 작은 나에게 이 은혜를 주신 것은 측량할 수 없는 그리스도의 풍성함을 이방인에게 전하게 하시고 9 영원부터 만물을 창조하신 하나님 속에 감추어졌던 비밀의 경륜이 어떠한 것을 드러내게 하려 하심이라 10 이는 이제 교회로 말미암아 하늘에 있는 통치자들과 권세들에게 하나님의 각종 지혜를 알게 하려 하심이니 11 곧 영원부터 우리 주 그리스도 예수 안에서 예정하신 뜻대로 하신 것이라 12 우리가 그 안에서 그를 믿음으로 말미암아 담대함과 확신을 가지고 하나님께 나아감을 얻느니라 13 그러므로 너희에게 구하노니 너희를 위한 나의 여러 환난에 대하여 낙심하지 말라 이는 너희의 영광이니라 14 이러므로 내가 하늘과 땅에 있는 각 족속에게 15 이름을 주신 아버지 앞에 무릎을 꿇고 비노니 16 그의 영광의 풍성함을 따라 그의 성령으로 말미암아 너희 속사람을 능력으로 강건하게 하시오며 17 믿음으로 말미암아 그리스도께서 너희 마음에 계시게 하시옵고 너희가 사랑 가운데서 뿌리가 박히고 터가 굳어져서 18 능히 모든 성도와 함께 지식에 넘치는 그리스도의 사랑을 알고 19 그 너비와 길이와 높이와 깊이가 어떠함을 깨달아 하나님의 모든 충만하신 것으로 너희에게 충만하게 하시기를 구하노라 20 우리 가운데서 역사하시는 능력대로 우리가 구하거나 생각하는 모든 것에 더 넘치도록 능히 하실 이에게 21 교회 안에서와 그리스도 예수 안에서 영광이 대대로 영원무궁하기를 원하노라 아멘

저는 여러분에게 질문하는 것으로 설교를 시작할까 합니다. 매우 직설적이고 단도직입적인 질문입니다. 아주 도발적이고 도전적인 질문일지도 모릅니다.

- 왜 여기에 오셨습니까?
- 왜 이 아침에 교회에 와 계십니까?

어떤 청년들은 "우리 엄마 아빠가 교회에 가라고 해서 여기 왔습니다"라고 대답할지도 모릅니다. 그럴 수 있겠지요. 물론 정직한 대답이기는 하지만, 그리 좋은 대답은 아니라는 것을 모두가 잘 알 것입니다. 여러분에게 다시 묻습니다.

- 왜 여기에 오셨습니까?
- 왜 이 아침에 교회에 와 계십니까?

여러분 중에는 "제가 여기에 온 이유는 하나님이 제가 여기에 오기를 바라시기 때문입니다"라고 무덤덤하게 대답하시는 분들도 있을 것입니다. 또 어떤 분들은 "하나님은 히브리서에서 '어떤 사람들이 하는 것처럼 교회의 모임에 빠져서는 안 됩니다. 그날이 가까이 다가오는 것을 볼수록 함께 만나며 서로를 격려해야 할 것입니다'(히 10:25)라고 말씀하셨기 때문입니다"라고 성경적인 대답을 하기도 할 것입니다.

세 번째로 다시 묻습니다.

- 왜 여기에 와 앉아 계십니까?
- 왜 이 아침에 교회에 와 계십니까?

우리가 다음과 같이 대답한다면 더할 나위 없이 좋겠습니다. 이런 날이 오기를 간절히 소원할 뿐입니다.

- 세상에 흩어져 있는 모든 그리스도인들과 함께 그리스도의 사랑의 의미를 알고 싶어서 왔습니다.

통일의 복음

- 온 시대에 걸쳐 존재하는 온 성도들과 함께 모든 지식에 뛰어난 그리스도의 사랑의 너비와 깊이와 길이와 높이가 얼마나 되는지 알아, 하나님의 모든 충만하심으로 우리가 채워지기 위해서 왔습니다.

이 얼마나 엄청난 포부와 소원으로 가득한 마음입니까! 사도 바울이 에베소 지역에 있던 교인들에게 바라던 소원과 기도가 이것이었습니다. 저 역시 저의 마음을 바울의 마음에 담아 여러분에게 전하고 싶습니다. 다시 들어보십시오.

모든 성도가 그리스도의 크신 사랑을 깨닫게 되기를 기도합니다. 그분의 사랑의 너비가 얼마나 넓고, 그 사랑의 길이가 얼마나 길고, 그 사랑의 높이가 얼마나 높고, 그 사랑의 깊이가 얼마나 깊은지를 진정으로 깨닫게 되기를 기도합니다. 그리스도의 사랑을 어느 누가 잴 수 있겠습니까? 그러나 그 사랑을 '체험'하여 하나님의 충만함이 여러분의 마음속에 가득 채워지기를 기도합니다. 우리 가운데 일하시는 하나님은 우리가 요구하고 생각하는 것보다 훨씬 더 많은 것을 채워 주실 것입니다.

여러분이 바울에게 "왜 교회에 가야만 합니까?"라고 물었다면 바울이 그렇게 대답했을 것이라는 말입니다. "왜 교회에 가야 합니까?", "뭐 하러 교회에 갑니까?"라고 묻는다면, 바울은 "교회에 가는 것이 집에서 텔레비전을 보거나 잠자는 것보다는 나으니까"
라고 대답하지 않았을 것입니다. 아마도 틀림없이 바울은 여러분
에게 "그리스도의 신비"에 대해, "수많은 세기 동안 숨겨진 비밀"
에 대해 말했을 것입니다. 그리고 그는 아마 이렇게 덧붙여 말했
을 것입니다.

- 하나님이 이제 이 그리스도의 비밀을 교회를 통해 널리
  알리고 계십니다.
- 하나님이 지금 교회를 통해 모든 사람을 감싸안는 '무한
  한 사랑'을 드러내고 계십니다.
- 하나님의 무한한 사랑은 모든 것을 다 담고도 남을 정도
  로 넉넉한 사랑입니다. 그래서 이해하기 힘든 사랑입니다.
- 하나님의 사랑은 한없이 넓고 끝없이 길고 상상을 초월할
  정도로 높고 심연보다 더 깊어서, 여러분이 그것의 참 모
  습과 차원을 다 이해하고 알려면 모든 세대 모든 성도들과
  의 교제가 필요할 것입니다.

여러분이 사도 바울에게 "왜 제가 교회에 가야만 합니까?"라고
물었더라면 아마 그렇게 대답했을 것입니다.

이제 역으로 사도 바울이 여러분에게 이렇게 질문할 것입니다.

- 그리스도의 사랑에 충격을 받은 나머지 어안이 벙벙해진
  일이 있습니까?
- 측량할 수 없는 그분의 사랑에 말을 잃은 적이 있습니까?

통일의 복음

- 그분의 그지없는 사랑에 목메어 흐느껴 본 일이 있습니까?

그렇지 않다면,

- 그 사랑에 너무도 친숙한 나머지 아무런 감각이 없어진 것은 아닙니까?
- 그리스도의 사랑에 대한 경이(驚異)가 수증기처럼 사라진 것은 아닙니까?
- 그리스도의 사랑이라는 말이 너무도 구태의연하게 들려 아무런 느낌도 없고 경이감을 상실한 것은 아닙니까?
- 유진 피터슨의 용어로 '하나님 굳은살'(God-Callus)이 박힌 것은 아닙니까?

존 알렉산더라는 사람이 있었습니다. 그는 어느 날 공짜 야외 음악회가 있다고 해서 설레는 마음으로 갔습니다. 연주가가 누구였는지 아십니까? 그 유명한 전설적 피아니스트 밴 클라이번(Van Cliburn)이었습니다. 그가 유진 올만디(Eugene Ormandy)가 지휘하는 필라델피아 심포니 오케스트라와 협연한다는 것입니다. 이런 놀라운 연주회를 현장에서 실황으로 듣는 것, 그것도 공짜로 듣는 것은 평생에 한 번 있을까 말까 하는 기막힌 기회였습니다.

그런데 그의 앞줄에 십대 아이들이 자리를 잡고 앉아 재잘거리며 팝콘을 먹고 있었습니다. 이 얼마나 기막힌 노릇입니까? 아마 그들은 그저 어떤 연주가가 피아노를 치고 있구나 하는 정도로 생각했나 봅니다. 물론 그 아이들에게 클라이번이 누군지 알게 뭐였겠습니까? 그저 야외에서 공짜 음악회가 있다고 해서 바람도 쐴 겸해서 친구들과 함께 여름 저녁을 즐기러 나왔을 뿐입니다. 이 경험에 대해 알렉산더는 후에 이렇게 말했습니다. "이 사건은 제게 일종의 신앙적인 은유가 됐습니다. 하나님의 멋진 창조세계가 드러내고 있는 아름다움과 경이로움에 대해 사람들이 어떻게 반응하고 있는지를 보여주는 은유 말입니다."

- 우리를 매일같이 둘러싸고 있는 경이들과 기적들에 대해 우리는 더 이상 충격을 받지도 않고 놀라지도 않습니다.
- 우리는 위엄과 장엄의 현존 앞에서 그저 팝콘을 먹으며 시끄럽게 재잘거리는 철없는 아이들과 같습니다.
- 빈 맥주 깡통을 지리산 계곡, 히말라야 산정, 그랜드 캐니언 속에 던져버리는 사람들이 우리입니다. 그곳이 어떤 곳입니까? 하나님의 장대하심과 광활하심과 위대하심을 드러내는 곳이 아닙니까? 그런데 그런 곳에 쓰레기나 버리는 어리석은 사람들이 우리가 아닙니까? 신비와 비밀과 장엄과 위엄에 귀를 기울이고, 그 앞에 옷깃을 여미고 머리를 조아리고 경외하는 마음을 가져야 하는 것 아닙니까?
- 불행하게도 우리는 '경이감'을 상실한 지 오래됐습니다.

그러나 기억하십시오. 이런 경이감이 없다면 하나님은 우리에게

통일의 복음

낯선 분으로, 이방인으로 남아 있을 것입니다.

놀람과 경탄과 경이로 깊은 충격을 받은 한 시인이 이렇게 노래하고 있는 것입니다.

그렇습니다. 이런 경이감이 없이는, 우주의 장엄함과 그 창조주 하나님의 위엄에 대해 '거룩한 두려움'[경외(敬畏)]을 느껴보지 않는다면, 우리는 하나님을 알 수 없을 것이며, 그분의 끝없는 사랑, 지칠 줄 모르는 사랑, 한계가 없는 사랑, 경계가 없는 사랑, 그래서 터무니없는 사랑이라고 부르는 하나님의 사랑을 이해할 수 없을 것입니다.

대중가요만 듣다가 어느 날 모차르트의 단아한 피아노 협주곡이나 베토벤의 장엄한 교향곡을 듣는다면 좀 골치가 아플 수도 있습니다. 그러나 귀담아들어보면, 전에 유행가에서 느꼈던 것과는 다른 차원의 아름다움을 경험할 것입니다. 교회에 나오는 것을 여기에 비교하면 어떨까요? 이런 이유 때문에, 즉 어마어마해서 도저히 이해하기도 파악하기도 어려운 하나님의 사랑을 묵상하고 곱씹기 위해 교회에 오는 것입니다.

하나님의 위대하심을 찬양하는 찬송 가운데 우리가 즐겨 부르는 것이 있습니다. "주 하나님 지으신 모든 세계"라는 찬송입니다(새찬송가 79장). 이 찬송은 창조세계에 드러난 하나님의 위대하심과 예수 그리스도의 구속 사역을 통해 드러난 하나님의 위대하심을 노래하고 있는데, 특별히 1절과 3절이 그렇습니다. 1절은 창조신학(theology of creation)을, 3절은 구속신학(theology of salvation)을 반영하고 있습니다. 같이 부르면서 하나님의 위대하심과 광대하심을 음미해 보십시오.

하나님의 사랑이 너무도 엄청나고 터무니없어서, 그것을 묘사하려면 우리 역시 터무니없는 언어, 엄청난 언어로만 그 사랑을 묘사할 수 있을 것입니다.

바울이 어떻게 하나님의 사랑의 '무절제성'과 '탕진성'(蕩盡性)에 이끌려가고 있는지 들어보십시오.[6] 높이 들린 그의 영혼이 쏟아내는 언어를 들어보십시오.

- 그리스도의 무한한 부요함과 풍요로움
- 온 세대와 세기들 동안 감춰진 신비와 숨겨진 비밀
- 그의 영광의 풍성함과 부요함
- 우리의 앎을 뛰어넘는 그리스도의 사랑

여러분이 상상할 수 있는 모든 것을 초월하는 것이 그리스도의 사랑이라는 것입니다. 하나님의 사랑이 바울의 마음에 봄바람처럼 불고 있는 것입니다.

구약성경에는 야곱이 하나님과 씨름하는 장면이 나옵니다(창 32장). 그중 한 장면에서 하나님이 야곱의 허벅지 근육을 내리치십니다. 그러자 골반 쪽 뼈들이 탈골하게 됩니다. 뼈들이 어긋나 이리저리 제멋대로 움직이게 되었다는 것입니다. 오늘 우리가 읽은 본문에서도 이런 일이 일어나고 있습니다. 바울이 하나님의 사랑에 대해 말할 때 그의 언어와 문법과 구문론이 탈골 현상을 일으키고 있기 때문입니다. 하나님의 사랑을 도무지 말로 표현할 길이 없다는 것입니다. 바울이 바라고 있는 것이 무엇입니까? 그의 간절한 소원은

- 모든 성도와 함께 도무지 파악할 수 없는 것을 파악하는

것입니다.

- 지식의 범위와 영역을 넘어서는 그리스도의 사랑을 아는 것입니다.
- 어떤 자(尺)로도 잴 수 없는 신비한 그리스도의 사랑을 아는 것입니다.

이 사랑은 빛의 줄기와 같습니다. 광선(光線)과 같습니다. 위로부터 비쳐오는 광선 말입니다.

바울이 소원하고 기도하는 바는 우리가 프리즘처럼 행하는 것입니다. 프리즘을 아시지요? 광선이 프리즘을 거치게 되면 어떤 일이 일어납니까? 빛이 굴절됩니다. 빛이 갈라집니다. 여러 갈래로 나누어집니다. 빛의 '여러 갈래'를 전문 용어로 '스펙트럼'(spectrum)이라고 하는데, 한글로는 분광(分光)이라고 합니다.

사도 바울은 "나는 여러분이 모든 성도들과 함께 그분의 사랑이 얼마나 한없이 넓으며, 얼마나 길며, 얼마나 높고, 얼마나 깊은지 진정으로 깨닫게 되기를 기도합니다"라고 했습니다. 그가 그리스도의 사랑의 너비와 길이와 높이와 깊이가 어떠한지 깨닫기를 기도한다고 했을 때 그가 말하고자 하는 바는, 우리가 하나님의 부르심(소명)을 받은 공동체인 교회로서 '프리즘'처럼 행동하라는 것입니다. 무슨 뜻입니까?

- 우리는 먼저 위로부터 빛을 받아야만 합니다.
- 우리는 먼저 그리스도의 사랑을 받아야만 합니다.

- 그리고 그것을 굴절시켜, 여러 부분으로 나누어, 그 층(層)
  들과 차원들에 대해 깊이 생각해야 합니다.
- 즉 그것의 너비와 길이와 높이와 깊이를 이해하고 파악해
  야 한다는 것입니다.

하나님의 사랑의 너비는?

첫째로, 우리는 하나님의 사랑의 너비를 파악하고 이해해야 합니
다. 우리의 고질적인 문제 중 하나는 우리가 타고난 시선의 반경
이 너무 좁다는 것입니다. 너무 좁게 초점을 맞추고 있다는 점입
니다. 실제로 우리의 시선이 초점을 맞추고 볼 수 있는 범위의 각
도는 겨우 30도 정도라고 합니다. 우리는 이 30도 반경의 바깥에
있는 사물들은 초점을 맞춰볼 수 없습니다. 이것이 우리의 태생
적인 한계입니다.

우리가 할 수 있는 사랑의 반경은 이처럼 너무도 제한적입니
다! 기껏해야 우리 교회, 우리 교단, 우리 동네와 마을, 우리 가족
과 친구들에 한정되어 있습니다.

이와는 대조적으로, 그리스도가 보여주시는 사랑의 반경은
아주 넓어서 온 세상이 그 사랑의 대상이 됩니다. 사진과 관련된
기술적인 용어로 '와이드 앵글'(wide angle)이라고 말할 수 있습니다.

사도 요한은 같은 방식으로 "예수 그리스도는 우리의 죄를
위해 드려진 대속의 희생제물이십니다. 그런데 우리뿐 아니라 온

세상의 죄들을 사(赦)하기 위해 드려진 희생제물이십니다"라고 표현합니다(요일 2:2).

교회들을 광고하는 교계 신문들을 들여다보며 이런 생각을 해봅니다. 하나님은 어떤 교회를 가장 사랑하실까 하고 말입니다.

- 장로교회일까요?
- 감리교회일까요?
- 순복음교회일까요?
- 성결교회일까요?
- 침례교회일까요?

하나님은 자기로부터 가장 멀리 떨어져나간 교회를 가장 사랑하시는 것은 아닐까요? 왜냐고요? 하나님은 99개의 정통 교회를 잠시 내버려두고, 길을 잃어버리고 방황하고 있는 한 교회를 찾아나서시는 분이기 때문입니다. 그런데 이런 질문들을 하는 것으로 보아, 우리도 길을 잃고 이상한 트랙에 서 있는 선수가 아닌지 모르겠습니다.

하나님의 사랑은 이런 교회들 모두를 포용하십니다. 우리는 많은 교회를 외형적으로 보지만, 하나님은 오로지 한 교회만 보고 계십니다. 하나님이 보고 계신 한 교회가 어떤 교회입니까? 하나님이 그토록 지극정성으로 사랑하시는 그 교회는 어떤 교회입니까? 수많은 교단 사이에 널리 흩어져 있는 '하나의 교회', 지구상에 두루 퍼져 있는 하나의 '거룩하고'(holy) '보편적이고'

(catholic) '사도적인'(apostolic) 교회입니다. 바로 이 교회가 하나님이 사랑하시는 교회입니다! 바로 이 교회가 지옥의 종을 울리는 당당한 교회이며, 지옥에 공포를 주는 권세 있는 교회입니다.

루이스(C. S. Lewis)의 책 『스크루테이프의 편지』는 편지 형식으로 된 기독교 변증서인데, 지옥의 왕초 악마인 스크루테이프(Screwtape)가 지상에서 활동하고 있는 새끼 악마 웜우드(Wormwood)에게 보내는 편지 모음집의 형식으로 되어 있습니다. 왕초 악마가 기독교와 교인들을 파괴하는 온갖 비상한 책략을 고안해서 새끼 악마에게 편지로 알려주는 내용입니다. 사람들이 예수님을 못 믿게 하거나, 믿더라도 잘못 믿게 하는 일에 관한 조언으로 가득합니다. 물론 그가 해주는 모든 조언은 다 새빨간 거짓말입니다. 왕초 악마가 해야 할 일이 그런 일밖에 뭐가 있겠습니까? 왕초 악마 스크루테이프가 새끼 악마인 웜우드에게 보낸 두 번째 편지 가운데 이런 내용이 나옵니다. 웜우드가 관리하고 있는 고객 가운데 어떤 사람이 불행하게도(!) 그리스도인이 되어 교회에 다니게 된 것입니다. 그러자 새끼 악마는 크게 낙심하고 걱정합니다. 그런 일이 일어나지 않도록 하는 것이 자기의 사명인데 어떤 사람이 그만 그리스도인이 되었기 때문입니다. 어쩔 줄 몰라하며 "이러다가 벌을 받고 잘리는 것이 아닐까?" 하고 걱정하고 있던 그 새끼 악마에게 지옥의 왕초 악마 스크루테이프가 안심하라고 위로하면서 이렇게 조언합니다.

만일 자네가 포섭하려던 그 대상이 우리가 바라보는 그런 방식으로 교회를 바라보지 않는다면, 자네는 결코 낙심할 필요가 없다네. 즉 모든 시대에 모든 장소에 걸쳐 두루 퍼져 있는 보편적인 교회, 영원에 뿌리를 내린 교회, 깃발을 나부끼며 전투에 임하는 무서운 [하나님의] 군대 같은 그런 교회로 그가 교회를 바라보지 않는 한, 자네는 결코 낙심할 필요가 없다네![7]

그리스도의 교회는 모든 세대에 걸쳐 모든 장소에서 그리스도의 깃발을 드높이 세우고 지옥의 심장부가 공포를 느끼게 하는 교회입니다. 교회는 영광스럽고 용맹스런 하나님의 군대입니다. 와이드 앵글로 하나님의 교회를 바라보기 전까지, 여러분은 새끼 악마의 관리 아래 있는 별 볼 일 없는 그리스도인입니다.

오, 저는 여러분이 이런 그리스도의 사랑의 너비를 알기를 바랍니다! 우리가 그 사랑의 너비를 진정으로 안다고 가정해 봅시다. 우리가 그 사랑의 너비를 진짜 이해하고 파악했다고 합시다.

- 그리고 교단 간의 갈라짐과 분열들을 생각해 보십시오.
  그러나 우리는 확신합니다. 언젠가는 마침내 그런 분열들과 갈라짐이 사라질 것입니다.
- 교단들 사이의 경쟁들을 생각해 보십시오.
  그러나 우리는 확신합니다. 언젠가는 그런 경쟁심들이 제거될 것입니다.
- 하나님을 예배하는 방식들 사이에 상당한 차이가 있다는

통일의 복음

것을 아실 것입니다.

그러나 우리는 확신합니다. 그런 사람들이 화해하게 될 날이 반드시 도래할 것입니다.

- 교회 연합 운동 전체가 희망의 새로운 시대를 맞이하게 될 것입니다.

이처럼 그리스도의 사랑의 너비는 광대합니다.

그리스도의 사랑의 길이는?

그리스도의 사랑에는 광대한 길이도 있습니다. 그 길이는 아담과 하와로부터 시작해서 지금에까지 이르고 있습니다. 비록 우리는 그리스도의 사랑의 충만함을 이해할 수도 없고 파악할 수도 없지만, 그럼에도 우리는 하나님의 사랑의 길고 긴 길이 때문에 아직도 살아 있는 것입니다. 인류의 길고 긴 역사는 하나님의 끈질긴 사랑의 길이 때문에 가능한 것입니다. 만일 그렇지 않고 우리가 행하는 대로 그에 따라 하나님이 우리를 대하셨더라면, 우리 중에 지금까지 살아 있을 사람은 아무도 없을 것입니다. 모든 인류를 다 담고 또 담을 만큼 길고 긴 사랑의 이야기가 하나님의 사랑 이야기입니다.

- 우리가 수많은 세기의 길고 긴 파노라마를 볼 때까지 그럴 것입니다.

- 우리가 위대한 전통의 한 부분이며, 지금도 계속되는 공
  동체의 일부분이라는 사실을 인식할 수 있을 때까지 그럴
  것입니다.
- 그렇게 될 때 비로소 우리는 그리스도의 사랑의 길이가
  얼마나 긴지 그 충만한 길이를 어느 정도 이해하게 될 것
  입니다.

그리스도의 사랑의 깊이는?

그리스도의 사랑에는 광대한 너비와 무한한 길이가 있습니다. 너
비와 길이뿐만 아니라, 깊이도 있습니다. 얼마나 깊은 사랑입니
까? 우리의 깊고 깊은 깊음들 안으로까지 깊숙이 내려오는 깊은
사랑입니다. 시편 130편의 시인이 이렇게 기도하고 있습니다.

> 오, 주님, 깊음들 가운데서 내가 당신께 부르짖습니다.
> 주님, 나의 목소리를 들어주소서!
> 내가 간구하는 소리에 당신의 귀를 기울여주소서!

여기서 시인은 하나님이 자기의 기도를 들으실 것으로 확신하고
있습니다. 그의 기도를 듣기 위해 하나님의 사랑이 자기의 깊음
들에까지 내려오실 것이라고 표현하고 있습니다.

시편 130편에는 "깊음이 깊음에게 부르짖는다" "깊음이 깊음

을 불러낸다"라는 표현이 있습니다. 이것은 시인이 고백하고 있는 '깊고 깊은 죄들'이 '깊고 깊은 하나님의 사랑'을 불러낸다는 뜻입니다. 시인이 이렇게 외칩니다.

> 내 마음의 깊음들 속에서부터 내가 주님께 외칩니다.
> 당신 마음의 깊음들 속에 용서가 있기 때문입니다.

그리고 그는 이렇게 말합니다. "내가 당신을 기다립니다, 주님. 내 영혼이 당신을 간절히 기다립니다. 왜냐하면 당신께 흔들리지 않는 사랑, 견고한 사랑, 실패하지 않는 사랑이 있기 때문입니다. 당신께는 너무도 깊은 사랑, 너무도 깊어서 나의 가장 깊숙한 바닥까지, 존재의 부끄러운 깊음들 속까지 내려와 나를 내 모든 죄악에서 구출하는 그런 사랑이 있기 때문입니다."

그리스도의 사랑의 높이는?

그리스도의 사랑은 넓고 길고 깊습니다. 그리스도의 사랑은 또한 높습니다. 그리스도의 사랑이 얼마나 높은가요? 도대체 어느 정도의 높이까지 우리를 드신다는 말입니까? 우리가 잘 아는 현대의 복음찬송 "날 세우시네"(You Raise Me Up) 가운데 이런 가사를 기억하실 것입니다. "당신은 우리가 있을 수 있는 높이 그 이상으로 우리를 높이 들어 주십니다"(You raise me up to more than I can be).

그렇다면 무엇이, 어디가 가장 높은(最高) 곳이란 말입니까? 이 질문에 대한 대답을 원하신다면 요한1서 3:2을 찾아보십시오. 요한 사도는 말합니다.

"우리가 그와 같을 것이다!" "우리가 그리스도와 같을 것이다!" 이 말씀이 성경에 없었더라면 저는 이 말씀을 믿지 않았을 것입니다.

그리스도가 나타나실 때, 그리스도가 영광 가운데 돌아오실 때 우리는 그분과 같을 것입니다! 이곳이, 이 상태가 우리가 오를 수 있는 가장 높은 곳입니다. 그렇게 될 줄을 믿습니다.

우리가 그분과 같아진다는 사실이 그리스도의 사랑의 정상(頂上)이며 최고봉입니다. 우리의 운명의 높이가 그렇다는 것입니다. 그리스도처럼 되는 것이 그리스도의 사랑이 우리를 높이시는 최고점이라는 것입니다.

그러므로

- 그분께 영광이 있기를 기원합니다.
- 우리 안에서 사역하시는 능력으로 우리가 바라는 것을 넘어 풍성하게 이루시는 그분 그리스도께 영광과 존귀와 명

예가 세세에 무궁하기를 기원합니다.

* 교회 안에 있는 영광과 그리스도 예수 안에 있는 영광이 모든 세대에 영원하기를 기원합니다.

* 우리 가운데서 사역하시는 능력대로 우리가 구하거나 생각하는 모든 것에 능히 더 넘치도록 하실 그분께 교회 안에서와 그리스도 예수 안에서 영광이 대대로 영원무궁하기를 원합니다.

* 교회와 그리스도를 통해 구원을 이루어가시는 하나님께 영원히 영광을 올려드립니다.

아멘.

8 〔통일〕한 몸, 한 영(靈), 한 주(主)

1 그러므로 주 안에서 갇힌 내가 너희를 권하노니 너희가 부르심을 받은 일에 합당하게 행하여 2 모든 겸손과 온유로 하고 오래 참음으로 사랑 가운데서 서로 용납하고 3 평안의 매는 줄로 성령이 하나 되게 하신 것을 힘써 지키라 4 몸이 하나요 성령도 한 분이시니 이와 같이 너희가 부르심의 한 소망 안에서 부르심을 받았느니라 5 주도 한 분이시요 믿음도 하나요 세례도 하나요 6 하나님도 한 분이시니 곧 만유의 아버지시라 만유 위에 계시고 만유를 통일하시고 만유 가운데 계시도다 7 우리 각 사람에게 그리스도의 선물의 분량대로 은혜를 주셨나니 8 그러므로 이르기를 "그가 위로 올라가실 때에 사로잡혔던 자들을 사로잡으시고 사람들에게 선물을 주셨다" 하였도다 9 올라가셨다 하였은즉 땅 아래 낮은 곳으로 내리셨던 것이 아니면 무엇이냐 10 내리셨던 그가 곧 모든 하늘 위에 오르신 자니 이는 만물을 충만하게 하려 하심이라 11 그가 어떤 사람은 사도로, 어떤 사람은 선지자로, 어떤 사람은 복음 전하는 자로, 어떤 사람은 목사와 교사로 삼으셨으니 12 이는 성도를 온전하게 하며 봉사의 일을 하게 하며 그리스도의 몸을 세우려 하심이라 13 우리가 다 하나님의 아들을 믿는 것과 아는 일에 하나가 되어 온전한 사람을 이루어 그리스도의 장성한 분량이 충만한 데까지 이르리니 14 이는 우리가 이제부터 어린 아이가 되지 아니하여 사람의 속임수와 간사한 유혹에 빠져 온갖 교훈의 풍조에 밀려 요동하지 않게 하려 함이라 15 오직 사랑 안에서 참된 것을 하여 범사에 그에게까지 자랄지라 그는 머리니 곧 그리스도라 16 그에게서 온 몸이 각 마디를 통하여 도움을 받음으로 연결되고 결합되어 각 지체의 분량대로 역사하여 그 몸을 자라게 하며 사랑 안에서 스스로 세우느니라

여러 해 전에 있었던 일입니다. 영국에서 발행되는 잡지 「펀치」 (Punch)의 편집장이 독자로부터 다음과 같은 편지를 받았습니다. "편집장님께: 귀사의 잡지가 예전과 같지 않군요." 그러자 편집장은 다음과 같은 답신을 보냈습니다. "존경하는 선생님, 우리 잡지

는 한 번도 예전과 같은 적이 없었습니다."

많은 사람들이 교회에 대해서도 이와 같은 말을 합니다. "교회가 예전과 같지 않다!"고 말입니다. 만일 다음에 여러분이 그런 말을 듣게 된다면, 그에게 "교회는 예전과 같은 적이 없었습니다"라고 일러주십시오. 만일 다음에 누가 교회에 대해 매우 침울하고 조의를 표하는 어조로 말하는 것을 들으면, 그에게 "한 번쯤 기독교회의 역사를 읽어 보시지요!"라고 일러주십시오. 다음에 누가 여러분에게 지나간 교회의 역사에 대해 매우 낭만적으로 말하면서 "그때가 좋았는데…"라고 말하는 것을 듣거든, 그에게 교회 역사에 관한 책을 한두 권 보여주십시오. 그러면 그의 눈이 휘둥그레질 것입니다.

사실 예전이 지금보다 더 낫지는 않았습니다. 예전이 지금보다 더 낫고 좋은 시절이었다고 생각하는 것은 황금시대라고 불리는 요순(堯舜)시대에 대한 신화를 믿는 것과 같은 것입니다.

- 사람들은 "17세기 청교도 시대에 뉴잉글랜드 지방에 있던 교회들이 오늘날의 교회들보다 영적으로 훨씬 살아 있었습니다"라고 말할 것입니다.
- 사람들은 "종교개혁 시대의 교회들이 오늘날의 교회들보다 성령의 불길로 더욱 뜨거웠습니다"라고 말할 것입니다.
- 사람들은 "1세기 교회, 즉 초기 기독교회는 지금 교회의 모습보다 훨씬 더 원형적이고 순수한 교회의 모습을 지녔

습니다"라고 말할 것입니다.

- 사람들은 "초기 교회 교인들은 사도들의 가르침에 따라 살았고, 성도 간에 순수한 교제를 나누었으며, 함께 성만찬을 나누며 기도에 전념했습니다"라고 말할 것입니다.

그러나 이렇게 말하는 것은 앞서 말씀드린 대로 요순시대에 대한 신화를 말하는 것입니다. 향수에 젖은 허구(虛構)를 말하는 것입니다. 사실의 내막(內幕)을 아신다면 여러분은 놀랄 것입니다. 17세기의 청교도가 주류를 이루었던 미국 뉴잉글랜드 지방은 여러 면에서 오늘날보다 그리 나은 것이 없었기 때문입니다. 청교도들이 미국 동북부 뉴잉글랜드 지역에 도착한지 몇 년이 안 됐을 때, 회의주의와 이단사설(異端邪說), 심지어 마법 행위마저도 횡행하고 있다고 당시의 많은 설교자들이 강하게 비판했습니다. 1700년대 초엽에 미국 대각성 운동의 주창자며 지도자였던 조나단 에드워즈(Jonathan Edwards)는 미국이 신앙적으로 도산(倒産) 상태에 이르렀다고 진단했습니다.

시대적으로 더 뒤로 돌아가 1611년의 영국을 생각해보겠습니다. 1611년이 어떤 해입니까? 영국 국왕 제임스(James)가 저 유명한 번역 성경인 '흠정역'(欽定譯, Authorized Version; 왕에 의해 인정된 번역)을 반포한 해가 아닙니까? 그런데 그때 영적으로 예민한 한 성도는 그 시대를 이렇게 평가했습니다. "소돔아, 우리의 죄에 비교하면 너희의 죄는 별것 아니다! 모든 사람이 하나같이 부패했

통일의 복음

고, 그들의 길은 굽었으며 모두 썩었다!"

좀더 뒤로 거슬러 올라가, 가장 영화롭고 찬란한 시대라고 찬사를 받는 중세를 보십시오. 프랑스 교회의 한 감독이 1263년에 황제 루이 9세에게 쓴 보고서에 이런 구절이 나옵니다. "기독교는 황제의 영토 안에서 점점 썩어가고 있을 뿐 아니라 사라지고 있습니다.…그 어느 곳에서도, 그 누구도, 교회로부터 출교(黜敎, excommunication) 당하는 것을 두려워하지 않습니다."

자, 그렇다면 1세기의 초대교회는 어떨까요? 어떤 분들은 "초대교회는 훨씬 성경적이었고, 신앙의 열정이 있어서 매우 순수했습니다"라고 할 것입니다. 그러나 정말로 그럴까요?

그렇지 않습니다! 고린도 교회에 보낸 바울의 편지를 한번 읽어보십시오. 사도 바울은 고린도후서 12:20에서 이렇게 기록하고 있습니다. "나는 너희 가운데 다툼과 시기와 분을 터뜨리는 것과 당파를 짓는 일과 중상함과 수군수군 거리며 소문을 내는 일과 거만함과 무질서가 있을까 두려워한다."

그러므로 사람들이 교회의 한심한 상태에 대해 비난하고 헐뜯을 때, 사람들이 여러분에게 "교회가 예전과 같지 않아!"라고 말할 때, 여러분은 분명한 양심을 가지고 다음과 같이 그들에게 말씀하십시오. "교회는 한 번도 예전과 같은 적이 없었습니다!" "교회는 당신이 생각했던 예전과 같아 본 일이 한 번도 없었습니다!"

어쩌면 우리는 한 번도 존재하지 않았던 '이상화된 교회의 모습'을 우리의 마음속에 만들어놓고 상상하는지도 모르겠습니다.

우리는 아마 이렇게 믿어왔는지도 모릅니다. 그런 교회가 1세기에 있었을 것이라고, 아니면 중세에 있었을 것이라고, 아니면 종교개혁 시대에 있었을 것이라고, 아니면 청교도 시대의 뉴잉글랜드 지역에 있었을 것이라고 말입니다.

오늘날의 교회는 과거의 교회와 너무도 똑같은 동일한 교회입니다. 그러나 그럼에도 불구하고, 다시 말해 부패의 징조가 사방에서 터져 나오고 논쟁과 다툼으로 가득 차 있음에도 불구하고, 하나님의 교회는 끊이지 않는 활력을 지속적으로 소유해왔습니다.

- 비록 조각나고 깨어졌어도, 교회는 우리의 마음으로는 도저히 이해하기 어려운 '신비'를 지니고 있습니다.
- 많은 도덕적 문제들로 얼룩져 있어도, 교회는 비도덕적인 사회 속에서 도덕적인 삶을 살 수 있는 능력을 지닌 남자와 여자들을 배출했습니다.
- 분파와 파당으로 일그러지고 이단에 의해 많은 상처를 입었어도, 교회는 항상 '일치의 환상'을 격려하고 꿈꿔왔습니다.

모든 세기에 걸쳐 교회는 썩고 부패했습니다. 그러나 동시에 모든 세기에 걸쳐 교회는 죽지 않는 활력과 꺼지지 않는 생명력을 소유해왔으며, 지옥의 문들이 교회를 대항하여 이기지 못했던 것입니다.

왜 그렇습니까? 무슨 이유로 교회는 모든 육신의 길로 떨어져버리지 않은 것입니까? 왜 교회는 죽기를 거절했습니까? 무슨 힘으로 교회는 생존해왔습니까?

대답은 이것입니다. 하나님이 교회를 교회 되게 하시기 때문입니다. 하나님이 교회를 존속시키시기 때문입니다. 교회는 하나님이 존재하게 하시기 때문에 존재하는 기관입니다.

그렇다면 왜 하나님은 교회가 존재하기를 원하십니까? 교회가 그리스도의 몸이고, 그리스도가 살고 계신 곳이며, 그리스도가 드러나는 곳이기 때문입니다.

- 그리스도는 교회의 형태로, 교회의 모습으로 이 세상에 오십니다.

- 그리스도는 교회의 선포(설교)를 통해 이 세상을 향해 말씀하십니다.

- 교회는 교회의 행위들을 통해 이 세상을 축복합니다.

2천 년 전에 그리스도가 교회에 "보아라, 세상 끝날까지 내가 항상 너희와 함께 있을 것이다"라고 약속하셨습니다. 그리고 그분은 그 약속을 지키셨습니다.

그리스도가 그 약속을 지키신 것이 교회의 비밀입니다. 다시 말해, 내가 너희와 세상 끝날까지 함께하실 것이라고 말씀하신 그리스도의 약속 때문에 교회가 그 수많은 내적인 약점과 부패, 외적인 역경과 난관 속에서도 생존해온 것입니다. 그리스도의 약속이 교회의 비밀인 것입니다. 그리스도의 약속 때문에 교회가 이 땅에서 결코 사라지지 않을 것입니다. 비록 교회가 너무도 인간적인 모임이더라도, 교회는 지옥의 문들이 결코 이길 수 없는 신적(神的) 생명을 소유하고 있습니다.

에베소서 1장에서 바울은 하나님이 한 가지 계획(경륜)을 가지고 계시다고 말한 적이 있습니다. 어떤 경륜이며 어떤 계획입니까? 때가 가득 차게 되는 하나님의 경륜[8], 모든 것들이 그 목적을 이루게 되는 하나님의 웅대한 계획, 그리스도 안에서 모든 것을 하나로 묶는 하나님의 계획, 하늘에 있는 것들과 땅에 있는 것들을 모두 하나로 묶는 계획입니다.

에베소서 1장에서 바울은 그리스도가 우주를 하나로 묶는 중심점이라고 말합니다. 그리고 그 그리스도가 교회 안에 살고 계신다는 것입니다.

에베소서 4:4에서 바울은 '한 몸'과 '한 영'이 있다고 가르칩니다. 그렇다면 이 한 영이 이 한 몸 안에서 무슨 일을 하고 있다는 것입니까? 부활하신 그리스도의 영이 교회라는 몸 안에서 무엇을 하고 계신다는 것입니까? 이 한 몸 안에 있는 이 한 영은 '일치'를 창조하고 있습니다. 획일성(劃一性)이 아니라 일치성(一致性)이며, 일률성(一律性)이 아니라 통일성(統一性)입니다. 교회의 몸 안에 거하시는 그리스도의 영이 다양성을 통해 통일성을 창조하고 계십니다.

교회의 통일성을 다음과 같은 은유로 생각해보십시오.

통일의 복음

- 그리스도의 교회를 사람의 '손'이라고 생각해보십시오.
- 그리고 서로 다른 교단들을 '손가락'으로 생각해보십시오.

분명히 손가락들은 서로 떨어져 있습니다. 서로 다릅니다. 그러나 한 가지 분명한 것은, 각 손가락이 더 큰 것(손)으로부터 나와서 자랐고, 또 그것에 속해 있다는 사실입니다.

손목에 있는 힘이 생명의 피를 각 손가락에 공급합니다. 한 몸인 교회, 즉 몸이신 그리스도의 생명의 피가 감리교회에도, 오순절교회에도, 성결교회에도, 장로교회에도 전달되는 것입니다. 단체의 성격상 비록 나누어져 있어도, 그들을 하나로 묶는 것이 그들을 여럿으로 분리하는 것들보다 훨씬 크고 중요합니다. 그리스도를 향한 사랑이 그들의 맥박과 혈관 속에 줄기차게 흘러 그들을 하나로 묶는 것입니다.

그렇습니다. 하나님은 그리스도를 통해 모든 것들을 하나로 통일하십니다. 바로 그런 그리스도가 교회에 거주하고 계시는 것입니다. 교회는 이처럼 그리스도의 몸입니다. 여러분과 저는 이처럼 그리스도의 한 몸에 속해 있는 지체입니다.

또한, 그리스도라는 한 몸의 지체가 된 여러분과 저에게 하나님은 선물들(恩賜, charismas)을 주셨습니다. 우리는 이 선물들을 사용해서 교회의 통일성을, 교회의 하나 됨을 사방에 보여주어야 합니다. 우리는 서로 다른 은사들을 받은 것입니다.

- 우리 안에는 매우 다정다감한 성격을 소유한 분들이 있

습니다. 그래서 다른 사람들을 잘 보살피고 그들의 말을 잘 들어줍니다.

- 어떤 분들은 행사가 있으면 기구를 잘 조직하여 진행하는 능력이 있습니다.
- 어떤 분들은 음악적인 재능이 있습니다.
- 어떤 분들은 손님 접대의 은사를 받았습니다.
- 어떤 분들은 머리가 명석하고 총명합니다.
- 어떤 분들은 직관력이 있고 영적으로 깨어 있습니다.

우리 각 사람들은 이런 은사들을 사용해서 교회를 하나로 묶는 일체성이 드러나도록 해야 합니다. 언제까지입니까? 우리가 궁극적인 일치에 이를 때까지, 즉 사도 바울이 에베소서 4:13에서 "그리스도의 충만"이라고 부르는 단계에 이르기까지 이런 은사들을 사용해야 합니다.

그렇습니다. 우리는 '하나'의 교회를 믿습니다. 우리는 교회가 하나라고 믿습니다. 왜냐하면 교회는 그리스도의 몸이며, 그리스도는 오직 하나의 몸을 갖고 계시기 때문입니다.

이것을 믿기 때문에 우리는 모든 노력을 다 해야 합니다. 사도 바울이 말하는 것처럼, 우리는 "평화의 매는 줄로 성령의 하나 됨을 지켜나가야" 합니다.

바울은 에베소에 있는 그리스도인들에게, 그리고 모든 곳에 있는 그리스도인들에게, 나뉘고 갈라진 분파를 극복하고 그리스

통일의 복음

도의 몸인 교회를 향한 그리스도의 뜻인 '하나 됨'을 세상에 보여
주라고 간청하고 있습니다.

- '하나 됨'은 복음의 일부분입니다.
- '하나 됨'은 하나님이 이 세상에서 이루시려는 것입니다.
- '하나 됨'은 교회가 이 세상을 향해 보여주어야 하는 것입니다.
- '하나 됨'은 교회가 이 세상을 향해 들려주는 외침입니다.

무엇이라고 외칩니까?

- 하나님이 그리스도 안에서 모든 것을 하나로 묶으신다는 사실을 당신들이 믿지 못한다면, 우리를 보시오.
- 우리가 꿈같은 이야기를 한다고 생각한다면, 우리를 보시오.
    - 우리는 미래에 있게 될 '하나 됨'을 미리 보여주는 시사회입니다.
    - 우리는 한 분 성령님 안에서 하나입니다.
    - 우리는 한 분 주님 안에서 하나입니다.

장차 있을 어느 날, 온 세상은 우리가 지금 보여주고 있는 하나 됨을 스스로에게서 보게 될 것입니다. 모든 것이 그리스도를 중심으로 통일을 이루게 될 날이 도래할 것입니다.

그렇다면 여러분 가운데 어떤 분들은 이렇게 질문하실지도

모릅니다.

- 좀더 중앙 집중화된 교단을 만들어가야 한다는 뜻입니까?
- 통합, 합동, 고신, 대신, 기장 측이니 하는 여러 개의 장로
  교단을 하나로 묶는 단일 통합기구를 만들어야 한다는 뜻
  입니까?
- 아니면 장로교, 감리교, 성결교, 구세군, 침례교, 루터교 등
  을 포괄하는 전(全) 세계적인 교회를 만들어가야 한다는
  뜻입니까?
- 미국의 국방부인 펜타곤과 같은 엄청난 규모의 교단 본부
  를 두고, 전(全) 세계에 있는 교회들을 중앙 집중화시켜 움
  직여가야 한다는 뜻입니까?

아닙니다! 결코 그런 뜻이 아닙니다. 그리스도 안에서 하나가 되어야 한다는 것과 교회들도 역시 그리스도를 중심으로 통일을 이루어야 한다는 것은, 우리가 현재 교단과 교단 혹은 교회와 교회를 가로질러 놓여 있는 분단선 너머로 그리스도 안에서 하나 되었다는 것을 아름답고 다양하게 표현해야 한다는 말입니다.

에베소에 있는 교회가 쪼개지고 분열하는 것을 바라보면서, 사도 바울은 그들에게 일치를 가져올 어떤 인위적인 타개책이나 처방전을 고안해내라고 요청하지 않았습니다.

사도 바울이 한 일은 그들이 받은 부르심에 합당한 삶을 살라고 촉구하는 일이었습니다(4:1). 계속해서 사도 바울이 말합니다.

온전하게 겸손하고 온유하십시오. 오래 참음으로 사랑 가운데서 서로 받아들이고 용납하십시오. 모든 노력을 다해 성령의 하나 되게 하신 것을 힘써 지키십시오(4:2-3).

우리가 시작할 출발점이 여기입니다.

몸이 하나이요 성령이 하나요 주님도 하나요 하나님도 하나이시니 그는 모든 것들의 아버지십니다. 모든 것들 위에 계시고 모든 것들을 통일하시고 모든 것들 가운데 계십니다(4:4-6).

그리스도인들과 교회들과 교단들이 주님 한 분께 점점 가까이 나아갈 때, 그들은 자신들이 서로에게 가까이 가고 있다는 사실을 발견하게 될 것입니다. 바로 그때, 그들은 그들 사이를 가로막고 있던 벽들과 담들에 대해 더 이상 만족하지 않을 것입니다.

이것이야말로 우리 시대의 위대한 종교개혁 운동이 아니겠습니까? 이것은 겸허한 마음으로 새롭게 성경을 귀담아듣는 것이기 때문입니다. 또한 하나님이 이 세상에서 지금 무슨 일을 하고 계신지를 생각해보는 새로운 갈망이 교회 안에서 일어나는 것이기 때문입니다.

한국의 교회와 교인들은 점차 서구인들처럼 개인주의적인 사고방식을 갖고 있습니다. 우리는 모두 개인주의라는 벌레에 물리고 있습니다. 우리는 그룹이 아닌 개인으로서 우리 자신에 대해 말합니다. 신앙에 대해 말할 때도, 우리는 교회가 아닌 개인적인 차원에서 말합니다. 우리는 우리 각 개인의 구원을 강조하고, 우리의 신앙을 하나님과 각각의 우리 사이에서 벌어지는 개인적인 거래로 이해하려고 합니다.

우리는 미래에 대해 말할 때도 매우 개인적인 측면에서 말합니다. 우리는 우리가 하늘에 갈 수 있는지 없는지에 큰 관심을 보입니다. 우리는 내세에 우리가 무엇을 기대하고 얻을 것인가에 대해 알기를 원하고, 천국은 어떤 모습이며 우리가 우리의 가족이나 친구들을 알아볼 수 있을까 등과 같은 질문에 우리의 관심을 집중시킵니다.

그러나 신약성경을 보면, 초점은 전혀 다른 곳에 있습니다. 신약성경의 초점은 개인의 죽음의 순간에 놓여 있는 것이 아니라 그리스도의 영광스러운 귀환의 순간에 놓여 있습니다. 모든 것들을 하나로 묶으시는 하나님의 계획과 경륜이 온전히 수행되는 순간 말입니다.

여러분 중에 "교회가 예전과 같지 않아!"라고 말하는 분이 있을지도 모릅니다. 그에 대해 저는 "교회는 한 번도 예전과 같은 적이 없습니다!"라고 답할 것입니다. 그리고 신약성경 역시 "맞아, 그것은 사실이야. 교회는 그런 방식으로 그대로 남아 있지 않을 거야"라고 말합니다.

그렇습니다.

• 교회는 지금 부패했는지도 모릅니다.

　　　　　　　　　　　　　　통일의 복음

- 교회는 지금 갈라지고 나뉘어 있는지도 모릅니다.
- 교회는 지금 성(性)을 차별하고 있는지도 모릅니다.
- 교회는 지금 인종을 차별하고 있는지도 모릅니다.
- 그러나 교회는 그렇게 남아 있지 않을 것입니다.

교회가 그렇게 남아 있지 않을 이유가 있다면, 교회 속에 있는 생명이 부활하신 그리스도의 생명이기 때문입니다.

교회가 사는 것이 아닙니다. 부활하신 그리스도가 교회 안에 살고 계신 것입니다. 교회의 생명은 교회 안에 살고 계신 그분의 생명입니다. 그리고 그분이 교회 안에 살고 계신 것은 저와 여러분이 모든 면에서 우리의 머리이신 그리스도에게까지 자라가게 하기 위함입니다. 아멘.

9 [서약] 세례에 합당한 삶

에베소서 4:17-32

17 그러므로 내가 이것을 말하며 주 안에서 증언하노니 이제부터 너희는 이방인이 그 마음의 허망한 것으로 행함 같이 행하지 말라 18 그들의 총명이 어두워지고 저희 가운데 있는 무지함과 그들의 마음이 굳어짐으로 말미암아 하나님의 생명에서 떠나 있도다 19 그들이 감각 없는 자가 되어 자신을 방탕에 방임하여 모든 더러운 것을 욕심으로 행하되 20 오직 너희는 그리스도를 그 같이 배우지 아니하였느니라 21 진리가 예수 안에 있는 것 같이 너희가 참으로 그에게서 듣고 또한 그 안에서 가르침을 받았을진대 22 너희는 유혹의 욕심을 따라 썩어져 가는 구습을 따르는 옛 사람을 벗어 버리고 23 오직 너희의 심령이 새롭게 되어 24 하나님을 따라 의와 진리의 거룩함으로 지으심을 받은 새 사람을 입으라 25 그런즉 거짓을 버리고 각각 그 이웃과 더불어 참된 것을 말하라 이는 우리가 서로 지체가 됨이라 26 분을 내어도 죄를 짓지 말며 해가 지도록 분을 품지 말고 27 마귀에게 틈을 주지 말라 28 도둑질하는 자는 다시 도둑질하지 말고 돌이켜 가난한 자에게 구제할 수 있도록 자기 손으로 수고하여 선한 일을 하라 29 무릇 더러운 말은 너희 입 밖에도 내지 말고 오직 덕을 세우는 데 소용되는 대로 선한 말을 하여 듣는 자들에게 은혜를 끼치게 하라 30 하나님의 성령을 근심하게 하지 말라 그 안에서 너희가 구원의 날까지 인치심을 받았느니라 31 너희는 모든 악독과 노함과 분냄과 떠드는 것과 비방하는 것을 모든 악의와 함께 버리고 32 서로 친절하게 하며 불쌍히 여기며 서로 용서하기를 하나님이 그리스도 안에서 너희를 용서하심과 같이 하라

오래전에 졸업반에 있는 신학생들과 함께 이스라엘로 성지순례를 다녀왔습니다. 우리가 방문한 장소 중의 하나는 서예루살렘에 있는 '야드 바셈'(Yad Vashem)이었습니다.

'야드 바셈'이란 이름은 이사야 56:5에서 따온 것으로, 그 구절의 전문은 이렇습니다. "내가 내 집에서, 내 성 안에서 '야드 바

셈'(기념물과 이름)을 그들에게 주리라"(I will give within my temple and its walls a memorial and a name, NIV).

야드 바셈은 국가적 비애를 기억하는 기념비이며 민족적 슬픔을 추모하는 기념관으로, 나치에 의해 희생된 600만 명의 유대인 대학살의 비참한 기억을 모아 추모하는 곳입니다. 관광객의 가벼운 마음으로 방문하기에는 너무도 힘겹고 어려운 장소입니다. 추모관 안에서 가장 지나기 힘든 부분은 숨진 수많은 어린이를 추모하는 기념관입니다. 이 어린이 추모관은 유대인 대학살 당시 죽어간 150만 명의 어린 영혼들을 추모하기 위한 건물로, 땅속 깊은 지하에 있습니다.

그 안은 어둡고 컴컴합니다. 온몸에 전율을 느낄 정도의 어두움입니다. 그 추모관 안으로 들어가는 순간 길을 잃어버린 미아(迷兒)처럼 혼란스럽고 어쩔 줄 모르게 됩니다. 벽 옆으로 설치된 손잡이를 잡고 조심스럽게 한 걸음씩 발을 뗍니다. 홀 중앙에는 다섯 개의 타오르는 촛불이 있는데, 사방 벽면을 두른 각진 거울에 반사되어 다시 수천 수만 개의 촛불이 말없이 타오르는 것처럼 보입니다. 정말 소름 끼치는 공간입니다.

마치 광활한 우주공간에서 미아가 된 우주인의 기분이라고 할까요? 은하계의 수천 수억 개의 별들 사이 어디에서인가 길을 잃고 어쩔 줄 몰라 하는 느낌입니다. 깜빡거리는 연약한 불빛들이 여러분을 두르며 말없이 서 있습니다. 그 불빛들 하나하나는 포로수용소에서, 가스실에서 죽어간 150만 명의 어린이들 한 명한 명을 상징하고 있었습니다.

그리고 저 위 어디선가 그들의 이름을 부르는 소리가 들려오기 시작합니다.

독일의 이쯔하크 골트슈타인

오스트리아의 사라 코헨

네덜란드의 안네 프랑크

…

감당하기 힘든 삶과 죽음의 무게를 동시에 느낍니다. 눈물이 앞을 가리고 목이 메어 거의 질식할 정도입니다. 150만 명의 어린아이들이 살해되고 처형되고, 심지어 어떤 경우는 불에 태워 죽임을 당했습니다. 어떻게 이런 일이 일어날 수 있다는 말입니까?

세례받은 이교도들

그런데 이렇게 생각해보십시오. 이 무고한 어린아이들을 가지고 '놀이'를 했던 살인자들 말입니다. 아이들을 공중에 던져 총으로 쏘아 맞히기도 하고, 산 채로 불 속에 던져 집어넣기도 한 이 비극적인 인종 말살 사건이 기독교 문명권 안에서 일어났다는 사실을 어떻게 상상할 수 있다는 말입니까? 그런데 놀라운 사실은, 아니 믿을 수 없는 사실은, 이 살인자들 대부분이 어렸을 때 유아세례를 받았다는 것입니다. 이 사실을 어떻게 받아들여야 합니까?

어떤 사람들은 외칩니다. "유아세례라고? 도대체 세례가 무슨 소용이 있다는 말인가? 무슨 유익이 있는 예식이라는 말인가? 아무런 쓸모도 없는 무의미한 종교예식이지! 값싼 은혜에 불과해! 보라고, 세례를 받았다는 자들이 이런 몹쓸 짓을 태연하게 한 것 아니야?" 여러분은 어떻게 대답하시겠습니까?

그들은 자신들이 받은 세례가 무엇을 뜻하고 의미하는지 도무지 모르는, 무지한 '세례받은 이교도들'이 아닙니까? 그들의 부모 역시 크게 다르지 않습니다. 자기 자녀가 유아세례를 받게 할 때 그들은 도대체 무슨 생각을 하고 있었다는 말입니까? 어린 아들과 딸의 머리에 떨어지는 세례의 물방울이 무엇을 가리키고 있는지 알기나 했을까요? 그들이 세례의 의미를 이해했다면, 나치 정권이 그들의 자녀를 세뇌시켜 끔찍한 살인자들이 되도록 허락하지는 않았을 것이 아니겠습니까? 불행하게도, 세례받은 어린아이들이 자라서 150만 명이나 되는 유대인 어린아이들을 죽인 것입니다. 이런 문제를 깊이 생각하지 않는다면, 여러분은 '세례'에 대해 말할 자격을 상실할 것입니다.

세례란?

그렇다면 세례는 무엇입니까? 세례의 의미는 무엇입니까? 세례가 하는 일이 무엇입니까? 이 질문들에 대한 대답을 오늘 읽은 본문 안에서 얻게 될 것입니다.

바울은 1세대 그리스도인들에게 글을 쓰고 있습니다. 그들은 모두 성인이 되어 세례를 받은 사람들이었습니다. 바울은 그들에게 자신이 받았던 세례를 기억해보라고 합니다. 그리고는 친절하게 그들이 받았던 세례의 뜻과 그것이 내포하고 있는 여러 가지 함의(含意)들을 설명합니다. 그는 말합니다.

- 세례는 당신들의 이전 삶의 방식을 내버리는 것입니다.
- 세례는 당신들의 부모들이 가르쳐준 삶의 방식과의 온전한 단절을 뜻합니다.

그렇습니다. 세례는 과거와의 철저한 단절입니다. 과거와의 단절이 무엇을 뜻합니까? 어렸을 때 저는 미신이 득실거리는 시골 마을에 살았던 적이 있습니다. 그때만 해도 아직 시골에는 예수님을 믿는 가정이 드물었고, 대부분이 철저한 무신론자이거나 미신을 믿는 사람들이었습니다. 동네 이곳저곳에서 굿하는 것을 보는 게 그리 어려운 일이 아니었고, 서낭당이나 사당에 가서 소원을 빌고 참배하는 사람도 꽤 됐습니다. 그러므로 예수님을 믿는다는 것은 장난이 아니었습니다. 그것은 마을과 가정과 가문에서 소외된다는 것을 뜻했습니다. 단순히 정서적인 소외나 왕따만이 아니었습니다. 언제나 물리적 핍박과 언어적 폭력이 뒤따랐습니다. 물론 좀 너그러운 집은 아내나 자녀가 교회에 가는 것은 허락했습니다. 그러나 언제나 치러야 할 대가가 있었습니다. 교회에서

통일의 복음

돌아오면 반드시 해야 할 산더미 같은 숙제들이 기다리고 있었습니다. 농사일, 밭일, 집안일은 고스란히 교회에 다녀온 그들의 몫이었습니다. "그래, 얼마나 잘하나 보자" 하는 식이었습니다.

예수님을 믿게 되는 사람은 대부분의 경우 그 집에서 어김없이 박해를 받았습니다. 예수님을 영접한 어떤 부인은 남편으로부터 머리채를 잡혀 질질 끌리고 땅에 내팽개쳐지는 수모를 비롯해 심한 구타를 당하기도 했습니다. 시어머니의 구박과 핍박은 갈수록 심해졌습니다. 그런 성도들이 마음의 설움과 슬픔을 토할 수 있는 곳이 어디겠습니까? 마을 저 멀리 외롭게 서 있는 교회당이었습니다. 눈물로 하나님께 기도했습니다. 그런 사람이 어느 날 세례를 받게 됐습니다. 단정하게 한복을 차려입고 세례를 받았습니다. 세례는 그녀에게 과거와의 철저한 단절이었습니다. 그녀가 살고 있던 동네와 마을 공동체가 갖고 있던 도덕과 인습에서 완전하게 벗어난다는 것을 상징하는 예식이었습니다. 이것을 저는 두 눈으로 똑똑히 보고 자랐습니다. 예수님을 믿는다는 것, 세례를 받는다는 것이 무엇을 의미하는지 몸으로 배운 것입니다.

우리나라에 복음이 전해진 초기의 상황에서 세례를 받는다는 것과 1세기의 기독교회에서 세례를 받는다는 것 사이에는 공통점이 있습니다. 세례는 당신이 알고 지내왔던 도덕과 인습과 생활습관을 철저하게 버리고 과거와 단절하는 것입니다.

바울이 17절에서 말한 것을 제가 여러분에게 말합니다. "이제부터는 이방인들이 살던 방식대로 살지 마십시오.”

여기서 말하는 이방인이 누구입니까? 어떤 사람들이 이방인입니까? 그들은 이해력에서 어두워진 사람들이고, 하나님의 생명에서 떠나 있는 사람들입니다. 하나님의 생명에서 떠나 있는 이유는 무지와 무식 때문이었고, 무지하고 무식하게 된 이유는 그들의 마음이 굳어졌기 때문입니다. 굳어진 마음, 강퍅한 마음, 돌과 같은 마음, 비가 스며들 여지가 없는 마음, 은혜를 받아들일 수 없을 정도로 건조한 마음 때문에 마음이 어두워지고 무지하고 무식해졌다는 것입니다. 유진 피터슨의 말대로 혹시 우리도 ‘하나님 굳은살’(God-Callus)이 박힌 것은 아닌지 두려울 뿐입니다.

그러다 보니 그들은 감각적이 되고 육감적이 되고 관능적이 되어 온갖 불결한 생각과 행동과 일에 집착하고 몰입하게 되었습니다. 향락과 쾌락을 추구하는 삶의 방식을 따르게 된 것입니다.

벗다, 입다

그러나 여러분은 세례를 받은 사람들입니다. 세례를 받은 여러분은 그런 식으로, 이방인들이 아는 방식으로 그리스도를 알게 되지 않았습니다. 여러분은 이전의 삶의 방식에 관해 배우면서, 먼저 여러분의 옛 자아를 **벗고** 새로운 자아를 **입어** 하나님처럼 되어가도록 지음을 받았다고 배웠습니다.

여기 ‘벗다’와 ‘입다’라는 두 동사에 주의를 기울여보십시오.

　　　　　　　　　　　　　　　통일의 복음

우리는 우리의 옛 자아를 벗어버리고, 새로운 자아를 옷 입듯 입어야 합니다.

이런 용어들은 세례의 언어입니다. 즉 세례를 받는 후보자들은 세례를 위한 물속으로 들어가기 전에 그들이 입고 있던 옷들을 벗습니다. 그들의 이교도적인 과거를 뒤로한다는, 이교적인 삶의 방식을 내버린다는 상징이었습니다.

그리고는 세례의 물속으로 서서히 들어가면서 신앙을 고백합니다. 그리고 세례를 받습니다. 물속으로 온전하게 푹 들어가는 것입니다. (역시 하나님은 자기가 사랑하는 자를 물 먹이기를 좋아하시는가 봅니다! 혹시 내가 지금 물 먹고 있다는 생각이 들거든, 역시 하나님은 나를 무지하게 좋아하시는구나 하고 위안을 받기 바랍니다!) 물속에서 다시 나오면 깨끗한 새 옷을 입습니다. 새 의복을 입듯이 그리스도를 입는다는 상징입니다.

세례는 죽음의 물들에서 기어나온다는 것을 의미합니다. 부도덕과 성적 쾌락의 깊은 물에서 나와 하나님이 창조하신 마른 땅에 이른다는 뜻입니다.

죽다, 살다

이 말을 현대적 이미지로 번역하여 말하자면 다음과 같습니다. 우리와 동시대의 미국 시인이며 작가인 제럴드 람세이(Jarold Ramsey)가 쓴 "침수"(沈水, immersion)라는 시가 이런 이미지를 잘 드러내고 있습니다. 물론 미국적 상황을 반영하기는 하지만, 우리에게도 귀한 의미를 줄 것입니다.

완고한 침례교 부모들이

그들의 위축된 아들과 딸들을

침례를 받게 하려고 강가로 데려왔을 때,

마른 땅의 감리교도들은

몇 명이나 물속에 빠지는지

그 수를 세러 나왔다.

저 위험천만한 일에 구속(救贖, redemption)이

뒤따른다고 누가 생각했겠는가?

파자마를 걸친 채 맨발로 나와

쭈그러진 얼굴로 쳐다보고 있던 내 학교 친구들은

순교로 가는 강의 저 반대편 둑에 서 있었다.

그들은 설교자가 물이 허리춤에 차는 지점에 서서

아직은 그리스도인이 아닌 사람들의

이름을 부르는 것을 보고 있었다.

나는 목을 빼서 내밀고 보았다.

그 목사님이 내 친구 해럴드의 허리춤을 떠받치고

다시 그의 뒷목 부분을 잡고 뒤로 젖히는 모습이

마치 갓난아기 목욕시킬 때처럼

그렇게 물속으로 뉘는 것이었다.

그리고 다른 한 손은 하늘을 향해 번쩍 쳐들면서

"내가 그대에게 세례를 주노라"라고 소리치는데,

목사님이 얼마나 천천히 말씀하시는지!

해럴드의 폐 속은 물이 차오르는 공포 그 자체였다.

해럴드가 물에서 올라올 때

그는 마치 해마처럼 콧김을 뿜어냈다.

그러고는 눈을 감은 채로 뒤뚱거리며

마른 땅 위로 걸어 나왔다.

내 건조한 피부로 그를 감싸 안았다.

그가 얼마나 부러웠던지!

내 친구, 강물 속으로 들어가서

하나님이 "이젠 됐어!" 하고

고개를 끄덕이실 때까지

용감하게도 숨을 꾹 참았던 내 친구,

이제 약간은 추워 벌벌 떨면서

반대편 강가에 서서 구원에 대해 재잘재잘 지껄여댄다.

세례를 위한 물은 우리가 들고 다니는 플라스틱병 속의 물이 아
닙니다. 더울 때 하늘을 향해 고개를 쳐들고 마시는, 병에 담긴
물이 아닙니다. 그 물은 우리가 빠져 익사하는 물이요, 다시 그
물속에서 일어나 걸어나오는 물입니다.

• 세례의 물을 통해 우리는 예수님의 생애 가운데 일어난

중요한 사건들을 반복하는 것입니다. 그분이 죽음으로 내려가신 사건과 새로운 생명으로 다시 부활하신 사건을 재현하는 것입니다.

- 세례의 물을 통해 우리는 예수님을 따르는 것입니다. 요단 강으로 내려가시고 다시 올라와 성령을 받으신 그 예수님을 좇아 따라가는 것입니다.
- 세례의 물을 통해 우리는 죽음 속에 깊숙이 가라앉았다가 다시 생명의 주님으로 일으킴 받으신 예수님을 따르는 것입니다.

언젠가 모든 피조물이 세례받은 그리스도인들이 겪는 것과 동일한 변혁의 과정을 거치게 될 것입니다. 모든 피조물이 역시 죽음에서 생명으로 변화될 것입니다. 그리하여 언젠가 새로운 창조가 옛 창조의 죽음으로부터 떠오르게 될 것입니다.

춘설(春雪)에 피는 매화가 봄의 도래를 알리는 전령(傳令, messenger)이듯, 세례를 받은 우리는 새로운 창조세계의 도래를 알리는 매화와 같습니다. 왜냐하면 우리는 이미 새로운 성품을 입었기 때문입니다("심령으로 새롭게 되었다"). 우리는 이미 참된 의로움과 거룩함으로 하나님처럼 되어가도록 지음을 받았기 때문입니다("하나님을 따라 의와 진리의 거룩함으로 지으심을 받았다" 엡 4:24).

통일의 복음

그렇게 되었다면, 여기에 더할 것이 있다고 사도 바울이 말합니다. 즉 예수 그리스도와 연합하여 옛 자아가 죽고, 예수 그리스도와 연합하여 새로운 자아로 새롭게 태어났다면, 그리고 이것이 세례의 진정한 의미라면, 이제부터는 삶의 방식과 행동에도 변화가 있어야 한다는 말입니다.

- 더 이상 거짓말은 그만두십시오!
- 더 이상 겉치레나 허영이나 허례허식은 그만두십시오!
- 화를 냈더라도 해가 지기 전에 푸십시오!
- 제발 밤새도록 꽁하거나 분을 품지 마십시오!
- 훔치지 마십시오!
- 땀 흘리지 않고 먹으려 드는 '불한당'(不汗黨)이 되지 마십시오!
- 떳떳한 일을 하고 다른 사람을 돕고 사십시오!
- 말하는 습관을 살펴보라. 상스러운 욕이나 음담패설은 부끄러운 줄 아십시오!
- 입에서 추잡하고 더러운 말이 나오지 않게 하십시오!
- 도움이 되는 말만 하라. 덕(德)이 되는 말을 하십시오!
- 말 한 마디 한 마디가 상대방에게 선물이 되도록 하십시오!
- 뒷말하고 남을 씹어대는 저급한 언어 행동은 깨끗하게 끊으십시오!

- 남을 용서하는 일은 재빠르고 철저하게 하는 것이 좋습니다. 하나님이 그리스도 안에서 여러분을 용서하실 때 그렇게 하셨기 때문입니다.

이전과 지금

세례예식의 언어는 '이전과 지금'의 언어입니다.

- 세례를 받기 전에 당신은 저랬습니다.
  그러나 지금은 이렇습니다.
- 세례를 받기 전에 당신은 어두움이었습니다.
  그러나 지금 당신은 빛입니다.
- 세례를 받기 전에 당신은 거짓말쟁이였습니다.
  그러나 지금 당신은 진실만을 말합니다.
- 세례를 받기 전에 당신은 빈둥대던 사람이었습니다.
  그러나 지금은 당신의 배우자에게 성실한 사람이 되었습니다.

여러분은 이런 '이전과 지금'이라는 대조적 문구를 신약성경 전반에 걸쳐 발견하실 수 있습니다. 예를 들어, 디도서의 한 구절을 현대적으로 번역하여 읽어드리겠습니다.

이전에는 우리 역시 어리석고 고집스러웠으며 얼간이처럼 죄에 속

통일의 복음

고 살았습니다. 우리의 기분에 따라 자기 마음대로 살았으며, 늘 누군가와 싸울 기세로 살았고, 미워하고 복수하면서 다시 미워하고 살았습니다. 그러나 하나님이 끼어드셨습니다. 개입하신 것입니다. 그리고 우리를 이 모든 것에서 건져내셨습니다. 그리고 그분은 우리를 목욕탕에 집어넣으셨습니다. 푹 불리게 하시더니 모든 더러운 때를 다 밀어내셨습니다. 이제 우리는 말끔하고 말쑥한 새로운 백성이 되어 나왔습니다. 성령이 우리의 속과 겉을 모두 깨끗하게 씻어주신 덕분입니다. 성령으로 우리가 새로워진 것입니다(딛 3:3-5).

'사크라멘툼', 충성서약

2세기 중엽 로마에 유스티누스(Justin)라는 그리스도인 선생이 있었는데, 그는 로마의 황제와 원로원과 백성 앞에서 기독교 신앙을 변호한 것으로 유명합니다. 그는 그리스도인들이 그리스도께 서원하고 바치는 충성심을 로마의 군인들이 카이사르에게 바치는 충성맹세에 비교했습니다. 로마 군대에는 그들의 황제인 카이사르에게 충성을 서약하는 맹세 예식이 있었고, 이것을 '사크라멘툼'(sacramentum)이라고 불렀습니다. 교회는 이 용어를 차용해서 세례의식을 부르는 데 사용했습니다. 그래서 세례식을 거룩한 예식이란 의미의 '성례'(聖禮, sacrament)라고 부르게 된 것입니다. 여기서 중요한 사실은 '사크라멘툼'을 통해, 즉 세례를 받을 때에 드리는 서약(맹세)을 통해, 세례받는 그 사람은 더 이상 일반 시민으로 남아 있는 것이 아니라 그리스도의 군대의 군인이 된다는 것입니다.

'사크라멘툼'을 통해 사람은 자신의 사복(私服)을 벗습니다. 즉 자신의 옛 본성을 벗어던집니다. 그리고 제복(유니폼), 즉 새로운 본성을 입는 것입니다.

그런데 불행하게도 오늘날 '사크라멘툼'(충성서약)을 한 대다수 사람들, 다시 말해 세례 서약을 한 대부분 사람들이 실제 이 세상과의 전투에 참가할 그리스도의 군대에 입영하지 않고 있습니다. 서약한 후, 세례를 받은 후, 많은 사람이 탈영병이 됩니다. 그리고 숨어서 이교도들처럼 살아갑니다.

어떤 사람들은 아예 병영을 떠나버리기도 합니다. 상부에서 감찰이 있다고 하면 그때나 간혹 다시 나타나기는 하지만, 결국 이중생활을 하는 격입니다. 두 주인을 섬기는 이중생활입니다. 한편으로는 하나님과 그리스도를, 다른 한편으로는 세상과 재물을 섬기는 삶입니다. 그러나 두 집 살림하는 것이 실제로는 얼마나 힘들고 어렵다는 것 정도는 알아야 합니다! 한 집 챙기기도 어려운데 두 집을 다 챙길 수 있다니, 그렇게 하는 여러분은 대단한 분들입니다!

바울은 바로 이런 모든 사람을 향해 오늘의 본문을 통해 일곱 가지 도전적인 권면의 말을 합니다. 그가 묻습니다. 당신은 세례를 받으셨습니까? '사크라멘툼'을 하셨습니까? 세례 서약 말입

통일의 복음

니다. 그렇다면 이렇게 하십시오.

1. 거짓을 버리십시오. 각각 그 이웃으로 더불어 참된 것을
   말하십시오.

2. 분을 내어도 해가 지도록 분을 품지 마십시오. 분을 품고
   자면 다음 날 새끼가 나옵니다! 마귀가 틈을 노릴 것입니다.

3. 도둑질하지 말고 제 손으로 정직하게 수고하고 일하십시오.

4. 더러운 말은 입 밖에 내지 마십시오. 오직 덕을 세우는 착
   한 말을 하십시오.

5. 하나님의 성령을 근심하게 하지 마십시오. 그 성령은 여러
   분이 세례를 받을 때 받은 하나님의 성령입니다.

6. 껄끄럽고 쓰디쓴 모든 것들을 내려놓으십시오. 성질을 부
   리고 화를 내고 분노하는 일을 버리십시오.

7. 서로에게 친절하고, 서로 용서하십시오. 하나님이 그리스
   도를 통해 여러분을 용서하셨던 것처럼 그렇게 서로 용서
   하십시오.

달리 말하자면,

- 여러분이 받은 세례에 합당하게 사십시오.

- 세례예전(洗禮禮典)적으로 사십시오.

- 세례를 삶으로 사십시오.

아멘.

10 〔시작〕 물에서 태어난 사람들

17 그러므로 내가 이것을 말하며 주 안에서 증언하노니 이제부터 너희는 이 방인이 그 마음의 허망한 것으로 행함 같이 행하지 말라 18 그들의 총명이 어두워지고 저희 가운데 있는 무지함과 그들의 마음이 굳어짐으로 말미암아 하나님의 생명에서 떠나 있도다 19 그들이 감각 없는 자가 되어 자신을 방탕에 방임하여 모든 더러운 것을 욕심으로 행하되 20 오직 너희는 그리스도를 그같이 배우지 아니하였느니라 21 진리가 예수 안에 있는 것 같이 너희가 참으로 그에게서 듣고 또한 그 안에서 가르침을 받았을진대 22 너희는 유혹의 욕심을 따라 썩어져 가는 구습을 따르는 옛 사람을 벗어 버리고 23 오직 너희의 심령이 새롭게 되어 24 하나님을 따라 의와 진리의 거룩함으로 지으심을 받은 새 사람을 입으라 25 그런즉 거짓을 버리고 각각 그 이웃과 더불어 참된 것을 말하라 이는 우리가 서로 지체가 됨이라 26 분을 내어도 죄를 짓지 말며 해가 지도록 분을 품지 말고 27 마귀에게 틈을 주지 말라 28 도둑질하는 자는 다시 도둑질하지 말고 돌이켜 가난한 자에게 구제할 수 있도록 자기 손으로 수고하여 선한 일을 하라 29 무릇 더러운 말은 너희 입 밖에도 내지 말고 오직 덕을 세우는 데 소용되는 대로 선한 말을 하여 듣는 자들에게 은혜를 끼치게 하라 30 하나님의 성령을 근심하게 하지 말라 그 안에서 너희가 구원의 날까지 인치심을 받았느니라 31 너희는 모든 악독과 노함과 분냄과 떠드는 것과 비방하는 것을 모든 악의와 함께 버리고 32 서로 친절하게 하며 불쌍히 여기며 서로 용서하기를 하나님이 그리스도 안에서 너희를 용서하심과 같이 하라 〔5장〕 1 그러므로 사랑을 받는 자녀 같이 너희는 하나님을 본받는 자가 되고 2 그리스도께서 너희를 사랑하신 것 같이 너희도 사랑 가운데서 행하라 그는 우리를 위하여 자신을 버리사 향기로운 제물과 희생제물로 하나님께 드리셨느니라 3 음행과 온갖 더러운 것과 탐욕은 너희 중에서 그 이름조차도 부르지 말라 이는 성도에게 마땅한 바니라 4 누추함과 어리석은 말이나 희롱의 말이 마땅치 아니하니 오히려 감사하는 말을 하라 5 너희도 정녕 이것을 알거니와 음행하는 자나 더러운 자나 탐하는 자 곧 우상 숭배자는 다 그리스도와 하나님의 나라에서 기업을 얻지 못하리니 6 누구든지 헛된 말로 너희를 속이지 못하게 하라 이로 말미암아 하나님의 진노가 불순종의 아들들에게 임하나니 7 그러므로 그들과 함께 하는 자가 되지 말라 8 너희가 전에는 어두움이더니 이제는 주 안에서 빛이라 빛의 자녀들처럼 행하라 9 빛의 열매는 모든 착함과

오늘 우리가 읽은 성경 본문은 "물에서 시작된 세상"에 관해 말
하고 있습니다. 뜬금없이 '물'에 관한 본문이라니 무슨 말인가 하
고 생각하는 분이 있으실 것입니다. 그러나 본문 전체를 자세하
게 읽으면 본문이 세례와 관련되어 있다는 것을 알게 될 것이고,
세례의식은 자연스럽게 물과 관계한다는 사실도 기억하시게 될
것입니다. 방금 우리가 읽은 본문은 세례의 물에서 생겨난 새로
운 세상과 사람들에 관한 말씀입니다. 그러나 좀더 넓게 본문을
바라보면, 우리가 읽은 본문은 창세기 1장에 기록된 '창조 이야
기'를 연상시킵니다. 에베소서 4-5장 그리고 창세기 1장은 모두
"물에서 시작된 세상"에 관해 말하고 있기 때문입니다. 두 본문
모두 하나님이 전혀 새로운 것을 불러 존재하게 하시는 일에 관
해 말하고 있습니다. 전에 존재하지 않았던 그 무엇을 존재하게
하시는 하나님의 위대한 창조에 관한 본문들입니다.

요약해서 말하자면, 창세기 1장에 나오는 '최초의' 창조는 혼
돈과 무질서의 물들로부터 시작됩니다. 그런데 에베소서 4-5장
도 역시 새로운 창조에 대해 말하고 있습니다. 여기서도 물에서
부터 시작된 새로운 창조에 대해 말합니다. '세례의 물'에서 새로
운 창조가 시작된다는 것입니다. 이 두 개의 창조, 즉 "첫 창조"(창

1장)와 "새 창조"(엡 4-5장) 모두 '물'에서 생겨난 셈입니다.

첫 창조와 물

첫 창조가 어떻게 시작되었는지 다시 한 번 귀담아들으십시오.

> 하나님이 하늘들과 땅을 창조하실 때
> 땅은 형체가 없이 공허했으며
> 어둠이 깊음 위에 덮였더니,
> 하나님으로부터 온 바람이 '물들' 위로 불었더라.

창세기 1장은 이 물들이 어떻게 그곳에 있었는지에 대해서는 말하지 않습니다. 창세기 1장은 하나님이 이 물들을 창조하셨다고 말하지도 않습니다. 창세기 1장은 "하나님이 말씀하시기를, '물들이 땅 위를 덮어라'라고 하시자 그대로 되었더라. 그리고 물들이 하나님이 보시기에 좋았다"라고 기록하고 있지도 않습니다.

창세기 1장은 이와 정반대로 말하고 있습니다. 즉 하나님이 물들을 물리치셨다고 말하고 있습니다. 다시 말해 하나님이 물들을 '피조(被造)된 질서'의 가장 끝자락에 자리를 정해 묶어놓으셨다는 것입니다. 창세기 1장의 표현대로 말하자면, 하나님이 물들의 절반을 창공 위의 바다(大洋)에 담아두시고 나머지 절반의 물들은 땅 아래 낮은 바다에 담아두셨다는 것입니다(7절).

통일의 복음

창세기 1장이 보여주고 있는 세상은 사방으로 공략당하고 있습니다. 창세기 1장이 가리키고 있는 세상은 하늘 위로 땅 아래로 엄청난 바다들에 둘러싸여 있는 매우 위험천만한 세상입니다. 우리가 살고 있는 세상은 포위된 세상이요, 파괴적인 세력들에 의해 사방으로 둘러싸인 세상이라는 것입니다. 이런 세력들은 우리 아래에도 있고, 우리 위에도 있고, 우리 주위 사방으로 있습니다. 우리는 이렇게 적대적이고 파괴적인 세력들에 둘러싸여 공략당하고 있는 것입니다. 이것이 우리의 세상입니다. 하나님의 창조적인 말씀들이 아니었더라면, 우리는 모두 죽은 오리들처럼 되었을 것입니다. 지금도 하나님이 그분의 창조적인 말씀으로 이 세상을 붙들고 계시니까 망정이지, 아니 우리 머리 위에 있는 저 우주적 대양을 담고 있는 들보가 하나님의 창조적인 말씀에 의해 그 자리에 그대로 묶여 있으니까 망정이지, 만일 하나님이 자신의 창조적인 말씀을 거두어가신다면 우리는 모두 태고의 깊음(深淵)들 속에 빠져서 다 익사했을 것입니다. 지금 이 순간 우리가 숨을 쉬고 살아 있다는 것 자체가 다 하나님의 창조적 말씀 덕분입니다.

그뿐 아니라, 하나님은 말씀으로 이런 적대적인 세력들 한가운데에 '안전지대'를 창조하셨습니다. 하나님은 말씀으로 여러분과 제가 살기도 하고 움직이기도 하고 존재할 수 있는 '마른 땅'을 창조하셨습니다.

여기저기에 그런 '마른 땅들'이 있다는 사실, 바로 이것이야말로 창세기 1장이 선포하는 가장 위대한 기적의 복음입니다. 깊고 푸른 바다 한가운데 여기저기에 육지라 부르는 마른 땅들이 있어 사람들이 목숨을 붙여 살고 있다는 것이 얼마나 엄청난 기적입니까? 사방에 떼를 지어 몰려드는 무서운 파도에 둘러싸여 있지만, 우리는 하나님의 은혜로 그 대양 한복판에 있는 '작은 섬' 안에 살고 있는 것입니다. 하나님이 물들 한복판 여기저기에 '마른 땅들'을 창조하셨기 때문입니다.

세례의 물과 새 창조

에베소서 4-5장을 읽을 때마다 창세기 1장의 장면들이 떠오릅니다. 에베소서 4-5장에서도 하나님의 새로운 창조가 물들에서부터 시작되기 때문입니다. 죽음의 물로부터, 세례의 물로부터 하나님의 창조가 시작됩니다.

우리가 읽은 본문 전체는 '세례의 물들'로 흠뻑 젖어 있습니다. 세례예식(baptismal liturgy)의 이미지들로 가득 차 있는 본문입니다. 예를 들어, 4:22-24을 읽어보십시오.

너희는 유혹의 욕심을 따라
썩어져 가는 구습을 좇는
옛 사람을 벗어 버리고
오직 심령으로 새롭게 되어

'벗는다'와 '입는다'는 두 단어에 주의를 기울이십시오. 우리는 옛 자아를 '벗고' 새로운 자아를 '입어야' 합니다. 이것은 '세례예식의 언어'(baptismal language)입니다. 이 말의 의미를 좀더 잘 이해하려면 초기 그리스도인들이 어떻게 세례를 받았는지 알면 도움이 될 것입니다.

세례식이 베풀어질 때, 세례를 받게 될 후보자들은 그들이 평상시에 입고 있었던 옷을 벗습니다. 이는 그들이 살아온 이교적 과거를 뒤로한다는 상징입니다. 그들이 생활해왔던 이교적 삶의 방식을 의절(義絶)함을 상징하는 것입니다. 그러고는 세례(침례)를 위해 담아놓은 물속으로 들어갑니다. 세 번 물속에 들어갔다가 나옵니다. 일종의 "수중 장례식"입니다. 우스운 말로, 하나님이 개종자를 물 먹이시는 것입니다. 마치 요나를 물 먹이셔서 새 사람이 되게 하려 하셨던 것처럼(욘 2장), 이스라엘 백성을 홍해에서 물 먹이시고 새로운 민족으로 태어나게 하셨던 것처럼 말입니다.

"당신은 전능자이시며 아버지이신 하나님을 믿습니까?"라고 세례를 집전하는 사람이 세례 후보자에게 질문합니다. "네, 저는 믿습니다!"라고 개종자가 대답합니다. 그리스도인의 신앙이 삶 전체에 영향을 미치는 것임을 나타내기 위해 그 개종자들을 물

속에 완전히 잠기게 합니다.

"당신은 그분의 유일한 아드님(獨生子)이신 예수 그리스도를 믿습니까?" 두 번째 질문이 주어집니다. "네, 믿습니다!"라고 대답합니다. 그러고는 그들을 물속에 수장(水葬)시킵니다.

"당신은 성령을 믿습니까?" "네, 믿습니다!"라고 개종자가 대답합니다. 그리고 세 번째 물속에 잠깁니다. 죽음을 경험하는 장사(葬事)를 지내게 됩니다.

그리고 마침내 세례(침례)를 받은 그리스도인들이 물에서 올라옵니다. 물에서 새로 태어났다는 의식입니다. 그리고 새 옷으로 '갈아입습니다.' 마치 새 옷을 입듯이 그리스도를 '입었다'는 상징으로 그렇게 하는 것입니다.

세례는 무엇을 의미합니까?

- 죽음의 물속에서 나왔다는 것입니다.
- 부도덕과 거짓된 갈망들의 물에서 나왔다는 것입니다.

또 세례는 무엇을 의미합니까?

- 마른 땅으로 나왔다는 것입니다.
- 하나님이 창조하신 마른 땅, 도덕적 왕국이라는 안전지대로 나왔다는 것입니다.

세례는 여러분의 옛 자아를 '벗어버리고' 새로운 자아를 '입었다'는 뜻입니다. 하나님처럼 되도록 창조되었다는 의미이며, 하나님을 닮아가는 존재로 지음 받았다는 뜻입니다.

의복의 변화라는 것은 벗고 입는 행위를 상징합니다. 사람들이 입고 있는 의복을 보면 그들이 어떤 부류의 사람인가를 알 수 있습니다. 예를 들어, 군인들이나 수감된 죄수들은 특별한 옷을 입습니다. 그러나 그들이 해야 할 역할이 바뀌면, 이전 옷을 벗고 새 옷으로 갈아입습니다. 죄수들이 석방될 때 죄수복을 벗고 일반 복장으로 갈아입습니다. 군 복무를 마치고 전역할 때 군복을 벗고 민간인의 복장으로 갈아입습니다.

이처럼, 세례를 받을 때 사람들은 그들의 옛 부도덕한 자아를 벗어버리고 새로운 자아로, 하나님의 형상으로 지음 받습니다. 새 창조의 역사가 세례 때 일어나는 것입니다.

세례받은 자처럼 살아야

에베소서 4-5장은 세례예식의 물로 흠뻑 젖어 있는 장(章)들입니다. 그중 한 가지 예를 보십시오. 에베소서 5:8은 "너희가 전에는 어둠이더니 이제는 주 안에서 빛이라. 빛의 자녀처럼 살라"라고 합니다.

세례예식에 종종 사용되는 전형적인 문장의 특징은 '이전과 이후'입니다. '전에는-이제는'이라는 용어가 특징입니다. 그래서 "세례받기 전에 여러분은 어둠이었습니다. 그러나 세례받은 후에 여러분은 빛입니다"라고 말씀하는 것입니다. 이런 '이전-이후'의 언어를 우리는 신약성경 전체에서 찾아볼 수 있습니다. 예를 들어, 바울은 디도에게 이렇게 쓰고 있습니다.

> 이전에는 우리 역시 어리석은 사람이었습니다. 순종하지 않고 잘못된 행동을 하며 육체의 즐거움을 따라 세상일의 노예가 되었고, 악한 일을 하며 남을 미워하고 질투하며 살았던 사람들이었습니다. 그러나 우리 구주 하나님의 자비와 사랑이 우리에게 나타났습니다. 우리는 우리의 올바른 행동을 통해서가 아니라 하나님의 은혜로 구원을 받았습니다. 그분은 우리를 깨끗하게 씻어 새로운 사람이 되게 하시고 성령으로 새롭게 하셨습니다(딛 3:3-6).

인용구의 끝 부분에서 "우리를 깨끗하게 씻어"라는 구절은 "다시 태어남(重生)의 물을 통하여"라는 것입니다. 여기도 물에서부터 새롭게 태어난 일에 대해 말하고 있습니다.

이전 삶

'이전 삶'은 한마디로 '어두움'입니다. 그들은 이방인들이 살듯이 살았습니다. 이방인들은 어떻게 살고 있습니까? 바울은 에베소서 4:18에서 "그들은 무익한 삶을 살았습니다. 쓸모없고 헛된 삶을 산 사람들입니다"라고 말합니다.

이방인들이 어떤 삶을 살고 있다는 말입니까?

- 공허한 삶, 목적이 없는 삶, 깊이가 없는 얄팍한 삶
- 온갖 불결한 행동을 추구하는 삶, 어두운 삶
- 보이는 것이 없는 눈, 개안(開眼)되지 않는 눈을 갖고 사는 삶
- 하나님의 사랑을 가리고 있는 그림자 세상 안에 사는 삶
- 하나님의 얼굴을 흐릿하게 하는 어둠의 세계 안에 사는 삶
- 하나님의 생명에서 떨어져나와 있는 삶
- 하나님의 생명에서 끊겨 있는 삶입니다.
- 그들이 그렇게 된 것은 고의적인 무지와 강퍅한 마음 때문입니다.

새 삶으로의 권고

바울의 권고는 매우 혁신적입니다.
- 여러분의 이교적 자아를 벗어버리십시오.
- 헌 옷을 벗어버리듯이 여러분의 옛 성품을 벗어버리십시오.
- 그곳에서 벗어나십시오.
- 당신들의 삶을 더 이상 낭비하지 마십시오.

바울은 실질적으로 이렇게 권고하고 있는 것입니다. "옛 것이 지겨워졌습니까? 옛 것에 지쳤습니까? 옛 것에 의해 학대당했다고 느끼십니까? 옛 것에 갇혀 있다고 생각하십니까? 옛 것이라는 함

정에 빠졌다고 생각하십니까? 옛 것을 추구하면 추구할수록, 한 번도 진정한 만족을 느껴보지 못했다고 생각하십니까? 옛 것이 가져다주는 것이 결국 별것이 아니구나 하는 경험을 해보셨습니까? 옛 것의 무가치성, 사소함, 왜소함, 가벼움, 무한한 지겨움 등을 경험해보셨습니까? 그렇다면 여러분의 옛 자아를 벗어버리십시오. 그리고 하나님처럼 창조된 새 자아로 옷 입으십시오!"

세례: "분명하고도 거치적거림이 없는 시작"

게일 쉐이(Gail Sheehy)의 소설 『역정』(Passages, 1974)에 아론이라는 이름을 가진 사람이 등장합니다. 그는 패션 디자이너로, 그 분야의 정상에 서 있는 사람이었습니다. 그런데 그는 그의 모든 풍요와 성공에도 불구하고 불행하고 비참했습니다. 그의 결혼생활은 고통스러웠으며, 게다가 육체적·정서적 문제까지 겹쳤습니다. 그의 내면은 붕괴 일보 직전이었습니다. 정신과 의사의 치료를 받으면서, 그는 자신의 삶을 면밀하게 돌아보게 됩니다. 내면을 돌아볼 수 있는 성찰의 기간을 가진 것입니다. 마침내 그는 이런 고백을 합니다. "나의 간절한 소원은 '분명한 시작, 거치적거림이 없는 시작'이다!"

세례가 제공하는 것이 바로 이런 시작입니다. '분명하고도 거치적거림이 없는 시작' 말입니다. 그렇습니다. 세례는 우리에게 분명하고도 거치적거림이 없는 시작을 제공합니다. 분명한 시

통일의 복음

작, 뚜렷한 첫 출발, 부담이 없는 첫발, 뒤에서 잡을 것이 없는 신선한 시작, 아무런 방해가 없는 첫걸음을 제공한다는 것입니다.

한때 우리는 무익하고 쓸데없는 생각을 하고 살았습니다. 이해력과 분별력과 깨달음에 관한 한 어두움 가운데서 헤맸으며, 하나님의 생명과는 멀리 떨어져 사는 이방인이었습니다. 이전에 우리는 어두움이었습니다.

그러나 어느 날 우리는 세례를 받게 됐습니다. 세례받는 날이 온 것입니다. 우리의 부도덕한 과거를 그리스도의 죽음과 함께 장사지내고, 그분과 함께 새로운 삶으로 일어나는 날이 왔습니다. 우리는 분명하고도 거치적거리는 것이 없는 시작을 하게 됐습니다. 과거에 묶이지 않은 새 인생이 시작되는 날입니다. 한때 우리는 어두움이었지만 이제 우리는 주님 안에서 빛이 됐습니다. 이것이 무엇을 의미합니까? 주님 안에서 빛이라는 말이 무슨 뜻입니까? 빛 아래서 걷는다는 것이 무슨 뜻입니까? 마른 땅을 걷는다는 것은 실제로 무엇을 의미합니까?

빛 가운데 걷는 삶의 예들

[예 1] **주님 안에서 빛이 된다는 것은**, 바울의 설명에 따르면, 거짓말을 하지 않는다는 것입니다. 진실을 말한다는 것입니다(4:25).

바울이 당시의 세상을 바라보듯이 우리도 우리가 사는 세상을 바라보면, 우리는 이 세상이 거짓으로 가득하다는 것을 알게 될 것입니다. 사람들은 자신들의 이익을 위해서라면 기꺼이 진실을 왜곡하고 조작합니다. 거짓이 사회를 부식시키고 침식시킵니다. 거짓이 공동체를 무너뜨립니다.

그리스도인 공동체의 현저한 특질은 정직성입니다. 예수 그리스도를 따르는 사람들은 그들이 살고 있는 지역사회에서 가장 정직한 사람들로, 신뢰할 수 있고 믿을만한 사람들이라고 알려져야 합니다.

[예 2] **주님 안에서 빛이 된다는 것은**, 바울이 4:26-27에서 말하는 것처럼, 화를 내더라도 죄를 지어서는 안 된다는 것을 뜻합니다. 해가 지기 전에 분노를 매듭지어야 한다는 것입니다. 덧붙여서 말하자면, 화를 내더라도 그 화는 정의로운 분노여야 합니다. 자존심이 상처를 입었기 때문에 내는 화가 아니어야 하며, 앙갚음이나 악의나 적대감이나 복수심이나 원한으로부터 자유로운 분노이어야 한다는 것입니다. 주님 안에서 빛이 된다는 것은 당신의 분노를 길러서는 안 된다는 것을 의미합니다. 분노의 숯이 연기를 내며 벌겋게 타오르도록 해서는 안 된다는 것을 뜻합니다.

[예 3] **주님 안에서 빛이 된다는 것은**, 바울이 4:28에서 말하는 것처럼, 도둑질하지 말고 부지런히 일하여 남에게 베풀고 사는 것을 의미합니다. 도둑들은 훔치는 일을 멈추어야 합니다. 자신의 손으로 정직하게 일하고, 얻은 열매들을 가난하고 궁핍한 사람들과 나누어야 한다는 것입니다.

 통일의 복음

[예 4] **주님 안에서 빛이 된다는 것**은, 바울이 29절에서 말하는 것처럼, 악한 데 혀를 사용하지 말고 선하고 착한 일에 입을 사용하라는 것입니다. 더럽고 추한 언어를 사용하지 말고, 상황에 맞는 좋은 말을 사용하라는 것입니다. 하나님이 그런 말들을 사용하셔서 다른 사람들을 도우시기 때문입니다. 건덕(建德)을 위한 말, 즉 덕을 세우는 말을 하라는 것입니다.

사도 야고보는 이렇게 말한 적이 있습니다. "사람들은 혀로 하나님을 찬양하기도 하고, 동일한 혀로 하나님의 형상으로 지음 받은 사람들을 저주하기도 합니다. 그러나 이것은 옳지 않습니다!" 무서운 지적입니다. "어떻게 한 입에서 축복과 저주가 모두 나올 수 있다는 말인가?"라며 질책하고 있습니다.

"나의 형제자매들이여, 이것은 옳은 일이 아닙니다. 그래서는 절대로 안 됩니다. 어떻게 한 샘에서 단물과 쓴물을 모두 낼 수 있겠습니까? 어떻게 무화과나무에서 올리브가 나올 수 있으며, 포도나무에서 무화과를 맺을 수 있겠습니까?"

[예 5] **주님 안에서 빛이 된다는 것**은, 바울이 4:31-32에서 말하는 것처럼, 여섯 가지 좋지 못한 태도들을 멀리한다는 뜻입니다.

- 심한 다툼
- 노여워하는 일
- 쉽게 화를 내는 일
- 말로 상대방을 비꼬는 일

- 헐뜯고 비방하고 중상하는 일
- 해코지하는 마음(惡意)

대신에 여러분은 오히려 친절함과 부드러운 마음과 용서로서 다른 이들을 받아들여야 한다는 것입니다.

[예 6] **주님 안에서 빛이 된다는 것은**, 바울이 5:3-4에서 말하는 것처럼, 성(sex)에 관한 음담패설을 하지 않는다는 것입니다. 그 대신 오히려 성에 대해서 감사한다는 뜻입니다. 여러분 가운데는 추호(秋毫)라도 성적으로 부도덕한 일이 있어서는 안 됩니다. 어떤 형태의 도덕적 불결함도 있어서는 안 됩니다. 이런 것들은 하나님의 백성에게 부적절하기 때문입니다. 맞지도 않는 음담패설이나 어리석은 잡담이나 쓸데없는 농담을 멀리하고, 감사의 말과 마음이 있어야 합니다. 성(性)을 포함한 하나님의 모든 선물은 감사의 주제들이지 결코 농담거리가 아닙니다. 그것들을 가지고 농담한다는 것은 그것들을 평가절하하는 것입니다. 그것들에 대해 감사한다는 것은 그것들을 하나님이 내려주신 복들로 인정한다는 뜻입니다.

우리는 한때 "물 먹은 자들"이었습니다. 하나님이 그의 자비하심으로 우리를 물 먹이셨기 때문입니다! 세례의 물을 통해 죽음을 경험하며 옛 옷을 벗게 하시고, 삼위일체 하나님으로 새 옷을 입게 하셔서 이제는 하나님의 은혜의 물에 흠뻑 젖은 사람이 되었습니다. 물에서 올라온 자들이 그런 것처럼, 우리는 그리스

통일의 복음

도를 통해 깨끗하게 다시 태어난 사람들입니다. 말쑥한 차림의 신사숙녀들이 된 것입니다. 성도(聖徒)들이 된 것입니다. 그렇습니다. 우리는 한때 어두움이었지만, 이제는 주님 안에서 빛입니다. 빛의 자녀처럼 사십시오. 주님을 기쁘시게 하는 것이 무엇인지 찾으십시오. 부활의 영으로 흠뻑 젖어서 비록 "좁은 길을 걸어도 밤낮 기뻐하는 그리스도인들"이 되시기를 바랍니다. 아멘.

11 〔행복〕 남편들에게 하나님의 은총이 있기를!

21 그리스도를 경외함으로 피차 복종하라 22 아내들이여 자기 남편에게 복종하기를 주께 하듯 하라 23 이는 남편이 아내의 머리 됨이 그리스도께서 교회의 머리 됨과 같음이니 그가 바로 몸의 구주시니라 24 그러므로 교회가 그리스도에게 하듯 아내들도 범사에 자기 남편에게 복종할지니라 25 남편들아 아내 사랑하기를 그리스도께서 교회를 사랑하시고 그 교회를 위하여 자신을 주심 같이 하라 26 이는 곧 물로 씻어 말씀으로 깨끗하게 하사 거룩하게 하시고 27 자기 앞에 영광스러운 교회로 세우사 티나 주름 잡힌 것이나 이런 것들이 없이 거룩하고 흠이 없게 하려 하심이라 28 이와 같이 남편들도 자기 아내 사랑하기를 자기 자신과 같이 할지니 자기 아내를 사랑하는 자는 자기를 사랑하는 것이라 29 누구든지 언제나 자기 육체를 미워하지 않고 오직 양육하여 보호하기를 그리스도께서 교회에게 함과 같이 하나니 30 우리는 그 몸의 지체임이라 31 그러므로 사람이 부모를 떠나 그의 아내와 합하여 그 둘이 한 육체가 될지니 32 이 비밀이 크도다 나는 그리스도와 교회에 대하여 말하노라 33 그러나 너희도 각각 자기의 아내 사랑하기를 자신 같이 하고 아내도 자기 남편을 존경하라

이 본문은 다루기 쉬운 본문은 아닙니다. 그렇지 않습니까? 이해하기도 쉽지 않고, 해석하기도 어렵습니다.

"아내들이여, 자기 남편에게 복종하라!"

"남편은 아내의 머리니라!"

"아내들은 모든 일(凡事)에 남편에게 복종하라!"

이게 웬 시대착오적인 가르침입니까? 매우 강한 가부장(家父長)
적인 선언이 아닙니까? 이런 구절을 대하면 이게 무슨 좋은 소식
이야, 이게 무슨 복음이야, 이것이야말로 나쁜 소식이 아닌가, 어
떻게 이런 말씀을 큰 소리로 말할 수 있을까 하는 생각이 떠오를
것입니다.

이 구절을 읽을 때 저는 여러분 중 어떤 분들의 얼굴이 약간
일그러지는 것을 볼 수 있었습니다. 볼 수 있었을 뿐 아니라, 속
으로 시큰둥하게 반응하는 소리도 들리는 것 같습니다. 시큰둥
하기까지 않더라도, 적어도 "뭔가 이상하다"는 표정을 읽을 수
있습니다.

- "내 남편에게 복종하라고?" 웃기는 소리군.
- "모든 일에 내 남편에게 복종하라고?" 어처구니가 없어!

그러니 이런 문제는 아예 지나쳐버리는 것이 훨씬 쉬울 것
입니다. 즉 남편이 아내의 머리(주인)고 아내는 그 머리(주인) 되는
남편에게 복종해야 한다는 문제는 처음부터 없는 것으로 하고
지나가버리는 것이 좋을 듯합니다. 그렇게 하는 것이 피차 편하
고 좋아 보이기 때문입니다. 이 문제를 짚고 넘어가는 일은 괜스
레 평지풍파를 일으켜 가정의 평온을 깨뜨릴 기회가 될지도 모
르기 때문입니다. 벌써 속으로 이 문제에 대해 각자의 대답을 결
정하고, 상대방에게 어떻게 해야 할지를 대비하고 있는 분도 있
을지 모릅니다. 오늘의 본문은 매우 시대착오적인 발상이고, 특

별히 오늘날처럼 민주적 가치를 중요시하는 사회에서는 전혀 음색이 맞지 않는 구시대적 구호 같습니다.

그러나 이 말씀은 하나님의 말씀입니다. 바울을 통해 교회에 주시는 하나님의 말씀이니, 가볍게 여기거나 우리의 정서에 맞지 않는다고 무시할 수 없습니다. 그러므로 회중 여러분은 이 말씀이 우리에게 무엇을 말씀하시려는지 귀담아들으셔야 할 것입니다.

"아내들이여! 자기 남편에게 복종하라!" 유대인과 그리스인이 살던 1세기 당시에 이 말이 무엇을 뜻했는지에 대해서는 두말할 필요가 없습니다. 그 당시 사람들에게는 이 말의 의미가 너무도 분명했기 때문입니다. 무슨 말입니까?

그 당시는 유대인 남성들이 여성들을 아주 얕잡아 보던 시대였습니다. 유대인 남성들이 아침에 드렸던 기도 중에는 하나님이 그들을 여자로 만들지 않으셨다는 사실에 대해 감사하는 기도가 있었습니다. 여자로 태어나지 않고 남자로 태어난 것으로 인해 하나님께 감사했다는 말입니다. 이것이 그들이 아침에 드리는 기도문 중 하나였습니다.

유대인들의 율법에 따르면 여자는 사람이 아니었습니다. 그저 물건이었습니다. 아내에게는 법적 권리도 없었습니다. 남편의 소유물 정도에 불과했습니다.

그리스(헬라) 세계도 별반 다르지 않았습니다. 유대 사회보다 더했으면 더했지, 덜하지 않았습니다. 그리스인 남편들은 집안일이 아내들의 몫이고, 가족들을 챙기고 살림을 꾸려가고 자녀를 기르는 것은 모두 전적으로 아내들이 해야 할 일이라고 생각했습니다. 그러고는 자기들은 빈둥거리면서 다른 여자들과 놀아나거나, 거들먹거리며 상전 행세만 하고 살았습니다.

이런 시대적·역사적 배경을 염두에 두고 바울이 말하는 것을 이해한다면, 바울이 말하는 내용이 얼마나 획기적이고 속을 시원하게 하는 해방의 말인 줄 알게 될 것입니다. 특별히 이 구절을 시작하는 첫 문장을 읽어보면, 이 말씀이 속박의 말씀이 아니라 해방의 말씀인 것을 알게 될 것입니다.

그리스도를 경외함으로 서로에게 복종하라(21절).

이 말씀은 관제탑(管制塔)과 같은 말씀입니다. 중앙 통제소와 같습니다. 이 구절은 전체를 바라보게 하는 전망대와 같습니다. 남편과 아내의 관계, 가족 구성의 핵심인 부부 간의 관계를 말하고 있는 바울의 생각을 통제하고 조절하는 중심점이라는 말입니다.

남편과 아내는 그리스도를 존경하고 경외하는 마음에서 서로에게 복종해야 합니다. 이런 말을 한 사람은 이전에 아무도 없었습니다. 유대인이나 그리스인에게 이런 말은 매우 생소하거나 이상했습니다. 생전 처음 들어보는 말이었기 때문입니다. 그리고 지금도 많은 사람에게 이상하게 들릴 것입니다. 그러나 이 말씀, 즉 "남편과 아내는 그리스도를 존경하고 경외함으로 서로에게 복종해야 한다!"라는 말을 무시해 버린다면, 바울이 말하고 있는 내용이 전혀 마음에 와 닿지 않을 것입니다. 말도 되지 않는 말처럼 들릴 것입니다.

남편에게 복종하는 것이 아내의 의무라면, 아내에게 복종하는 것이 남편의 의무이기도 하다는 것입니다. 비유로 설명하자면, 결혼 생활이 평온하고 조화롭기를 바란다면 여러분은 남편과 아내를 오케스트라에 있는 두 개의 악기라고 생각하면 좋을 것입니다. 예를 들어, 플루트와 첼로라고 합시다.

악보에 따라 플루트가 연주합니다. 자기 부분을 독주(獨奏)한 다음에, 플루트는 첼로에게 그 다음을 넘겨주어야 합니다. 첼로에게 "어서 오세요. 지금부터는 당신의 차례입니다"라고 하면서 자리를 내주는 것이 여기서 말하는 "복종하다"라는 말의 의미입니다. 왜 그렇게 합니까? 왜 플루트는 첼로에게 자리를 내어줍니까?

- 악보를 존중하기 때문입니다.
- 그 곡을 만든 작곡가를 존중하기 때문입니다.

그래서 자신은 물러나고 다음 사람에게 자리를 내어주는 것입니다. 이렇게 해야 오케스트라의 연주가 아름답게 진행됩니다. 이와 같이 "그리스도를 존중하고, 그리스도를 경외함으로 남편과 아내는 서로에게 복종하라"는 것입니다.

"그리스도를 경외함으로 서로에게 복종하라"라는 말의 뜻을 이해하려면 빌립보서 2장을 읽어보십시오. 빌립보서 2장에서 바

    통일의 복음

울은 그리스도가 등급과 지위에 있어서 언제나 성부 하나님과 동등하셨고, 지금도 동등하시고, 앞으로도 영원히 동등하실 것이라고 말했습니다. 그러나 지위와 등급에서 그리스도가 성부 하나님과 동등하시지만, 그리스도는 성부 하나님께 복종하십니다. 지위와 등급에 있어서 아버지 하나님과 동등하시지만, 그리스도는 아버지께 순종하십니다.

바울의 말을 직접 들어보십시오(빌 2:6-8).

그는 근본 하나님의 본체시나

하나님과 동등됨을 취할 것으로 여기지 아니하시고

오히려 자기를 비워 종의 형체를 가지사

사람들과 같이 되셨고

사람의 모양으로 나타나사

자기를 낮추시고 죽기까지 복종하셨으니

곧 십자가에 죽으심이라(개역개정).

그분은 하나님과 동등한 지위셨으나

스스로를 높이지 않으셨고,

그 지위의 이익을 고집하지도 않으셨습니다.

조금도 고집하지 않으셨습니다!

때가 되자, 그분은 하나님과 동등한 특권을 버리고

종의 지위를 취하셔서, 사람이 되셨습니다!

그리스도가 성부 하나님께 복종하신다는 것이 그분이 성부 하나님과 동등하지 않다는 것을 뜻하지 않습니다. 자신을 아버지께 복종한다고 해서 그분의 지위나 등급이 내려갔다는 것이 아닙니다. 그렇다고 신성(神性)의 권위와 위엄을 잃어버리게 되었다는 것도 아닙니다. 오히려 자신을 성부 하나님께 복종하시는 그 행위를 통해 그리스도는 자기가 아버지와 동등하다는 것을 보여주고 계십니다.

그리스도는 성부 하나님께 철저하게 복종하셨습니다. 그런 행동을 통해 그리스도는 자신이 성부 하나님과 동등하다는 것을 보여주셨습니다. 그와 같이, 남편과 아내는 서로에게 복종함으로 그들이 동등하다는 것을 보여주는 것입니다. 즉 그들이 동등하게 그리스도의 마음을 갖고 있다는 것을 보여줍니다.

바울이 말하는 내용을 잘 들었다면, 이제는 그가 말하지 않는 것도 잘 들어야 합니다. 바울은 남편이 아내의 머리라고 말하지 않습니다. 바울은 "아내들이여, 자기 남편에게 복종하십시오!"

 통일의 복음

라고 말하고 있지 않습니다. 만일 바울이 말한 바가 이것이라고
생각한다면, 여러분은 그의 말을 잘못 이해한 것입니다. 그의 말
을 잘못 듣고 있는 것입니다.

바울이 말하고 있는 핵심은 이것입니다.

- 그리스도가 교회의 머리이신 것처럼, 그렇게 남편은 아내
  의 머리입니다.

- 아내들이여, 주님께 복종하듯, 그렇게 남편들에게 복종하
  십시오.

- 교회가 그리스도께 복종하듯, 그렇게 아내들은 자기의 남
  편들에게 복종해야 합니다.

바울은 당시의 유대 사회를 보고 있었습니다. 그는 유대인 남편
들이 그들의 아내들을 어떻게 취급하고 있는지를 보고 있었습니
다. 또한 바울은 당시의 그리스인(이방인) 사회를 보고 있었습니
다. 그는 그리스인 남편들이 그들의 아내들을 어떻게 취급하고
있는지를 보고 있었습니다.

그러고는 당시의 교인들에게 이렇게 말합니다.

- 여러분 가운데 이런 일이 있어서는 안 됩니다.

- 그리스도의 교회 안에 결코 이런 일이 있어서는 안 됩니다.

그렇습니다. 교회 안에서는 모든 것이 그리스도와 성부 하나님
사이의 관계를 모델로 삼아서 이루어져야 합니다. 교회 안에서는

아내들과 남편들이 함께 그리스도를 본(本)받는 자들이 되어야 합니다. 그리스도가 성부 하나님께 자발적으로 순종하고 복종하셨던 것처럼 말입니다. 그렇게 하셨어도 그분의 체면이나 위신이나 위치나 등급이 낮아지지 않았습니다.

바울이 당시의 주위를 돌아볼 때, 남편들이 아내들에 대해 상전 노릇 하는 것을 보았습니다. 아내들은 자기 남편에게 복종하도록 강요받았습니다. 이런 것들을 본 바울이 이렇게 말합니다. 그런 이방인들의 결혼 생활 습관이 교회 안에 있으면 안 됩니다. 그런 이교도들의 규범이 교회 안으로 들어오면 안 됩니다.

바울은 이방인의 결혼 생활 습성과 이교적인 결혼 규범들이 통용되는 통로를 완전히 차단하려고 하는 것입니다. 그런 잘못된 암(癌)적인 습성들이 퍼지지 못하도록, 그 근원적 신경조직을 죽이고 있는 것입니다. 가만히 내버려두면 온 교회가 병들어 죽게 될지도 모르기 때문이었습니다. 그래서 바울은 큰 목소리로 외칩니다. 만일 남편이 아내의 머리가 되어야 한다면, 만일 유대인 사회와 그리스인 사회가 남편이 아내의 머리가 되어야 한다고 말한다면, 남자와 남편이 여자와 아내의 머리가 되기를 모든 사람이 기대한다면, 먼저 그는 그리스도를 닮으면서 그렇게 머리가 되어야 합니다! 그리스도를 본받음으로써 그렇게 머리가 되라는 것입니다.

만일 아내가 자기 남편에게 복종해야 한다면, 아내가 자기 남편에게 복종하는 일을 피할 수 없는 사회라면, 사회의 통념이 아내들은 자기 남편에게 복종해야 한다고 한다면, 아내들은 그리스도를 본받음으로 그렇게 하라는 것입니다.

그렇습니다. 그리스도가 남편의 모델이 되시도록 하십시오! 그리스도의 '자기 비움'이 남편의 모델이 되시도록 하십시오! 그리스도가 자기를 비우셨던 것처럼, 남편도 그렇게 자기를 비우십시오! 자, 남편들이여, 가서 그렇게 하십시오!

- 하나님이 남편 여러분을 불쌍히 여기기를 기원합니다!
- 하나님이 남편 여러분에게 자비를 베푸시기를 바랍니다!
- 하나님이 자비로우셔서 남편 여러분에게 비이기적인, 사심 없는 사랑으로 복주시기를 기원합니다!

바울은 25절에서 "남편들아 아내 사랑하기를 그리스도께서 교회를 사랑하시고 그 교회를 위하여 자신을 주심같이 하라"라고 말합니다. 여러분의 아내를 위해 사랑을 다 쏟아부으십시오. 그리스도가 교회를 위해 쏟아부으신 사랑처럼 말입니다. 그분의 사랑은 무엇을 얻으려는 사랑이 아니라 주는 사랑입니다. 주고 또 주어 자신을 완전하게 비우는 사랑입니다. 그리스도는 그렇게 교회를 사랑하셨습니다.

그리스도의 사랑이 그런 사랑이기 때문에 교회를 온전하게 합니다. 그분의 말씀 한 마디 한 마디는 교회에 아름다움을 더합니다. 그리스도가 하시는 모든 것, 그가 말씀하시는 모든 것은 교회로부터 최상의 것을 이끌어내고 드러내십니다. 현란한 흰색 실크로 입히시고, 거룩함이 은은하게 빛나도록 하십니다. 남편들은 이렇게 자기들의 아내를 사랑해야 합니다.

바울은 교회의 머리이신 그리스도가 교회의 신랑이시라고 말합니다. 교회의 신랑이신 그리스도는 교회를 윽박지르거나 무시하거나 소리 지르지 않으십니다. 오히려 그리스도는 신부인 교회를 섬기고 봉사하기 위해 자신을 희생하셨습니다. 그분이 이렇게 하신 이유는 그녀가 이렇게 되었으면 좋겠다고 그분이 그렇게도 갈망했던 그 모든 것이 이루어지도록 하기 위해서였습니다. 즉 충만한 영광으로 영화롭게 된 그녀를 그리스도가 바라신 것입니다.

이렇게 남편도 아내가 온전해질 수 있도록 모든 것을 다해 헌신해야 합니다. 남편들은 자기가 아내의 머리라고 해서 아내를 윽박지르거나 억누르거나 숨 막히게 해서는 안 됩니다. 그녀가 그녀 자신이 되려고 하는 일을 좌절시키지 말아야 합니다. 아내를 위한 남편의 사랑은 자신을 아내에게 주어 그녀가 온전하게 그녀 자신이 되도록 하는 것입니다.

이제 다시 여러분에게 말씀드립니다. 자, 남편들이여, 가서 그렇게 하십시오!

- 하나님이 여러분을 불쌍히 여기시기를 기원합니다!

- 하나님이 여러분에게 자비를 베푸시기를 바랍니다!

- 하나님이 자비로우셔서 여러분에게 사심 없는 사랑으로 복 주시기를 기원합니다!

- 그리스도가 교회의 머리이신 것처럼, 아내에게 그런 머리가 되십시오!
- 그리스도가 교회를 사랑하시듯, 그렇게 아내들을 사랑하십시오!
- 오, 불쌍한 남편들이여!

혁명적인 말처럼 들리지 않습니까? 이 얼마나 좋은 소식으로 가득한 말씀입니까! 그러므로 바울의 말이 우리 시대에 어처구니없게 들리거나, 아니면 바울이 여성 혐오자라거나 여성을 비하하는 사람이라고 비난한다면, 그런 사람은 바울을 오해하고 있는 것입니다. 그는 바울이 부르짖고 있는 진정한 해방의 메시지를 잘못 듣고 있는 사람입니다. 바울은 당시의 문화에 대항하면서 새로운 대안(代案) 문화를 주창하고 있기 때문입니다.

그러므로 에베소서 5:21-33은 많은 사람이 잘못 생각하듯 남성우위 사상이나 성경적(!) 남존여비(男尊女卑) 사상을 말하는 본문이 아닙니다. 에베소서 5:21-33은 '자유 대헌장'(大憲章)입니다. 그 이유를 다섯 가지로 말씀드리겠습니다.

[이유 1] 22절에 있는 "아내들아, 자기의 남편에게 복종하라"라는 말씀은 그 앞에 있는 21절보다 뒤에 있다는 사실을 기억해야 합니다. 즉 남편과 아내가 서로에게 복종해야 한다는 21절이 선행(先行)되어야 한다는 말입니다. 남편에게 복종하는 것이 아내의 의무라면, 자기 아내에게 복종하는 것 역시 남편의 의

무라는 것입니다. 복종은 일방적이 아니라 양방(兩方) 간이며 상호적입니다.

[이유 2] 바울이 가르치는 것은 아내는 복종하고 남편은 상전처럼 대접을 받으라는 것이 아닙니다. 바울의 가르침은 "아내는 복종하고 남편은 사랑하라"라는 것입니다. 아내의 복종은 그녀를 사랑하는 누군가에게 하는 것이지, 그녀에게 상전 노릇 하는 사람에게 하는 것이 아닙니다.

[이유 3] 남편은 그리스도처럼 사랑해야 합니다. 아내에게 요구되는 것(복종)은 어렵습니다. 그러나 남편에게 요구되는 것(사랑)은 더욱 어렵습니다. 남편은 그리스도의 사랑으로 자기 아내를 사랑해야 하기 때문입니다. 남편은 그리스도가 교회를 사랑하시는 것과 같이 아내를 사랑해야 합니다. 그리스도가 교회에 자양분을 주어 풍성하게 자라게 하시듯, 그렇게 남편은 아내를 북돋아주어 자라게 해야 합니다.

[이유 4] 아내는 남편에게 '복종'해야 하고, 남편은 아내를 '사랑'해야 합니다. 그러나 이 두 동사의 뜻 차이를 구분하는 일은 쉽지 않습니다. 복종한다는 것이 무슨 뜻입니까? 복종은 누군가에게 당신 자신을 내어주는 것입니다. 그렇다면 사랑한다는 것은 무슨 뜻입니까? 사랑한다는 것은 누군가를 위해서 당신 자신을 내어주는 것입니다. 달리 말해 복종하는 것과 사랑하는 것은 동일한 것의 두 가지 형태입니다. 즉 사심 없이 자기를 내어주는 두 가지 형태가 있는데, 하나는 복종이고, 다른 하나는 사랑입니다.

 통일의 복음

[이유 5] 남편과 아내를 올바른 관계로 안내하는 최상의 원리는 그리스도를 존경하고 경외하는 것입니다. 모든 일을 그리스도를 경외함에서 해야 한다는 것입니다. 남편과 아내는 항상 그리스도가 자기 자신을 생각하셨던 방식대로 자기 자신들을 생각해야 합니다. 즉 그리스도는 성부 하나님과 동등한 지위나 등급을 갖고 계셨지만 그런 지위가 주는 특권들을 붙잡지 않으셨던 것처럼 말입니다. 그리고 때가 이르자 그리스도는 신성의 특권과 권위들을 내려놓고 사람이 되심으로써 노예의 신분을 가지셨습니다. 사람이 되신 것은 사실 그분께 겸손해지고 비천해지는 과정이었습니다. 그분은 특별한 권리를 주장하지 않으셨습니다. 대신 그분은 사심 없는 삶, 비이기적인 삶, 순종하는 삶을 사셨습니다. 그리고 사심 없는 죽음, 비이기적인 죽음, 순종적인 죽음을 죽으셨습니다. 가장 비참하고 끔찍한 죽음으로 죽으셨습니다. 십자가에서 처형당해 죽으신 것입니다.

남편과 아내로서 우리는 그리스도를 경외(敬畏)함으로 서로에게 복종해야 합니다. 이것이 우리를 향한 하나님의 뜻이며 우리의 가족을 향한 하나님의 분명한 의지입니다. 아멘.[9]

12 (전쟁) 정복전쟁과 해방전쟁

에베소서 6:10-18

10 끝으로 너희가 주 안에서와 그 힘의 능력으로 강건하여지고 11 마귀의 간계를 능히 대적하기 위하여 하나님의 전신 갑주를 입으라 12 우리의 씨름은 혈과 육을 상대하는 것이 아니요 통치자들과 권세들과 이 어둠의 세상 주관자들과 하늘에 있는 악의 영들을 상대함이라 13 그러므로 하나님의 전신 갑주를 취하라 이는 악한 날에 너희가 능히 대적하고 모든 일을 행한 후에 서기 위함이라 14 그런즉 서서 진리로 너희 허리 띠를 띠고 의의 호심경을 붙이고 15 평안의 복음이 준비한 것으로 신을 신고 16 모든 것 위에 믿음의 방패를 가지고 이로써 능히 악한 자의 모든 불화살을 소멸하고 17 구원의 투구와 성령의 검 곧 하나님의 말씀을 가지라 18 모든 기도와 간구를 하되 항상 성령 안에서 기도하고 이를 위하여 깨어 구하기를 항상 힘쓰며 여러 성도를 위하여 구하라

인생을 전투에 비유한 최초의 사람이 에베소서를 쓰고 있는 바울은 아닐 것이고, 삶을 전쟁에 빗대어 말한 마지막 사람도 역시 에베소서를 쓰고 있는 바울이 아닐 것입니다. 인생을 전쟁에 비유한 것은 어쩌면 인류의 역사만큼이나 오래됐을지도 모릅니다. 왜냐하면 산다는 것이 치열한 전투이며 생존 그 자체가 격렬한 전쟁터에 있는 것과 같다는 사실은 인류의 보편적 경험이기 때문입니다. 너무도 친숙한 비유(比喩)며 익숙한 은유(隱喩)지만, 이것은 진정한 의미에서 사실입니다. 마치 손바닥 위의 얼음처럼, 뺨을 스치며 내리는 눈(雪)처럼 실제적입니다.

- 사람이 산다는 것
- 사람이 자란다는 것
- 사람이 움직인다는 것
- 사람이 무엇인가 되어간다는 것

이 모든 것들은 많은 역경과 적대적 환경에 대항해 치르는 일종의 전쟁입니다.

그러나 이런 전쟁은 우리가 알고 있는 전쟁과는 너무나 다릅니다. 일반적으로 개화된 사회를 지닌 국가 간의 전쟁은 '선전포고'(宣戰布告, war declaration)라는 최소한의 예전(禮典)을 거치기 마련입니다. 그러나 놀랍게도 인생이라는 전쟁은 대부분 선전포고 없이 치르게 되기가 일쑤입니다. 아무 때나, 어디서나, 언제라도 발발(勃發)할 수 있는 전쟁이 인생이라고 불리는 전쟁입니다. 그래서 삶은 불안하고 인생살이는 치열하기 마련인 것입니다.

더욱이 우리는 자신도 모르게 전쟁에 말려듭니다. 정작 본인들은 원치 않아도 전투에 참여하게 되는 것입니다. 이미 전투는 벌어졌고 싸움은 치열하기에, 우리에게는 한가롭게 앉아서 그 전쟁의 이유와 발발의 원인을 규명할 여유조차 없습니다.

그러다 보니, 지금 우리가 무엇을 위해 싸우는지, 무엇에 대항하여 전쟁을 치르고 있는지, 어떤 가치를 위해 전투에 참여하고 있는지, 무엇을 쟁취하려고 이렇게 싸우고 있는지 아무도 모릅니다. 그리고 아무도 전쟁의 시작을 공개적으로 선언하지도 않은 채로, 아무도 전쟁의 이유도 밝히지 않은 채로, 아무도 전투의 목적도 천명하지 않은 채로 전쟁을 치릅니다.

그럼에도 우리는 우리 각 개인의 역사가 전쟁의 역사이며, 한 가문의 역사가 전투의 기록들이며, 한 국가의 역사가 피로 물든 전쟁의 연속이었다는 것을 잘 알고 있습니다. 예를 들어, 한 국가의 역사는 진군과 후퇴, 전진과 퇴각, 협상과 결렬, 승리와 패배 등으로 점철(點綴)되어 있습니다. 우리 각 개인의 삶도 그럴 것입니다. 전진하다가 장애에 부딪히면 퇴각하고, 다시금 전열을 정비하여 진군하고, 그러다 복병을 만나면 일순간에 처절한 패배를 맛보며 후퇴합니다.

설교도 마치 그런 것처럼 보입니다. 설교자가 하나님의 나팔을 불고 진군(進軍)의 깃발을 날리며 전진하면 여러분은 어떤 태도를 보이십니까? 백기(白旗)를 들고 항복하던가, 아니면 자기 방어의 참호(塹壕) 속으로 숨던가, 아니면 자신의 진지(陣地) 속으로 들어가 마음속으로 대반격을 할 것입니다! 그렇지 않습니까?

좌우간 우리는 수많은 깃발 아래, 수많은 함성 속에서 전투하듯 인생을 삽니다. 그리고 일단 전쟁에 참여하는 한 승리해야 한다는 것을 온몸으로 압니다. 전쟁은 스포츠나 운동 경기가 아닙니다. 운동 경기에서는 패배한 팀이라 할지라도 승리한 팀과 함께 살아서 경기장을 나갑니다. 그리고 관중은 종종 두 팀 모두에게 기립 박수를 보내기도 합니다. 그러나 인생은 결코 그런 경기가 아닙니다. 죽고 사는 종말론적 결과만이 인생을 기다리는

 통일의 복음

것 같습니다. 아마도 이런 이유 때문에 사람들은 인생이라는 전쟁에서 모두 승자, 생존자가 되려고 하는지도 모르겠습니다.

이 세상에는 두 종류의 전쟁이 있습니다. 프레드릭 뷰크너 (Frederick Buechner)는 이 두 가지의 전쟁을 두고 하나는 '정복전쟁'(征服戰爭), 또 다른 하나는 '해방전쟁'(解放戰爭)이라고 부릅니다.

정복전쟁

첫 번째로, '정복전쟁'이 있습니다. 정복전쟁은 처절한 전투이며 피를 흘리는 전투입니다. 정복전쟁은 정복을 위하여 치르는 전쟁입니다. 그렇다면 무엇을 위한 전쟁이라는 말입니까? 무엇을 정복하기 위해 치르는 전투라는 말입니까? 그것은 세상을 얻기 위한 전쟁이요, 세계를 정복하기 위한 전투입니다. 물론 여기서 말하는 '세상'이니 '세계'니 하는 용어는 단순히 문자적인 의미로 이해될 수 있는 성질의 것이 아닙니다. 단순히 물리적 세상을 가리키는 것만이 아닌 것입니다.

정복전쟁에 참여하는 사람들은 이 세상에서 '한 자리'를 얻기 위해 투쟁합니다. 해 아래서 '한 자리'를 얻기 위해 치열한 전투를 벌이는 것입니다. 어린 시절, 우리는 땅따먹기 놀이를 했습니다. 커서 성인이 된 지금도 그 기억이 새롭습니다. 우리는 이 세상에서 좀더 많은 '땅'을 차지하기 위해, 그리고 해 아래서 '한 자리'를 차지하기 위해 치열하게 전쟁하고 있는지도 모릅니다.

그렇습니다. '해 아래의 한 자리'입니다. 우리가 바라는 것은 그늘에 있는 한 자리가 아닙니다. 그늘 속의 사람은 보이지 않습니다. 아무도 그가 누구인지 알아주지 않습니다. 알려지기 위해 사는 사람, 사람들에 의해 기억되고 인식되기를 바라는 사람은 결코 그늘에 있는 한 자리를 원하지 않을 것입니다. 그늘 속에서는 나 자신이 보이지 않습니다. 그늘에 있으면 존경받지도 못합니다. 심지어 자신의 정체조차도 희미해 보일 수도 있을 것입니다. 정복전쟁에 참여하는 사람들이 원하는 것은 지하철에 있는 좌석이 아닙니다. 무대 아래의 관객석이 아닙니다. 경기장의 관중석이 아닙니다.

그렇습니다! 우리가 그렇게도 열망하고 희망하는 자리는 해 아래의 한 자리입니다. 우리는 모두 자신이 무대의 주연이기를, 스포트라이트를 받는 주인공이기를, 경기장 안에 있는 유명 선수이기를 바랍니다. 그래서 바로 '그 자리'를 향해, '그 위치'를 선점하기 위해, '그 고지'(高地)를 탈환하기 위해 필사적인 정복전쟁을 벌이며 살아가는 것입니다.

거리의 사람들을 보면 그 사람이 그 사람입니다. 때로는 가을바람에 뒹구는 죽은 잎새들처럼 사람들이 이리저리 쓸려갑니다. 텅 빈 얼굴들, 패배한 얼굴들, 비어 있는 얼굴들, 마치 어릿광대의 분장한 얼굴들처럼 보입니다. 많고 많은 사람 중의 하나로 남아 있기를 바라는 사람은 아무도 없을 것입니다. 우리는 사람의 마음 깊은 곳에 있는 해 아래의 한 자리를 향한 바람(願)이 얼마나 강렬한지 잘 알고 있습니다. 우리가 생각하고 있는 것, 우리가 바라고 있는 것, 우리가 꿈꾸고 있는 것, 우리가 밤을 지새우게 하는 것은 모두 '해 아래의 한 자리'입니다! 결국 해 아래, 태양 아래의 '한 자리'는 우리가 '드러나기' 위한 자리일 것입니다. 태양 아래 있는 환한 자리를 위해 우리의 인생전투는 치열해져 가고 있는 것입니다.

- 가정에서의 내 자리
- 직장에서의 내 자리
- 사회에서의 내 자리
- 공동체에서의 내 자리
- 교회에서의 내 자리

다시 말해, 내 목소리가 들려질 수 있는 공간, 우리의 목소리가 들려질 수 있는 공간, 즉 '삶의 공간'을 위해 투쟁하는 삶을 정복전쟁이라고 할 수 있습니다. 우리는 시간과 공간 속에서 '영토', '자리'를 정복하려 하는 것입니다.

신학교라는 공동체 안에 있는 신학자로서, 저는 가끔 저 스스로 놀라서 소스라칠 때가 있습니다. 예를 들어, 교수실 배정을 두고 교수들 사이에서 발생하는 긴장감과 심지어 적대감을 볼 때 그렇습니다. 그럴 때면 저는 저 자신이 신학교수요 목사라는 사실 자체가 정말로 수치스럽고 창피하게 느껴집니다. 누가 좀더 넓은 방을 차지할 것인가, 누가 남향이면서도 아늑한 방을 차지할 것인가 하는 마음들이 있습니다. 또 때로 진급이나 보직이 결정되는 시즌이면, 나보다 늦게 들어온 사람이 나보다 먼저 진급하는 것에 대한 불만, 저 사람은 아직 역량이 없는데 보직을 받는데 대한 의문, 저 자리는 내가 맡아야 한다는 생각 등, 가만히 바라보면 모두 '자리다툼', '목소리 다툼'일 뿐입니다. 마치 어리석은 제자들이 열을 올리면서 한 말, 아니면 은밀한 가운데 회심의 미소를 지으면서 마음속으로 한 말, 즉 "우리 중 누가 하나님 나라에서 먼저 '한 자리'를 차지할 것인가?" 하며 다투었다는 성경의 말씀을 한 번도 들어보지 못한 사람들처럼 말입니다!

우리가 싸워야 할 정복전쟁이 이런 것들이라면, 우리가 싸워야 할 정복전쟁의 상대는 '혈(血)과 육(肉)'일 것입니다. 결국 혈과 육을 가진 '사람'이, '동료 인간'이 우리의 싸움 대상이 된다는 것입니다! 이것이야말로 개가 개를 먹는 이전투구(泥田鬪狗)가 아니겠습니까? 사람이 다른 사람을 향해 피비린내 나는 전쟁을 치르고 있다는 말입니다. 그리고 그런 전투에 참가할 때 펄럭이는 깃발이 "나를 위하여", "내 가족을 위하여", "내 교회를 위하여", "내 고장을 위하여", "내 민족을 위하여"라면, 이런 전쟁은 가장 처절하고도 잔인한 전쟁이 될 것입니다. 왜냐하면 '혈과 육의 싸움'은 먼저 거는 것(종류)이기 때문입니다. 그 전쟁은 반드시 승리해야 하는 것이며, 권력을 쟁취하는 것이고, 생존하는 것이기 때문입니다. 그 전쟁은 바로 다른 사람을 누르고 올라가는 것입니다.

이런 정복전쟁에서 어떤 갑옷을 입어야 하겠습니까? 하나님

                                              통일의 복음

이 주시는 갑옷일 수 없을 것입니다. 결국 그런 싸움에서 필요한 것은 사람의 전신갑주(全身甲冑)여야 합니다! 무엇이 '인간적인 전신 갑옷'일까요? 다음의 풍자(諷刺, parody)를 한번 들어보십시오!

'지혜'라는 허리띠를 띠어야 합니다. 그래야만 정복전투에서 승리할 수 있습니다. 어떤 지혜입니까?

- 개(犬)가 개를 먹는 이전투구(泥田鬪狗)의 지혜
- 정글의 법칙에 대한 탁월한 이해를 가진 지혜
- 약육강식에 대한 높은 견해를 가진 지혜
- "뭐니뭐니해도 '머니'(money)가 있어야 해"라고 말하는 지혜
- "하늘은 스스로 돕는 자를 돕는다"라는 구호를 철저하게 신봉하는 지혜
- "피는 물보다 진하다"는 속담을 진리처럼 믿는 지혜
- 모든 자선(慈善)은 집에서부터 시작되어야 한다고 믿는 지혜

'자기 확신'이라 불리는 흉배(胸背)가 있어야 정복전쟁에서 승리할 수 있습니다.

- 자신을 가지십시오. 그러면 성공할 수 있습니다.
- 자신의 가치를 신뢰하십시오. 그러면 무엇이든 성취할 수 있을 것입니다.
- 배짱이 좋아야 합니다.
- '적극적 사고방식'(positive thinking)은 세상을 변화시킬 것입니다.

- '가능성의 사고방식'(possibility thinking)은 당신에게 뿌리 깊은 확신을 줄 것입니다.
- 『긍정의 힘』을 탐독하십시오.
- 가슴을 활짝 펴고 당당하게 세상을 사십시오.
- 다른 사람들이 아무리 당신의 가슴을 찔러도, 자신감을 갖고 가슴을 들이대십시오. 그러면 반드시 이길 수 있을 것입니다.

'성공의 복음'이라는 군화(軍靴)를 신으십시오. 그러면 정복전쟁에서 반드시 승리할 것입니다.

- "믿는 자에게는 능치 못할 일이 없다"고 성경이 가르치지 않습니까?
- 최선을 다해 노력하면 반드시 성공할 것입니다.
- 최선을 다해 투쟁하면 성공을 쟁취할 수 있습니다.
- "능력 주시는 자 안에서 모든 것을 다할 수 있다"고 하지 않습니까?
- 하나님은 우리가 성공하기를 원하십니다.
- '건강과 번영'의 복음을 믿으십시오. 이것보다 더 좋은 약이 어디 있습니까?

'안전'(安全)이라는 방패를 소유하십시오. 그러면 정복전쟁에서 결코 부상당하지 않을 것입니다. 이 세상이 어떤 곳입니까?

어떤 일이라도, 어떤 사건이라도 일어날 수 있는 위험천만한 곳이 아닙니까? 이런 세상에서 '안전'이야말로 최상의 것이 아니겠습니까? 여러분은 안전대책을 세워놓으셨습니까? 비 오는 날을 위한 우산을 준비해 놓으셨습니까? 눈 오는 날을 위한 스노체인(snow chain)을 준비하셔야 합니다. 어떤 안전대책이냐고요? 어떤 안전감이냐고요?

- 은행의 예금이 가져다주는 안전감
- 학위가 보장해주는 안전감
- 기술이 주는 안전감
- 권력이 주는 안전감
- '끈'과 연고(緣故)가 주는 안전감

'잔머리'(brain)라는 투구를 써야 합니다. 그러면 정복전쟁에서 승리할 것입니다.

- 다른 사람보다 좀더 머리를 쓰십시오.
- 좀더 매력적인 사람이 되십시오.
- 부드러운 성격을 개발하십시오.
- 다른 사람들 머리 위로 튀어보십시오.
- 머리카락에 물감도 들이고, 개성을 보여 보십시오. 그러면 다른 사람들을 능가할 수 있을 것입니다. 사람이란 원래 머리 하나밖에 차이가 나지 않기 때문입니다!

마지막으로, '기지(機智)와 해학(諧謔)'이라는 칼이 없이는 전신갑옷일 수 없을 것입니다.

- 유려한 말솜씨
- 정곡을 찌르는 유머 사용
- 발랄한 기지(機智)

이런 것들은 피 흘리는 끔찍한 인생전쟁을 마치 컴퓨터 게임 하듯 만들어줄 것입니다. 이런 칼은 적군의 경계심을 늦춰서 무기를 내려놓게 하는 동시에, 그들의 심장을 찔러죽이는 양날이 선 탁월한 무기가 될 것입니다. 반드시 이런 칼로 무장하십시오. 그러면 정복전쟁에서 반드시 큰 성과를 얻을 것입니다.

자, 앞에서 제안한 전신갑옷을 입으면 여러분은 정복전쟁에서 반드시 승리할 것입니다! 그렇지 않습니까? 우리의 경험들은 이런 제안들에 대해 다 동의하고 고개를 끄덕이게 할 것입니다. 이런 갑옷은 사람이 이 세상에서, 아니 해 아래서 '한 자리'를 얻기 위해 꼭 필요한 전신갑주일 것입니다. 그러나 기억하십시오. 이것은 '사람의 전신갑주'이며 '혈과 육'의 전신갑옷이지, 결코 하나님의 전신갑옷이 아니라는 사실을 말입니다!

고백하자면, 이것들을 저도 어느 정도 입고 있고 여러분도 입고 있을 것입니다. 부끄럽고 안타까울 뿐입니다.

통일의 복음

해방전쟁

두 번째 종류의 전쟁이 있습니다. 이 전쟁은 혈과 육에 대항하는 전쟁이 아닙니다. "우리의 싸움은 혈과 육에 대항하는 것이 아닙니다"라고 성경은 말하고 있습니다. 그렇다면 어떤 종류의 전쟁이라는 말입니까? 사도 바울은 이 전쟁을 다음과 같이 정의하고 있습니다.

> 우리의 씨름은 혈과 육에 대한 것이 아니요
> 정사(政事)와 권세(權勢)와 이 어두움의 세상 주관자들과
> 하늘에 있는 악의 영들에 대함이라

이 씨름, 이 싸움, 이 전투, 이 전쟁은 '정복하는 전쟁'이 아닙니다. 본문이 분명하게 드러내고 있듯이, 이 전쟁은 이러한 전쟁입니다.

- 온전하게 하는 전쟁
- 평화를 이루는 전쟁
- 해방을 위한 전쟁
- 샬롬(Shalom)을 이루려는 전쟁

그렇습니다! '해방전쟁'입니다. 잃어버린 자아를 회복하고, 어두움 가운데 갇혀 있는 우리의 삶을 해방하기 위한 전투입니다. 다

시 말해서, 진정으로 인간이 되기 위한 전쟁입니다. 우리의 삶은
실제적인 의미에서 갇혀 있습니다.

- 영적 어두움 가운데
- 욕심 가운데
- 자기기만(欺瞞) 가운데
- 앞을 보지 못하는 장애 가운데
- 어디로 가야 할지 모르는 방황 가운데
- 길을 잃어버린 상태 안에

우리는 우리 자신 안에서 자신을 잃어버린 것입니다.

바울은 수수께끼와 같은 자신의 삶을 다음과 같이 탄식하며
묘사한 적이 있습니다.

> 나는 내가 하는 것을 이해하지 못합니다. 나는 내가 무엇을 하고
> 있는지 모르겠습니다. 나는 내가 원하는 것은 하지 않고 오히려 미
> 워하는 것을 하고 있기 때문입니다.… 아, 나는 가련하고 불쌍한
> 자입니다! 누가 이 사망의 몸에서 나를 건져낸다는 말입니까?(롬
> 7:15, 24)

이 고백이야말로 모든 사람의 심장에서, 가슴속에서 들려오는 소
리일 것입니다. 어두움에 갇혀 있는 이런 자아(自我)를 해방하기
위해서 갑옷이 필요합니다. 어두움의 세계를 장악하고 있는 악의

　　　　　　　　　　　　　　　　　통일의 복음

세력들과 전쟁하기 위해 하나님의 전신갑옷이 필요한 것입니다. 왜냐하면 그것은 우리의 힘으로는 도저히 감당할 수 없는 전쟁이기 때문입니다.

이런 '해방 전쟁'에서는 어떤 갑옷을 입어야 합니까? 하나님의 전신갑주입니다. 앞에서 말씀드린 '사람의 전신갑옷'이 아닌, 하나님의 전신갑주 말입니다.

'진리'로 허리띠를 띠어야 합니다. 우리 자신의 허구와 거짓, 어두움과 어리석음을 드러내는 진리 말입니다. 우리에게는 유일한 진리가 있습니다. "내가 곧 '진리'"라고 말씀하신 그리스도가 진리십니다. 그리스도만이 인간이 누구인지, 사람이 진정으로 누구인지 말씀하실 수 있는 진리십니다. 진정으로 인간이 되는 것이 무엇을 의미하는지, 그리고 하나님이 진정으로 어떤 분이신지 알려주는 진리십니다.

특별히 그분의 십자가는 어두움의 진정한 정체를 밝혀줍니다. 십자가는 내 안에 있는 어두움, 세상 속에 있는 암흑이 무엇인지 알려줍니다. 그리고 십자가는 하나님 사랑의 정체를 드러냅니다. 십자가는 내 속에 있는 하나님의 사랑이 무엇인지, 이 세상 안에 있는 하나님의 사랑이 무엇인지 알려줍니다.

'의로움'의 흉배(胸背)를 둘러야 우리 진정한 해방의 의미를 맛보게 될 것입니다. 하나님이 우리를 의롭다고 하셨으므로, 이 세상의 어두움이 우리를 비난하거나 낙담시킬 수 없습니다. 우리의 추함에도 불구하고 하나님은 우리를 사랑하십니다. 우리의 일그러짐에도 불구하고 하나님은 우리를 사랑하십니다. 결국, 의로움은 하나님의 사랑입니다. 비록 우리가 어두움 안에 있어도, 비록 우리가 악에게 수없이 넘어져도, 하나님의 사랑에 대한 확신은 우리로 하여금 하나님이 주신 의로움의 확신을 가지고 담대하게 살 수 있게 할 것입니다. 이럴 때 우리는 해방의 기쁨을 누릴 것입니다.

우리 속의 어두움을 싫어하고 경멸하면서, 동시에 하나님의 의로움을 확신하며 우리 자신의 유익을 위해 기꺼이 그 어두움을 몰아내려고 하는 것이 우리 자신을 진정으로 사랑하는 것입니다. 이처럼 다른 사람 속의 어두움도 싫어하고 미워하면서, 동시에 하나님의 의로움을 확신하며 그 사람의 유익을 위해 기꺼이 그 어두움을 몰아내려고 하는 것이 그를 진정으로 사랑하는 것입니다. 보기에 흉측한 것들 속에 있는 '진정한 사람'을 사랑할 때 비로소 우리는 그 사람을 아름답게 만드는 것입니다.

'평안의 복음'이라는 신발을 신으십시오. 복음은 우리를 진정으로 해방하고 평안을 가져다줍니다. 아니, 진정한 평안을 선포하는 것이 참된 복음이라는 것을 확신하십시오. 분명히 전쟁은 평화가 없는 상태입니다. 해 아래 '한 자리'를 차지하기 위해 우리는 얼마나 평화 없이 살고 있습니까? 평화라고 번역된 히브리어 '샬롬'이야말로 좋은 소식입니다. 샬롬도 이러한 상태입니다.

- 배고픈 인생에 배부름을 주는 것
- 목마른 사람에게 해갈(解渴)의 시원함을 주는 것

- 비어 있는 물 항아리가 가득한 상태
- 손상됐던 것이 온전하게 된 상태
- 깨졌던 관계가 회복된 상태
- 상처 입고 병들었던 것이 치유된 상태

이런 상태에 대한 바람(願)과 기다림으로, 흔들리지 말고 굳세게 서 있으라는 것입니다. 정말로 여러분이 해방되기를 원한다면 말입니다.

'믿음'의 방패를 드십시오. 마귀는 쉴 새 없이 우리를 공격합니다. 우리를 넘어지게 합니다. 유혹에 빠지게 합니다. 좌절하게 합니다. 그러면 어떻게 대적자의 공격을 막아낼 수 있습니까? 물론 믿음으로입니다. 그러나 누구의 믿음으로 하라는 말입니까? 바로 하나님의 믿음으로입니다. 다시 말해서, 하나님의 신실하심을 기억하라는 것입니다.

- 누가 우리에게 무엇이라고 말해도
- 우리 앞에 아무리 힘든 장애물이 놓여 있어도
- 어두움의 세력들이 아무리 그리스도인들을 비난하더라도

우리는 하나님의 신실하심을 방패 삼아 그 공격을 막아낼 수 있습니다. 실제로, 우리의 믿음이 좋으면 얼마나 좋겠습니까? 우리가 어찌 악마의 공격을 막아낼 수 있겠습니까? 우리에게 믿음이 있다면, 그것은 사람으로부터 난 믿음이 아닐 것입니다. 우리에

게 믿음이 있다면, 그것은 하나님의 신실하심과 성실하심, 그리고 그분의 변함없는 호의와 자비하심에 기인한 신뢰일 것입니다. 우리의 해방전쟁에서 그분의 신실하심이 진정한 의미에서 강력한 방패가 될 것입니다.

믿음은 하나님에 대해 이런 것, 저런 것을 믿는 것이 아닙니다. 믿음은 "내게로 오라"라고 말씀하시는 목소리를 듣는 것입니다. 우리는 그분의 목소리를 들으며, 그분이 신실하시고 믿음직한 분이시라는 것을 알고 앞으로 나아갑니다. 무엇을 믿어야 할지, 그 목소리가 무엇인지, 또한 우리 자신에 대해서도 잘 알지 못한 채, 앞으로 나아갑니다. 믿음은 어두움 속에 서 있는 것입니다. 그리고 어두움 속에 있는 '그 어떤 손'을 잡는 것입니다. 믿음은 이처럼 전적인 신뢰이며, 뿌리 깊은 확신입니다. 그러나 동시에, 믿음은 위로부터 내려온 하나님의 선물입니다. 그렇기에 방패가 될 수 있는 것입니다.

'구원'의 투구를 쓰십시오. 영적인 전투에 참여하는 그리스도인들은 냉철한 영성(靈性)으로 적군의 전략과 진로를 파악하고, 그들의 공격 전술과 대상에 대한 깊은 이해가 있어야 합니다. 이 해방전쟁은 근본적으로 '야웨의 전쟁'인 성전(聖戰)이므로, "전쟁은 야웨께 속했다"는 강한 확신이 있어야 합니다. 다시 말해, 구원은 하나님으로부터 온다는 확고한 믿음으로 전쟁에 임해야 한다는 것입니다. 구원에 대해 이렇게 확신할 때, 우리는 구원이 인간의 업적이나 노력에 의하지 않는 하나님의 선물이라는 것을 온몸으로 알게 될 것입니다. 구원의 투구는 결국 하나님의 은총에 대한 흔들리지 않는 믿음이며, 이런 확신과 믿음으로 말미암아 비로소 우리는 어두움 속에 갇혀 있는 자신을 해방할 수 있을 것입니다.

해방전쟁을 위해서 필요한 마지막 무기는 '성령'의 칼입니다. 성령의 칼을 드십시오. 악한 영들을, 공중의 권세 잡은 자들을 상대로 싸우는 전사는 우리 자신이 아닙니다. 우리는 결코 악한 영들과 마귀들의 상대가 될 수 없습니다. 연약한 우리를 대신해 그것들에 맞서 싸우는 용사는 성령입니다. 그분은 우리를 하나님 앞에 고발하고 비난하는 마귀에 맞서실 뿐만 아니라, 연약한 우리를 위하여 간구하시고 힘없는 우리를 대신하여 기도(代禱)하시는 분이기도 합니다(롬 8:26-27). 그분은 하나님의 뜻을 온전히 아시기 때문에 하나님의 뜻을 좇아 우리를 돕는 분입니다. 그분은 결코 홀로 일하는 분이 아닙니다. 그분은 하나님의 말씀을 존중하시고, 그 말씀에 힘입어서 영적 전쟁을 치르십니다. 그러므로 우리가 영적 전쟁에서 승리하려면 반드시 성령이 하시는 방식대로, 다시 말해 성령이 하나님의 말씀을 칼로 삼아 공중의 세력들과 어두움의 영들을 물리치시듯, 우리도 하나님의 말씀에 따라 살아야 어두움의 세력들로부터 진정으로 해방될 수 있을 것입니다.

하나님의 말씀은 어두움 가운데 비치는 빛입니다. 주님의 말씀은 캄캄한 곳을 지날 때 비추는 등불입니다. 길을 잃어버리고 방황하는 내 영혼에 밝은 빛을 비추고 길을 보여주는 것은 하나님의 말씀입니다. 어두움 가운데서도 길을 걸을 수 있다면, 이것이야말로 진정한 해방을 맛보며 사는 것이 아니겠습니까?

광야에서 마귀의 집요한 유혹과 불같은 시험을 이기셨던 예수님은 새로운 이스라엘 사람의 전형(典型)이십니다(막 1:12-13; 마 4:1-11; 눅 4:1-13). 어떻게 영적 전쟁에서 승리할 수 있는지 보여주신 분입니다. 그분이 그런 영적 전쟁에서 승리하실 수 있었던 것은 그 전쟁을 정복전쟁이 아니라 해방전쟁으로 인식하고 치르셨기 때문입니다. 그분은 그것을 자신의 영역을 확보하거나 자신의 자리를 얻기 위한 전쟁으로 인식하시지 않았습니다. '살기' 위해, '자리'를 얻기 위해, '해 아래'에 있기 위해서가 아니었습니다. 그분은 어두움의 세력으로부터 진정으로 해방되기 위해 전적으로 '하나님의 말씀'에 복종하셨습니다. 그 길만이 진정으로 마귀를 이기는 길이었습니다. 하나님의 말씀에 대한 능동적인 순종이 마귀를 찌르는 검이었습니다. 그분은 이런 의미에서 성령에 이끌려 광야로 들어가신 것입니다. 하나님의 토라(말씀)에 순종할 때, 마귀를 물리칠 뿐만 아니라, 광야가 에덴동산으로 변하는 것입니다. 그분은 들짐승과 함께 계시면서 천사들의 수종을 받으셨습니다(막 1:13). 들짐승들이 해하지 않는 곳이라면, 그곳은 광야가 아니라 에덴동산이지 않습니까? 그분은 어두움의 한복판에서 해방의 참맛을 보고 계신 것입니다. 그렇습니다! 해방전쟁을 위한 마지막 무기는 하나님의 말씀입니다. 그 안에서 사람은 진정한 자유를, 참된 해방을 맛볼 것입니다.

 통일의 복음

마지막으로, "모든 때에 영 안에서, 영으로 기도하라"는 권고
가 있습니다. 해방을 위한 위대한 전쟁에 처했을 때, 그분과 연
결되어 있을 수 있는 유일한 통신수단은 기도입니다. 진정으로
해방할 수 있는 '그분'과 연락을 취하는 것은 매우 중대한 일입
니다. 전쟁의 포성(砲聲)이 아무리 크고 전쟁터의 포연(砲煙)이 아
무리 짙어도, 그래서 전쟁의 공포가 아무리 커도, 그분과 연락을
해야 합니다! 그리고 그 가운데서 기도하는 것이 아무리 어렵고
무의미한 것처럼 보여도, 또 그 가운데서 기도하는 것이 공허해
보이고 맥 빠지는 일처럼 보여도 그렇습니다!

어두움과의 전쟁에는 어느 누구도 혼자 투입되지 않습니다!
악한 자와의 싸움에 어느 누구도 홀로 임하는 것이 아닙니다! 이
어두움과의 전투에서 우리는 반드시 이길 것입니다! 왜냐하면
하나님은 우리가 이 전투에서 승리하기를 원하시기 때문이며, 우
리의 전투가 그분의 전투임을 알고 계시기 때문입니다!

그렇다면 어떻게 해야겠습니까? 우리는 그분이 주시는 갑옷
을 입어야 합니다! 아멘.[10]

주

1부

1) 히브리어 '헤벨'은 일차적으로 '숨', '입김'을 말하지만, 여기에서는 파생된 의미로 '덧없음', '헛됨', '허무함', '모순', '부조리'로 번역한다. 예언자 예레미야는 '우상'을 말하면서 '헤벨'이라는 히브리어 단어를 사용한다. 달리 말해, 우상은 헛되고 비어 있는 것이라서 기대거나 의지할만하지 못하다는 것이다.

2) 추천할 말한 "일곱 가지 대죄"에 관한 책으로는 신원하, 『죽음에 이르는 7가지 죄』(서울: IVP, 2012); 헨리 훼얼리, 『현대의 7가지 죄』 이정석 역(서울: CLC, 1993)가 있다.

3) 용서에 관한 주제에 관해 추천할만한 책으로는 루이스 스미즈, 『용서의 기술』 배웅준 역(서울: 규장, 2004)이 있다.

4) 참고로, 가정 준칙은 골 3:18-4;1; 벧전 2:18-3:7; 딛 2:1-10에서도 발견된다.

5) 흥미롭게도 이런 이유 때문에 톰 라이트는 21절을 앞 단락(5:1-21)의 마지막 절이 아니라, 새로운 단락(5:21-33)을 이끌어가는 첫 절로 이해하고 있다. N. T. Wright, *Paul for Everyone: The Prison Letters: Ephesians, Philippians, Colossians and Philemon* (Louisville: WJK, 2002), 64.

2부

1) 이 글은 '예정'(豫定, predestination)과 '선택'(election)을 교차적으로 사용한다.

2) Charles Williams, *The Descent of the Dove: A Short History of the Holy Spirit in the Church* (London: Religious Book Club, 1939).

3) 사주팔자(四柱八字)란 사주의 간지(干支)가 되는 여덟 글자를 가리킨다. 먼저, 사주(四柱)는 사람이 태어난 연월일시의 네 간지(干支)를 말한다. 예를 들

어, '갑자년, 무진월, 임신일, 갑인시'에 태어난 경우에 팔자는 '갑자, 무진, 임
신, 갑인'의 여덟 글자를 말한다. 사주팔자는 보통 운수라고 부르는데, 운수
(運數)는 인간의 힘을 초월한 천운(天運)과 기수(氣數)를 가리키는 준말이다.

4) 학자들은 종종 이 구절을 초기 기독교회 시절에 그리스도인들 사이에 널리
회자되었던 '그리스도 찬미가'(Christological Hymn)의 일부분일 것이라고 추
정한다. 그리고 이 찬미는 세례식이 베풀어지는 상황에서 고백되었을 것이라
고 생각한다.

5) 고국(故國): 예전의 나라. 이미 망하여 없어진 나라를 뜻하기도 한다. 주로 해
외에 나가 있는 사람이 자기 나라를 가리킬 때 쓰며, 잠시 나가
있는 경우에도 쓴다.

모국(母國): 자기가 태어난 나라. 주로 해외에서 살고 있는 사람이 자기 나라를
가리킬 때 쓰나, 해외에 잠시 나가 있는 경우에는 쓰이지 않는다.

조국(祖國): 조상 때부터 대대로 살던 나라. 국내에 있는 사람이든 해외에 있
는 사람이든 상관없이 쓴다. 민족이나 국토의 일부가 분리되어 다
른 나라에 합쳐졌을 때는 그 본래 나라를 일컫기도 한다.

6) 팀 켈러(Timothy Keller)는 하나님이 낭비하듯 죄인들에게 은혜를 '탕진'하
신다고 말하면서 하나님을 "탕자(蕩者) 하나님"(The Prodigal God)이라고 부
른다. 이 호칭은 누가복음 15장의 "기다리는 아버지의 비유"를 해설하는 그의
책 제목이기도 하다. Timothy J. Keller, *The Prodigal God: Recovering the Heart of
the Christian Faith*(New York: Dutton, 2008) = 티머시 켈러, 『마르지 않는 사
랑의 샘』 전성호 역(서울: 베가북스, 2011).

7) C. S. Lewis, *The Screwtape Letters with Screwtape Proposes a Toast*, Revised
Edition(New York: Collier Books, Macmillan Publishing Company, 1982), 12
("The Church as we see her spread out through all time and space and rooted in
eternity, terrible as an army with banners") = 『스크루테이프의 편지』 김선형 역
(서울: 홍성사, 2009), 21-22.

8) 한글 개역 성경에는 '경륜'(經綸, administration)이라는 단어가 여러 번 나온
다(엡 1:9; 3:2, 9; 딤전 1:4). 사전적인 의미로는 천하를 다스리며 일을 계획적
으로 조직하는 일을 말한다. 성경에서는 하나님의 계획으로 성취되는 우주 통
치에 대한 하나님의 경영과 관리를 의미하는 말로 쓰였다. '경륜'으로 번역된
그리스어는 '오이코노미아'(*oikonomia*)로, '오이코스'(집)와 '노모스'(법, 법규,
율법)의 합성어다. 자구적 해석은 '집의 법' 혹은 '가정의 법'이다. 집과 가정
을 잘 꾸려가고 운영하는 법이라는 뜻이다. '경제'(economy)라는 말이 여기에
서 나왔고, 경제의 시작이 가정이기 때문에 '가정(家庭) 경제'라는 말이 유래

                                                                통일의 복음

했다. 이런 이유로 하나님이 자신이 만드신 집과 같은 이 세상을 운영해 나가
시는 법을 가리켜 '경륜'이라고 번역한다. 예를 들어, '하나님의 구원 경륜'을
영어로는 "God's Economy of Salvation"이라고 쓴다.

9) 이 글은 류호준(편), 『여성이여 영원하라』(서울: 대서, 2010), 531-546에 실
렸던 글을 허락을 받아 실었다.

10) 이 글은 류호준, 『아버지를 떠나 자유를』(서울: 이레서원, 2002)에 실렸던
글을 허락을 받아 실었다.

류호준 교수의 에베소서 메시지

통일의 복음

Copyright ⓒ 류호준 2013

1쇄발행_ 2013년 4월 24일

지은이_ 류호준
펴낸이_ 김요한
펴낸곳_ 새물결플러스
편 집_ 정모세·정인철·최율리·유가일·한재구·박규준·강예림
디자인_ 이혜린
마케팅_ 이성진
총 무_ 윤미라

홈페이지 www.hwpbooks.com
이 메 일 hwpbooks@hwpbooks.com
출판등록 2008년 8월 21일 제2008-24호
주소 (우) 158-718 서울특별시 양천구 목1동 923-14 현대드림타워 920호
전화 02) 2652-3161
팩스 02) 2652-3191

ISBN 978-89-94752-41-9 03230

책값은 뒤표지에 있습니다.

이 도서의 국립중앙도서관 출판시도서목록(CIP)은 서지정보유통지원시스템 홈페이지
(http://seoji.nl.go.kr)와 국가자료공동목록시스템(http://www.nl.go.kr/kolisnet)에서
이용하실 수 있습니다(CIP제어번호: CIP2013003438).